그림에 기댄 畫요일

그림에 기댄 畵(화)요일

오직 나만… 위로하는 그림 전展

이종수 지음

생각정원

• 여는글 •

위로하는 그림 전展

그림이 좋아서 시작한 공부였습니다. 그러다보니 더 가까이 지내게 되었지요. 하지만 갈수록 그런 생각이 더해졌어요. 그림은, 공부 시간만이 아니라 휴식 시간에 만나기에도 아주 근사한 상대라는. 마음 내키는 대로 불쑥 찾아가고 싶은 친구가 된 것입니다. 사실, 이런 사적인 자리에서 둘 사이가 더 깊어지기도 하니까요. 게다가 이 친구, 마음을 다독여주는 묘한 매력이 있습니다.

위로받고 싶은 날들…. 누군가에게 편히 기대어 숨 고를 시간이 필요할 때. 혹은 그저 넋두리라도 들어주고 내 외로운 길을 좀 지지해주었으면, 마음 간절할 때. 그런 날, 그림을 만나봅니다. 그림 앞에서 추억이 떠오르기도 합니다. 그 시간을 나누었던 누군가를 그리워하게도 되고. 때론 화가의 삶이 겹치면서 뭉클해지기도 하지요. 그리곤 시원하고 따끔한 일깨움까지.

우리 옛 그림들을 불러보았습니다. 익숙해서, 그래서 만만하게 내 마음을 열어놓을 수 있을 것 같아서요. 그렇다고 눈으로만 즐겁게, 편히만 만나자고 청하지는 않으렵니다. 더 깊이 사귀고픈 친구인 것을요. 영화를 보고 책을 읽으며 음악을 들으면서도. 그림은 그들의 배경으로, 혹은 길잡이로 나를 다시 돌아보게 해줍니다. 왜, 라고 물어주니. 그렇구나, 끄덕이게 되니. 그림이 그저 그림만은 아닌 셈이지요.

인문학의 쓰임이란, 그 따뜻한 교감이란 이리 가까이 있는 것이겠다 싶습니다. 그렇게 만나온 그림들이 어느새 내 마음속 소중한 화첩이 되었습니다. 인문의 시선으로 마주한 그림 이야기이니 '인문화첩'이라 이름 하면 어떨까요. 일주일에 하루쯤. 그림에 기대어 나를 만나는 '화畵요일'로 정해봅니다. 그대에게도, '화畵요일의 그림들'이 함께하면 좋겠습니다.

"그림의 기본 목적은
그곳에 없는 그 무엇인가를 불러오는 것이다."

_**존 버거**John Peter Berger

차례

자발적 고독

짙다, 濃

그저 내 이름 하나도 버거운 어느 날,
시 앞에서 그림 앞에서 그렇게 마주한 채
고독하는 법을 이야기합니다.
친구도, 연인도, 가족도, 그리고 그들의 사랑도,
나를 휘감는 고독과는 무관한 날이 있는 법이니 말입니다.

삶은, 고독

소월*의 시를 운율로 읽었어요. 아름다움이라고만 생각했습니다. 시를 '배운다'는 일처럼, 도무지 말이 안 되는 시도가 있을까만. 그걸 아직 잘 몰랐던 젊음이니, 시를 읽으며 배우려 애쓰던 시절이 잠시나마 있었던 거죠. 소월은, 운율을 따르며 시어를 읊조리는 그 낭만만으로도 넘치도록 아름다운 것이 사실이었습니다. 그래서 거기에서 멈추어버렸던 것 같아요. 소월에 대한 제 마음이요.

---

* 김소월金素月. 단 한 권의 시집《진달래꽃》으로 한국 현대시의 상징이 되었다. 그를 통해 한국어의 운율이, 깊이가 이런 것이었음을 깨닫게 된다. 서른셋 나이로 음독, 생을 마쳤다. 1902~34년.

그런데 왜 그날, 문득 떠오른 것이 소월의 〈산유화山有花〉였는지. 너무 좋아 마음 깊이 넣어둔 단 하나의 작품도 아니었는데 말입니다. 어찌된 연유인지 불쑥 내 앞에 나타난 그 시의 한 구절 구절이 그렇구나… 조금은 쓸쓸한 마음으로 수긍이 되는 것이었습니다.

홀로 있는가, 사랑하는 이름이 있는가, 혹은 바쁘게 살고 있는가. 그런 외적인 상황과는 상관없이 그저 한 인간은 인간으로 태어났다는 사실로 인해 온전히 고독한 존재라는, 존재여야 한다는. 이미 알고 있었으나 가슴으로 느끼지는 못했던 그 얘기를, 그는 그렇듯 허허로운 어조로 그저 단순함으로 들려준 것입니다.

홀로 피어 있는 꽃

산에는 꽃 피네
꽃이 피네
갈 봄 여름 없이
꽃이 피네

산에
산에
피는 꽃은
저만치 혼자서 피어 있네

산에서 우는 작은 새여
꽃이 좋아
산에서
사노라네

산에는 꽃 지네
꽃이 지네
갈 봄 여름 없이
꽃이 지네*

느닷없이 마음속으로 뛰어든 소월의 시. 벌써 10여 년 전의 일입니다. 여름도 끝나갈 무렵의 덜컹대는 버스 뒷자리. 집으로 돌아가는 길이었지 싶어요. 그렇다고 홀로 외로워 훌쩍이던 시절은 아니었죠. 그런 청춘마저도 지나가버린, 한 고단한 생활인으로 일상을 견디던 날이었습니다. 그런 나의 모습이 낯설고, 그래서 힘겨웠던 시절. 내가 여름을 몇 번이나 다시 만나게 될까, 이런 어이없는 조로의 상념에 빠져들던. 그 저물어가는 여름 저녁 하늘 아래 소월의 시가 떠올랐어요. 그제야 저만치 혼자서 피어 있는 꽃을 마주하게 된 것입니다.

저만치 혼자서 피어 있는 꽃. 말 그대로, 문득 느끼게 된 것입니다.

---

* 김소월, 〈산유화〉, 1924년.

그가 노래한 고독이란 함께할 누군가가 없다는, 그런 외로움은 아니었지요. 외롭지 않아도 마주해야 하는, 인간으로 태어났다면 의당 품고 있어야 할 본질이라는 것.

나도, 나의 사랑도, 나의 아이도, 그리고 그대도. 모두 저만치 혼자서 피어야 하는 꽃이었던 거죠. 그리고 생명의 섭리 그대로 가을을 맞아야 하는. 봄을 기다릴 수도 있으나, 혹은 봄을 다시 만나지 못할 수도 있는. 그런 고독한 존재 말입니다.

그것만으로도 충분했습니다. 홀로 피어남의 신비와 서러움을 되새기느라 여러 해를 보내기도 하면서요.

소월은 겨우 스물셋 나이로 〈산유화〉를 노래합니다. 어찌 그 푸른 청춘에 이토록 깊은 고독을 받아들여야 했는지. 시인이란, 천재란 어쩔 수 없는 운명이로구나…. 이렇게 울컥한 느낌과 함께하며 한 시인을 새로이 알게 된 것입니다.

그리고 몇 해를 지난 어느 날, 그 순간의 느낌을 다시 만나게 되었습니다. 산에 피는 꽃과는 닮지도 않은, 스산한 바람이 이는 어느 화면 앞에서였어요. 언뜻 보기에는 둘의 분위기가 닮은 것 같지 않았는데도. 거의 같은 파동으로 다가온 것입니다.

박물관의 어두운 전시실 안. 전기의 「계산포무도」를 낯설게 만났습니다. 물론 그 이전부터 꽤 좋아하는 작품이긴 했지만, 소월과 겹쳐 읽기 전까지는 마음속으로 들어선 그림이라 할 수는 없었지요.

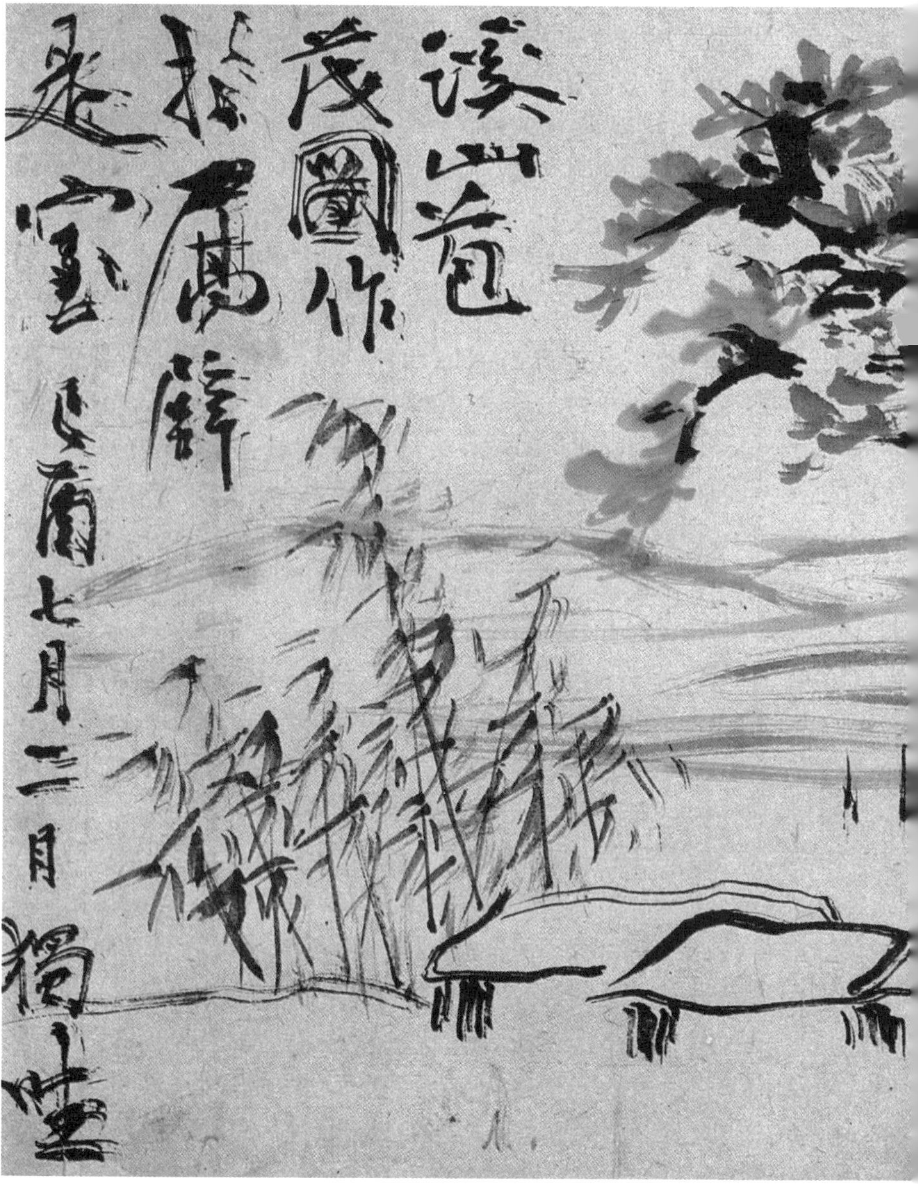

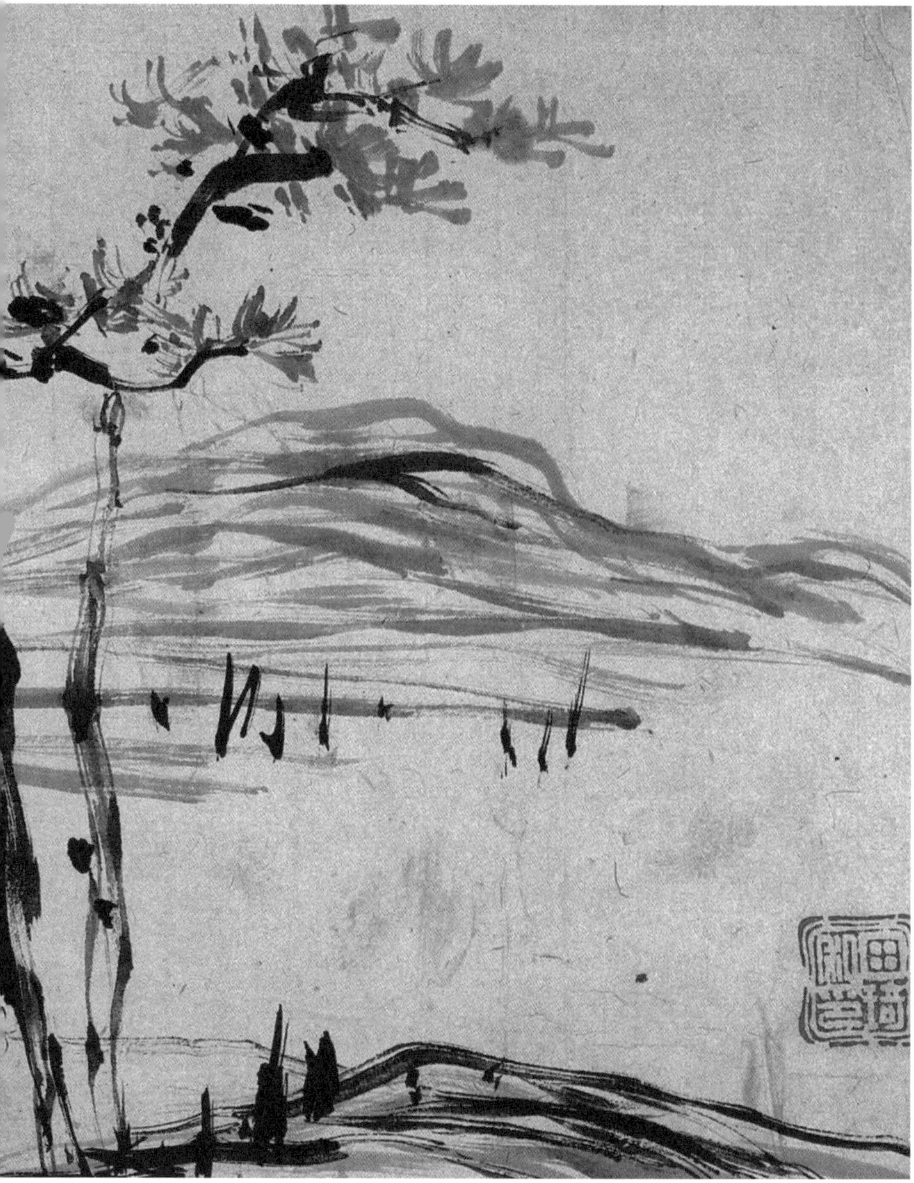

전기田琦「계산포무도溪山苞茂圖」

저마다의 바람 속에서

"이 작품을 마주하고 있으면, 바람 소리가 마음을 흔들어놓는다"고 이야기하는 분들이 많습니다. 저 또한 그랬습니다. 한 요절한 천재의 스산함이 바람 속으로 스민 작품이라, 그리 생각했지요. 몇 번쯤은 그저 스쳐 지나가기도 했을 것입니다. 이 작은, 단순하기 그지없는 화면이라니…. 수많은 작품 사이에 섞여 묻혀버린다 해도 그만일 것입니다. 작고 단순한 것들의 운명이긴 할 터인데. 그래도 조금 더 보겠다고 마음을 먹게 되면 꽤 시간을 갖고 볼 만한 작품입니다.

일단 화면에서 가장 무게감 있게 그려진 것은 중앙을 가로지르는 소나무예요. 그렇다고 위압적인 형상으로 우뚝한 것은 아닙니다. 간신히 제 형체를 드러내 보이며 위태로운 지경인 것을요. 그 연유는 왼편의 대나무를 보며 깨닫게 됩니다. 한쪽으로 몰려가듯, 우수수, 소리가 뚝뚝 떨어질 듯한 댓잎들. 그들 사이에 바람이 있었습니다.

바람은 사정없이 불고 있는 모양입니다. 댓잎들이 저렇듯 각을 세우며 긴장을 놓지 못하고 있는 것을요. 소나무와 대나무 사이, 작은 초옥의 모습도 같은 이야기를 하는 듯하죠. 바람에 떠밀리듯, 작은 집의 지붕마저 흔들리는 중이니까요. 아니, 어쩌면 바람이 아니었다면 그곳에 엎드리듯 자리한 작은 집의 정체마저 알아채지 못했을지도 모릅니다. 바람은 저 먼 곳으로까지 이어진 것 같습니다. 뒷산, 그냥 산의 윤곽만으로 남겨진 그 산의 선명함을 흔든 것도 바람이었겠지요.

역시나 화가는 갈필渴筆의 느낌으로 화면을 채우고 있습니다. 붓마저도 끝이 갈라진 독필禿筆을 들었어요. 하긴 이처럼 바람이 지배하는 자리에, 물기 어린 촉촉함이 어울릴 수는 없겠지요. 한 호흡으로 미친 듯, 순식간에 그려냈을 것입니다. 어떻게 구성하며 그리겠다는, 그런 생각이 끼어들었다면 이처럼 숨 막히는 절정을 얻지는 못했겠지요. 필력만이 돋보이는 그저 그런 차분한 그림이 되었을 것입니다. 여느 문인화가의 평온한 화첩畵帖처럼 말입니다.

바람 소리를 기가 막히게 잡아낸, 스산한 듯 어딘가 모르게 아련한 화가의 붓에 공감하지 않을 수 없는 순간입니다. 겨우 스물다섯의 젊음이 그려낸 장면이라기엔 너무 깊어 보이는 한숨이죠. 단순함이 주는 깊이로 따지자면 어느 작품과도 능히 겨루어볼 만한 이 작품을, 저 또한 그 바람 소리에 끌려 한숨 속에서 오래도록 잠겨보았었지요.

그런데 소월의 〈산유화〉를 마음으로 받아들인 그날 이후, 바람 소리에 가려 있던 새로운 이야기가 들리기 시작합니다. 바람보다 낮고 한숨보다 더 깊은 그 소리는, '저마다' 바람을 만나는 나무들의 이야기입니다. 바람의 이야기가 스산함이라면, 나무의 이야기는 뭐랄까요, 견뎌냄, 그런 느낌이었습니다.

홀로됨이라는 숙명

나무는 생각해보았을 것입니다. 바람이 부는 날에도 잠잠한 날에도, 나는 여전히 나였던 거지. 그저 홀로 나의 고독을 견디며 이 자리에

선 채로 봄을, 가을을 맞고 또 보내는 거겠지. 그렇게 다시 또 봄이 오는 거겠지…. 사실 바람 같은 것, 어쩌면 핑계지요. 울고 싶은 날, 흔들리고 싶은 날, 마침 바람이 불어준 것입니다. 다행히 그 바람으로, 흔들리는 자신이 흔들리지 않을 수 있음을 확인하게 되었던 것입니다.

바람은 나무의 고독을 일깨워주었죠. 나무는 바람 때문에 흔들리며 홀로됨을 새삼 떠올리고, 또 탄식을 뱉기도 했을 것입니다. 하지만 그 바람으로 나무는 혼자 견뎌야 하는 삶이 있음을, 받아들이게 되었겠지요. 삶을 말입니다.

시인의 꽃에게도 같은 순간이 있었지요. 저만치 혼자서 피어 있는 꽃은 자신의 곁에서 울어주던 산새 한 마리로 인해, 오히려 자신의 홀로됨을 비로소 숙명으로 받아들이게 되었을 것입니다. 산새가 떠난 자리에도 저 혼자 피어나야 할 존재임을, 무수한 봄과 가을을 흘려보내며 알게 되었을 것입니다. 하여, 어쩌면 오지 않을 새를 기다리지 않기로 합니다. 어쩌면 새로운 계절을 맞지 못할 또 다른 꽃의 운명을 슬퍼하지 않기로 합니다. 삶은 고독이라… 마음먹기로 합니다.

그의 고독은 애써 다독임은 아닐 거라고, 하지만 애써 의연함일 수는 없겠다고, 그렇다고 흔해빠진 신파 또한 어울리지 않는다고. 그렇게 저는 소월의 꽃 한 송이를 마음에 담기로 했습니다.

시인이니까 이런 성찰의 노래도 어렵지 않았을 거라는 생각 또한, 시인이 되지 못한 스스로에게 던지는 변명에 다름 아니었음을 인정하기로 합니다. 나의 이십대 역시 충분히 힘겹고 외로웠으나 본질적으로 고독한 존재, 라는 사실은 받아들이고 싶지 않았다는, 그럴 만큼 단단하지 못했다는. 그 깨달음을 수긍하기로 한 순간이었지요.

푸른 고독의 절창

그들은 고독을 이야기했으나 그 고독이 그렇게 서럽지만은 않습니다. 스물 몇 살, 젊음의 스산함은 시간으로 퇴색하지 못한 채였지요. 오히려 뜨거움으로 불탄 자리, 그곳에 남겨진 열기의 흔적이 지닌 슬픔에 가깝기도 합니다.

소월의 삶은 대략 우리가 아는 그대로입니다. 십대에 이미 시를 알아버린 천재, 이십대엔 〈산유화〉를 쓸 정도로 깊었고, 서른을 넘긴 몇 해 후 스스로 삶을 끊어냅니다. 시인의 삶은 그의 시에 포개지며 이런저런 감상을 불러일으킵니다. 어쩐지 애매했던 〈산유화〉 속의 색채, 그 이유를 따져볼 수도 있을 것 같습니다.

〈산유화〉의 어조 말입니다. 언뜻 보기에는 삶을 달관한 듯하지만 체념이나 초월로 읽기엔 너무 뜨거운 면이 있지 않은가요. 무심하고 싶다 말하고 있으되 진정 무심할 수는 없어서. 그럼에도 받아들여야 할 존재의 고독은 외면할 수 없었기에. 삶을 너무 일찍, 깊게 알아버린 천재는 정리될 수 없는 슬픔을 한 송이 꽃에 담아, 단순한 운율 속에 묻어버린 것은 아닐까요.

전기의 짧은 생애를 돌아봐도 그렇습니다. 겨우 서른 나이로 세상을 떠난 그이고 보면… 이십대 푸른 젊음으로 들떠야 할 그림들 속에 이미 절정의 아스라함을 비치고 있습니다. 바람이 불어도 괜찮아. 아니, 차라리 더 세게 불어와줘. 날 이렇게라도 흔들어줘. 그래도 난… 결국 나일 뿐인걸. 그가 택한 것 또한 단순하기 그지없는 구성이었지요. 화가는 그 안에 자신의 소리를 불어넣습니다.

그가 살았던 시대는 이미 화려한 색감이 하나의 파도로 밀려왔던 19세기 중엽이었죠. 문인화에 능했으나 새로운 그림 또한 사랑했던 전기였습니다. 그런 그가 자신의 내면을 보여주고 싶었던 순간에 선택한 그림은 절제된 구성과 먹이었습니다. 그러니까 이 정도의 화면이, 화가 자신에게 가장 자연스럽게 어울리는 내면이었다는 뜻이겠지요. 그래서이겠죠. 그의 그림 앞에 서면, 그 내면의 소리가 이토록 절절히 울리는 까닭은. 숨길 수 없는, 고독의 본질이 그대로 배어나온 것입니다.

19세기, 문기文氣를 내세우는 일련의 화가들 사이에서 이 또한 하나의 유행이었을지도 모릅니다. 문제될 것은 아니죠. 유행 속에서 자신의 색을 제대로 드러내고 사랑받는 것 또한 쉬운 일은 아니니까요. 어쩌면 나이 스물다섯 젊음의 치기였을까요? 하지만 그러면 또 어떻습니까. 누군가의 젊음이, 치기 어린 절규가 절창으로 남아, 이제 젊음을 돌아보기에도 제법 멀리 와버린 또 다른 누군가에게 깊은 상념의 순간을 만들어주었으니.

이 고독의 색은 딱 이만큼이어서 아름다운 것입니다. 천재의 요절. 짧은 생은 애석한 일이나, 그들의 작품은 더 농익은 예술로 진행되지 않았기에 영원히 푸른 스산함으로 남을 수 있었을 것입니다.

결국 나일 뿐

저만치 혼자 피는 꽃처럼, 바람 앞에 온몸을 내어맡긴 나무처럼, 나도 나의 고독에 젖어들기로 합니다. 조금 더 시간이 흐른다면, 소월의 시도 전기의 그림도 다른 스산함으로 돌아올지 모르겠습니다. 순간은 순간이니까요. 하지만 이 순간의 느낌에 충실해보기로 합니다. 어쩌면 다시 돌아오지 못할 느낌일지도 모르니. 한 번 더 그림을 만나고, 그 앞에서 시 한 수를 떠올리면서.

그저 내 이름 하나도 버거운 어느 날, 시 앞에서 그림 앞에서 그렇게 마주한 채 고독하는 법을 이야기합니다. 친구도, 연인도, 가족도, 그리고 그들의 사랑도. 나를 휘감는 고독과는 무관한 날이 있는 법이니 말입니다.

•

전기田琦. 다채로운 19세기 화단, 그 한 자락을 빛내준 화가다. 안목 또한 빼어나, 수많은 서화들이 그의 감식鑑識에 기대기도 했다. 조희룡이 주도한 '벽오사碧梧社'에 함께한 여항화가로 새 시대의 미감을 취하였으나, 그림의 문기 또한 부족하지 않았다. 전통적 문인화를 새로운 붓으로 풀어낸 「계산포무도」와 현대적 감성과 맞닿은 듯 산뜻한 색감의 「매화초옥도」. 두 화풍 사이를 오갔던 그의 아름다움을 만나게 된다. 마음이 이끄는 대로 그렸을, 자유로운 그림이 주는 매력이다. 서른 해 짧은 삶, 젊음의 한가운데서 그의 붓이 멈추었으니. 작품에 지루할 틈 또한 있을 리 없다. 호 고람古藍, 1825~54년.

괜찮다고, 말해줘

눈이 쏟아집니다. 하늘은 점점 어둑해가는데 강원도 어디어디는 폭설로 길이 막혔다고. 그 산속 어딘가엔 마을과 제법 떨어진, 눈 속에 파묻힌 집 두어 채쯤 있겠지요. 그 집에 사는 누군가는 이런 하루를 어떤 생각으로 뒤척일까요? 생각은 자꾸만 또 다른 장면을 불러옵니다.

가만히 눈을 감고 눈으로 뒤덮인 산자락을 떠올려봅니다. 그러다가 장면은 이내 영화 속 풍경으로 이어집니다. 그 눈밭 위로 주인공의 목소리. 괜찮아, 괜찮아⋯ 다독이는 그녀. 하나(花)의 음성이 맑게 퍼집니다.

이상합니다. 온통 눈으로만 뒤덮인 영화가 아니었는데도 하필이면 그녀의 집이 떠오른 것일까요. 그 한없이 아름다운, 하지만 막막한 자연 속에서 두 아이를 키우며 살아가야 했던 그녀의 삶. 괜찮다며 아이를 달래고는 있지만 사실은 그녀 역시 누군가에게 기대야 할 것 같은 상황 때문인가요.

엄마 노릇에 대한 공감 때문이기도 하겠지요. 눈 속을 내달리며 아이를 찾아 헤매던 그녀의 모습. 괜찮아…라고 말해줄 수 있는, 말해주어야 하는, 그녀의 상황 말입니다. 엄마가 되면 저절로 엄마가 되는 거라 쉬이 생각하지만, 그런가요? 엄마가 된 후에 하나는, 그리고 우리는 알게 됩니다. 저절로 되는 것이 어디 있던가. 하지만 엄마니까 하는 것이죠. 엄마가 되었으니까, 엄마가 되려고.

이렇게 엄마의 자리에서

엄마 노릇, 이렇게 말을 꺼내놓고 보니 생각은 또 꼬리를 물며 그림 쪽으로 이어집니다. 이런 엄마, 괜찮다고 얘기해주는 엄마…. 그런 그림이 있었던가. 옛 그림의 주제가 주제이다보니, 시절이 시절이다보니, 그런 엄마가 등장할 수 없었던 걸까요? 좀처럼 떠오르질 않습니다.

그런데 그 그림이 겹쳐지는 거였어요. 괜찮아, 라고 말해줄 것 같은 엄마…. 어미 개와 강아지를 그린 「모견도」 말입니다. 화면은 매우 단조롭습니다. 어미 개와 세 마리 강아지를 그려낸 것이죠. 배경으로 한 그루 나무가 듬성듬성 받쳐주고 있긴 하지만 그저 배경으로 읽으면 되겠다 싶습니다. 그림의 목적을 위한 장치였다, 는 해설도 그저 해설로 알고 있으면 그만이죠. 주인공 얘기를 하고 싶습니다.

제법 당당한 기품이 있지요. 화면 전체를 가로지르는 어미 개는 늘씬한 자태로 주인공다운 무게를 보여줍니다. 아직 어린 새끼들에게 젖을 물리는 중이지요. 그렇다고 새끼들을 바라보며 전전긍긍하는 모습은 아닙니다. 차분하면서도 다정한, 그런 여유가 있습니다. 화가가 오래도록 살펴가며 키워온 애견인가 봅니다. 이처럼 그 표정까지 제대로 읽고 있는 걸 보면 말이지요.

그림의 주인인 이암은 종실宗室 출신 화가입니다. 별 걱정 없이, 그렇다고 큰 권력은 없이 고만고만하게 평온한 삶을 누렸겠지요. 이렇게 그림으로 여가를 달래가면서. 그래서인지 그림의 느낌 또한 딱 그 정도로 따뜻하고, 딱 그만큼 편안합니다. 큰 자극이 있는 것도 아니고 감동으로 휘몰아치는 뜨거움도 없습니다. 재미있는 소재로군, 이 정도의 느낌으로. 조금 더 나간다면, 그래도 묘사가 꽤 근사한걸? 색감도 따사롭고. 이런 정도겠죠.

하지만 이 그림이 그저 그런 동물화와는 또 다른 느낌을 주는 까닭은 주제 때문일까요? 엄마와 아기들. 따뜻하면서도 마음 찡해오는 무언가가 있습니다. 엄마와 아기라는 장면은 옛 그림에서 흔히 만날 수 있는 주제는 아닙니다. 있다곤 해도 풍속화 속의 한 귀퉁이를 차지한 정도이니 무게를 두고 그린 것도 아니겠죠. 그저 일상 속에서 만나곤 하는, 그런 장면 가운데 하나였다는 뜻입니다.

오히려 개와 강아지, 혹은 어미 닭과 병아리. 이런 장르에서 '모성'이라 일컬어지는 관계를 드러내 보이니 좀 의아한 대목이기는 하지요. 사람은… 어미의 사랑으로 품기보다는 엄히 가르쳐 반듯하게 세워야 하는 존재라, 그리 생각하기 때문일까요?

어쨌든 이암의 「모견도」가 주는 이런 정도의 따뜻한 모정을 쉬이 만날 수가 없었지요. 어쩌면 그런 것인지도 모릅니다. 드러내놓고 모정, 운운하기가 쑥스러운 시절이니 이렇게 은근히 돌려 말하면 어떻겠느냐는. 그런 마음으로 읽는다 해도 괜찮겠다 싶습니다.

애틋한 어미의 심정으로

그림 속의 주인공을 보면 가지런히 윤기 흐르는 몸에 새빨간 술이 달린 목줄을 갖췄습니다. 새끼들에겐 목줄 따위 필요치 않죠. 어미가 있는 곳이 바로 새끼들의 집이니까요.

새끼들을 보니 제각각입니다. 두 마리는 아직 젖을 먹느라 열심인데 한 마리는 이미 배불리 먹은 걸까요? 어미 몸 위로 엎드린 채 잠이 들었나봅니다. 그런데 요 녀석이 보통 귀여운 것이 아닙니다. 신나는 꿈이라도 꾸는 겐지, 반달 모양 눈을 하고 어미에게 매달려 있죠. 어린 생명치고 귀엽지 않은 녀석이 있겠습니까만, 이쯤 되면 어미 아니라 바라보는 그 누구라도 웃음이 나지 않을 수 없습니다.

그림은 정말 한없이 따뜻해서 바라보는 시선 또한 그 색조를 유지할 수밖에 없습니다. 엄마와 아이라는 조합이 지닌, 영원한 사랑스러움 같은 것 말입니다. 그들에게 작은 그늘을 전해주는 한 그루 나무의 심정도 다르지 않겠다 싶습니다. 그림을 그린 화가의 심정이기도 하겠지요.

이암은 동물 그림에 특히 능했다고 전하는 바, 자신의 장기를 넉넉히 담아낸 그림입니다. 유별난 구성은 아니지만 화면을 꽉 채운 주인공의 모습이 그리 답답하지는 않습니다. 검고 흰 색의 대비도 강렬함보다는 깔끔함에 가깝지요.

붓의 쓰임 또한 그렇습니다. 동물화라고 하면 대부분 세필의 섬세한 묘사로 승부하기 마련이건만, 이 그림을 보자면 대상과 닮지 않은 것은 아니되 애를 써가며 정밀함을 따르려 하지는 않았습니다. 하긴 종실 출신의 그에게 화가로서의 명성이 무어 그리 중요한 일인가 싶습니다. 묘사력을 내세우고 싶은 것이 아닙니다. 그저 그 광경을 담고 싶었겠지요.

그림을 어느 따뜻한 오후의 사랑스러움으로 읽었다면 그 또한 제법 어울리는 감상입니다. 화가의 마음도 이쪽에 가깝겠다 싶습니다. 하지만 그림을 보면서 어미의 마음, 뭐 이런 쪽으로 무게를 더 두게 되었다면, 대략 어미 된 이들의 심사를 헤아렸기 때문이겠지요.

어미의 심정으로 돌아가봅니다. 그림이 주는 따뜻함은 충분했지만, 조금 더 어미 개의 표정을 들여다보노라니 묘한 근심의 빛이 아주 없지는 않더라는 겁니다. 꼭 짚어 어떤 걱정이라기보다는 어린 생명에 대한 연민 같은 것 말입니다. 어린 생명이란 한없이 어여쁘지만, 그래서 또 걱정스러운 존재 아니던가요.

그래도 괜찮아, 괜찮아…

어미의 눈길을 보며 영화 속 주인공의 나직한 소리를 떠올려봅니다. 괜찮아, 괜찮아…. 아이들이 힘들어할 때마다, 그녀는 품에 안고 토닥토닥 이렇게 말해주지요. 문득 그런 사랑 속에서라면 정말 괜찮아질 것 같다는 생각이 듭니다.

혹시 있었나요, 그렇게 말해주는 사람. 그래도 괜찮아. 그럼, 그것도 괜찮지…. 진심을 담아 이렇게 말해주는 사람. 엄마가 아니더라도 그렇게 말해주는 사람, 있었으면 좋겠다고. 때론 괜찮지 않아 보이는 일 앞에서도 말입니다. 물론 그 말만으로 무엇이든 괜찮아지지는 않는다는 걸 본인이라 해서 모르는 것은 아닙니다. 다만… 자신의 힘겨움을 위로해달라는, 자신의 도전을 지지해달라는, 그런 마음인 거죠.

하지만 그렇게 말하는 엄마라고 해서 항상 자신이 있는 것은 아닙니다. 그래도 애써, 아이 앞이니까 어른처럼 말해보는 것이지요. 그러면서 정말 어른이 되어가는지도 모릅니다. 영화 속 주인공인 하나처럼 말이지요.

사실 그녀의 상황은 그저 엄마로 사는 것 정말 힘들다, 고 정리하

▶ 이암李巖 「모견도母犬圖」

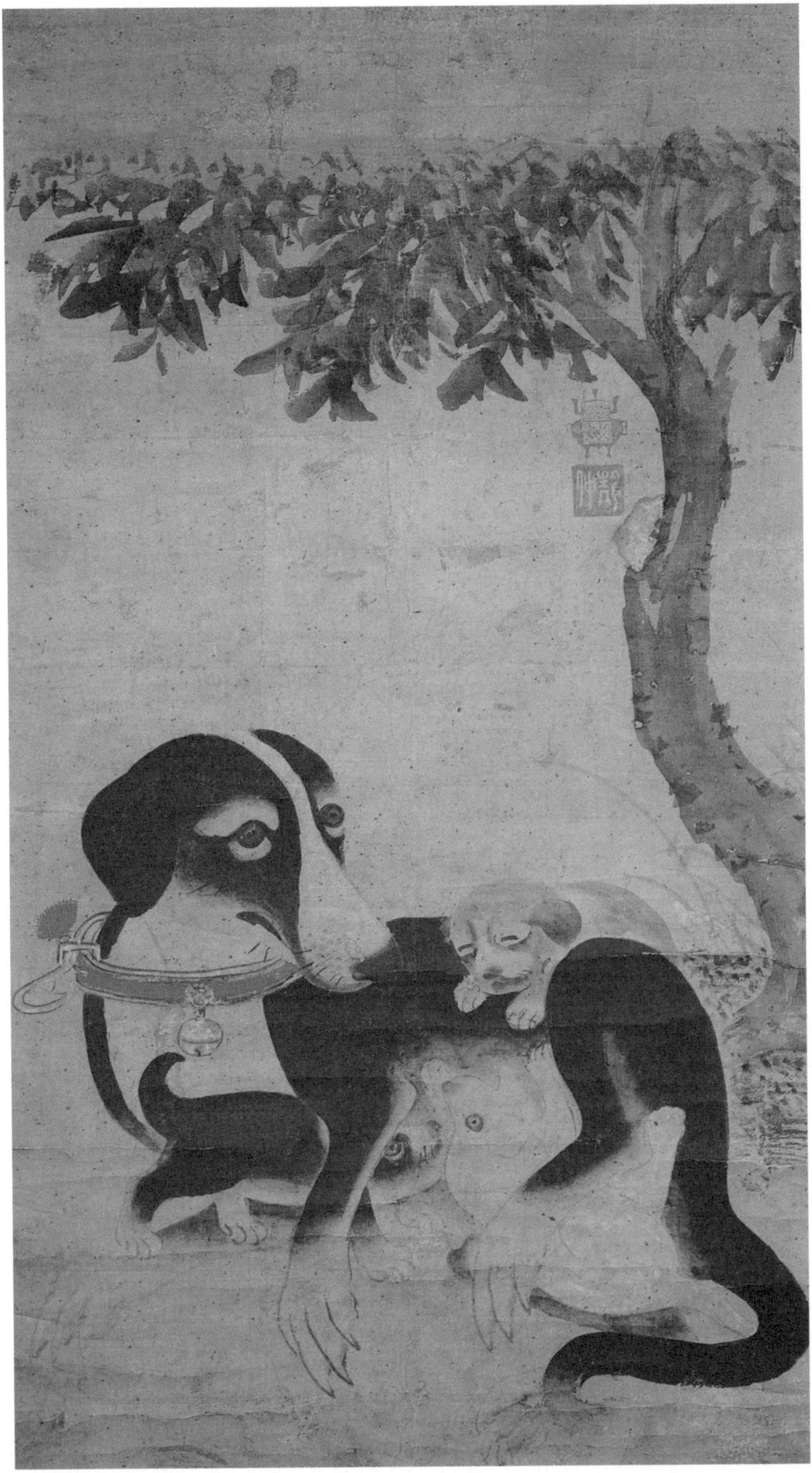

기에도 너무 까마득합니다. 애니메이션 〈늑대아이〉*는 매우 동화스러운 상상력에 기대고 있지요. 대략 이런 이야기입니다. 그녀의 아이들은… 늑대 아이입니다. 인간인 엄마와 늑대인간인 아빠 사이에서 태어난 남매, 유키(雪)와 아메(雨). 눈과 비라는 아이들의 이름은 꽃이라는 이름을 가진 엄마 하나(花)에겐 그야말로 생명 같은 존재들이죠.

말이 그렇죠. 이런 아이들을 어떻게 키워내야 하는 건가요. 그나마 아직 아기였을 때 사고로 아빠마저 잃게 되는 아이들. 하나는 고민하며 공부하며 엄마로서 성장해나갑니다. 도시의 삶을 버리고 산속 마을로 들어갑니다. 모든 걸 홀로, 체험으로 해내야 합니다. 엄마라는 책임, 그리고 사랑으로 말이지요.

게다가 아이들이 자라면서 가장 중요한 선택을 해야 합니다. 인간 속에서 경계인으로 살아갈 것인가, 온전한 늑대로 살아갈 것인가. 두 아이 각자에게 어울리는 삶을 그 아이들이 잘 선택할 수 있도록 도와주는 일. 하나는 그 아이들이 유일하게 기댈 수 있는 엄마입니다. 그 사이사이, 그 순간순간마다 하나는 아이들을 안고 말합니다. 괜찮아, 괜찮아….

결국 누나인 유키는 인간으로, 동생인 아메는 늑대로 저마다의 길을 찾아 집을 떠나게 되죠. 그리고 하나는 자연 속의 집, 폭설이라도 내릴라치면 온전히 묻혀버릴 산속 그 집에서, 두 세계에 걸쳐 살아가는 아이들의 사이에서, 그렇게 살아갑니다.

---

* 원제 〈おおかみこどもの雨と雪〉. 호소다 마모루(細田守) 감독의 2012년 작품. 늑대인간인 남매를 키우는 한 엄마의 성장기. 자연과 인간 사이의 사랑 이야기이기도 하다.

서사 자체에서 오는 감동도 그러했지만. 어쩌면 그녀의 나직한 목소리, 괜찮아··· 한마디가 전해주는 간절함 때문에 제법 울기도 했습니다. 엄마로, 아니 선배로, 내가 딸에게 해준 이야기들이 사실은 스스로 약해지지 않기 위해 했던 다짐이었음이 새삼, 떠오르면서.

하나의 아이들이 그랬듯이 그 상황은 조금 다르겠지만, 결국 자신의 길을 선택해야 한다는 점에서는 우리 모두 다르지 않겠지요. 어른이 되는 길목, 커다란 결정을 해야 할 순간들을 만나게 마련입니다. 아직 가보지 못한 길, 그 설레는 두려움 앞에 서는 것이지요.

아이에게 엄마란 세상에서 만난 최초의, 유일한 존재지요. 가장 가까운 곳에 있는 인생 선배이기도 합니다. 든든한 조언도 해주고 자신 있는 모습도 보여줘야 하는 거죠. 그래서 엄마는 괜찮아, 라고 말합니다. 네 선택 존중한다고. 잘될 거라고. 그 말은 엄마 자신에게 하는 말이기도 합니다.

언젠가 아이는 알게 될 것입니다. 어른이 되고 난 다음, 옛일을 돌이켜 마주할 만큼 자랐을 때. 문득 어느 순간들이 떠오르면서 깨닫게 되겠지요. 그래, 그때 엄마도 조금은 무서웠을 거라고. 그래도 짐짓 힘을 내어본 거라고.

산으로 들어가겠다는 아들 앞에서 하나는 고민이 깊습니다. 하지만 그것이 그의 길이라면 그 길로 가는 것이 답이라 생각하지요. 눈이 오면, 비가 내리면 아이들 걱정이 되는 법이지만, 그 눈비 속에서 싹을 틔우고 꽃이 피어나는 것을요. 엄마의 이름이 하나인 까닭은 이것일지도 모르겠습니다. 그렇게 눈과 비를 맞으며 그녀는 진짜 '하나'로 살아갑니다.

엄마가 걸어보지 못한 길로 자신의 삶을 정한 아들은 그저 한 번씩 엄마에게 들리도록 길게 울음소리를 내어봅니다. 자신의 오늘이 여전함을 알려주는 것이지요. 엄마, 괜찮아? 나는 괜찮아. 아이는 그렇게 어른이 되어갑니다.

그만큼 엄마도 더 어른이 되어가는 거겠지요. 멀리서 아들의 울음소리가 산을 넘어 들려올 때, 그녀는 바람결에 얹힌 그 소리를 온 몸으로 마음으로 듣습니다. 괜찮아, 괜찮아… 하며 다독이던 아이는 이제 어른이 되어 자신의 세상으로 들어선 것입니다.

그 따뜻한 사랑의 기억

그림 속 어미 개는 크게 근심하는 표정은 아닙니다. 그렇다고 제멋대로 나태한 자세도 아니지요. 배고픈 새끼에게도 배부른 새끼에게도 다 저들 좋은 대로 쉬어가라고, 그런 모습으로 제자리를 지키고 있습니다.

종실 출신의 이 화가, 세상의 어려움 같은 것 잘 모르고 살아가긴 했겠지만. 그래도 그의 눈에 띈 어미 개와 강아지가 나누는 따뜻함을 정말 사랑스레 담아낸 걸 보면, 그 또한 어린 시절의 포근한 기억 몇 조각쯤 지니고 있었을 것입니다. 엄격한 훈육 뒤로, 그래도 남몰래 다독여주던 그런 사랑의 기억 말입니다.

그런 것 같습니다. 이런 따뜻한 기억들로 우리는 제법 오래도록 버틸 수 있겠다고. 하여, 그저 아이의 길 찾기를 기다려주기로 합니다. 자신의 선택을 믿어보라고. 어디선가 맑은 울음소리가 저 먼 산을 흔들 때면, 제 길을 잘 걷고 있으려니… 그렇게 기쁜 마음으로 지지해주기로 합니다.

어른이 되었어도, 그래도 가끔씩은 괜찮아, 괜찮아… 다독거림이 필요할 때가 있겠지요. 문득 주저앉고 싶은 순간, 편안히 기댄 누군가의 어깨 위로 괜찮아…라는 그 말로 정말 괜찮아져버릴 것 같은. 이유 같은 것 묻지 않아도, 시비 같은 것 가리지 않아도. 그저 괜찮다 말해주는 사람, 있었으면 좋겠습니다.

•

이암李巖. 동물 그림으로 남다른 경지를 일구었다. 임영대군臨瀛大君의 증손으로 유복한 삶을 누렸을 종실 출신의 화가이니, 그림은 그저 여기 가운데 하나였을 테지만. 한 장르에 이름을 남길 정도인 것을 보면 그저 여기로 묵혀두기엔 스스로도 아쉬움이 컸던 것일까. 하지만 여느 종실 화가들이 사군자류의 문인화를 선호한 것과는 달리 그는 그리 대접받지 못하는 동물화, 그것도 강아지 그림을 즐겨 그렸다. 잘 그려내긴 했지만 실체와 방불한 치밀함이라 말하기는 어렵다. 서정적인 동물화라고나 할까. 「모견도」「화조구자도花鳥狗子圖」 등이 널리 알려져 있는데 이후의 전문 화가들이 그린 동물화와는 다른, 농익지 않은 담백함이 있다. 자 정중靜仲. 1507~66년.

함께, 있었다

세상은 세상대로, 우리는 우리대로. 그래서 외로움이 깊어질 땐 우리끼리 더 가깝게 다가앉게 됩니다. 때론 세상이, 때론 우리의 뜻이 외로움의 이유겠지만. 어느 쪽이든 견뎌내기 힘겹기는 마찬가지입니다. 그럴 땐 함께하는 이들의 마음에 기댈 수밖에 없습니다. 그 온기에 기대어 시간을 견디거나, 혹 다지거나, 그렇게 말입니다.

그런 걸까요. 온기, 라고 말할 수 있는 건. 실제로 '우리'라고 부를 수 있는 이들과의 추억이란 몸으로 기억하고 있다는 뜻이 아닐까요. 그 한순간 한순간을 함께 지냈을, 그래서 그 따뜻함의 정도를 가장 솔직하게 기억하고 있을. 그 시간들이 켜켜이 쌓인 흔적을 추억이라 말하는 것일 테지요. 그래서 추억을 호명하는 일은 함께했던 이들에겐 거부할 수 없는 무엇이겠죠. 우리끼리 견뎌야 하는 이들에겐 더군다나 그렇습니다.

정체성에 대한 확인 같은 것인지도 모릅니다. 세상을 등진 채 살아왔던 시절, 그 시간의 의미. 나를 이해해줄 벗의 존재가 그래서 더 절실할 때. 그럴 때 추억으로, 지금은 내 곁에 없는 그를 불러보고 싶어지겠지요. 그럴 만한 추억을 가지고 있다면… 조금은 세상과 비껴가듯 살고 있는 이 모습이 그렇게 초라하지는 않을 것 같기는 한데.

정말 그런가요. 그에게 묻고 싶습니다. 그의 마음도 그랬던 것은 아닐까, 싶어져서요.

그리움을 그리다

이 초상화 때문이었죠. 윤두서가 친구인 심득경沈得經을 그린 것입니다. 친구의 나이 겨우 서른여덟이었습니다. 때 이른 죽음을 슬퍼하며 그리움을 담아 그린 것이지요. 하지만 추회追懷하여 그렸을 이 그림은 추억만을 따랐다 하기엔 너무 잘 그렸다 싶습니다. 그림을 본 심득경 집안에서는 그가 다시 살아 돌아온 것만 같다며 눈물바다가 되었다는 일화가 전하는 것을 보면.

일화에 의지할 것까지도 없습니다. 그림 자체로 충분히 그랬겠다, 싶지요. 실물을 꼭 닮게 그리라, 는 것이 조선 초상화의 가르침이기는 하죠. 그런데 이 그림은 그저 실물을 닮게 그린 것만도 아니란 생각이 듭니다. 뭐랄까요… 이런 느낌.

보통의 경우라면 초상화를 그리기 위해 주인공이 화가 앞에 자리를 잡고 앉았을 것입니다. 잘 갖추어 입고 서거나 혹 앉거나. 화가는 그 모습을 그대로 담아내기 위해 꼼꼼히 보고, 그리고, 고치고, 다시 그리겠지요. 그의 외형은 물론 정신까지 온전히 담아야 한다는 전신사조傳神寫照의 가르침에 따라서 말입니다.

초상화는 그림으로서의 존재 이유가 이유인 만큼 정밀한 묘사에 능한 화가에게 주어지게 마련이지요. 당연히 주인공을 꼭 닮게 그려내었을 것입니다. 하지만 윤두서가 그려낸 친구의 초상은 이런 전신사조와도 또 다른 경지를 이야기하고 있습니다. 오직 추억에만 의지해 그렸다는, 그 사실을 눈치챌 수가 없을 정도입니다.

초상이라는 이 엄격한 형식 안에서도 마음을 건드리는 무언가가 있지요. 주인공은 약간 몸을 옆으로 돌린 채 의자에 앉은 모습입니다. 처사處士다운 도포를 입은 채. 아픈 듯, 창백한 듯, 조금 쓸쓸하면서도 지친 표정입니다. 전체적인 색채는 담담하건만 그의 입술만은 선명하도록 붉습니다. 그래서인지 창백한 그의 모습이 더 안쓰럽게 느껴지기도 합니다. 이 또한 그에 대한 화가의 마음이겠지요.

이름을 자랑하겠다는, 그런 수많은 초상 가운데 하나가 아니니까

▶ 윤두서尹斗緖 「심득경 초상沈得經肖像」

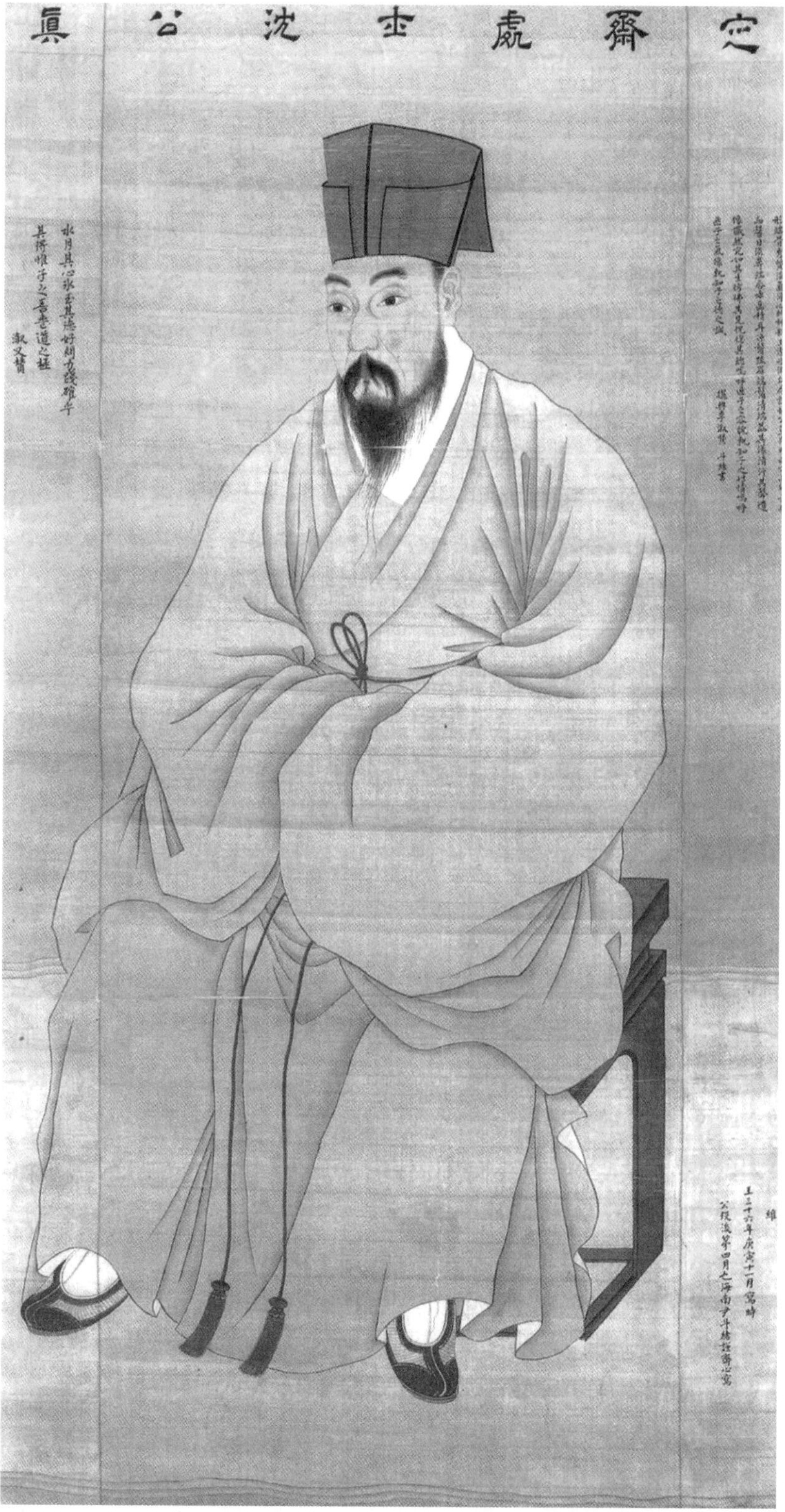
定齋處士沈公眞

요. 그리는 이와 그려진 이의 마음. 그들의 우정을 담아낸 것입니다. 정말 그를 다시 만나고 싶다, 는 간절한 마음으로 말입니다.

붓을 쥐고 그와의 추억을 하나하나 떠올리며 선 하나, 색 하나에 마음을 담았을 윤두서. 모습이 아닌, 그의 정신만이 아닌… 그의 삶 자체를 그려내었던 거죠. 그저 닮음을 추구하는 것만도 쉽지 않은 일이거늘. 어떻게 이럴 수가 있을까요?

알고, 있었다

윤두서는 그를, 진심으로 알고 있었던 것입니다. 그의 어느 하루가 아닌, 삶 전체를 말입니다. 그저 아는 것만도 아니었지요. 그와 함께한 시간들이 깊었다고 해야겠습니다. 이처럼 온몸이 반응할 정도의 추억을 함께하면서. 하여 그저 어느 하루의 표정이 아닌, 그의 마음속으로 깊게 들어갑니다.

친구일 뿐 아니라 육촌 동생이기도 했던 심득경. 어린 시절을 윤두서의 집에서 보내기도 했었지요. 그렇게 함께 자랐던 시절을 지나 그저 선비로서만 남아야 했던 젊음의 시간들. 그리고 그 슬픔까지도 모두 함께 지낸 것입니다. 시간의 결과 결 사이의, 웃음과 울음까지도 알 만한 사이였겠지요.

이들의 젊음이 힘겨웠던 것은 세상의 시비 때문이었지요. 붕당의 폐가 날이 갈수록 심해지던 시절. 서인이니 남인이니, 노론이니 소론이니… 선비의 재능을 묻지 않고, 오직 출신만을 따지던 그때. 명문 해남윤씨 집안의 종손인 윤두서였지만 남인이라는 출신이 그의 앞길을 가로막고 있었었습니다. 출사出仕할 수 없는 젊은 선비들에겐 참으로 난감한 시절일 수밖에요.

윤두서에게, 그리고 윤두서의 친구들에게 이 시절은 어떤 느낌으로 새겨졌을까요. 이 모순을 견디는 것, 견디겠다고 다짐하는 것… 그렇게라도 하지 않으면 스스로의 마음마저 무너져내리고 맙니다. 함께한 친구들이 있어 견뎌낼 수는 있었겠죠. 서로는 서로에게 지탱할 수 있는 따뜻한 힘이었을 것입니다.

화면에는 심득경의, 그리고 윤두서의 처연함 같은 것이 가득합니다. 창백한 낯빛은 이미 세상을 떠난 이를 향한 마음이기도 하겠지만, 이처럼 쓸쓸한 '처사'의 상으로 남을 수밖에 없는 그들 모두의 마음이기도 합니다.

심득경의 죽음 앞에서 윤두서는 그야말로 몸의 반쪽을 잃은 듯 깊은 슬픔에 잠겼다 했습니다. 눈을 감으면 그의 모습은 물론 목소리까지, 그의 얼굴에 나타나는 작은 표정들까지, 말할 때의 눈빛이나 웃을 때의 입모양까지, 하나하나 떠올랐을 테지요. 그리고 그의 삶에 배어든 외로움도, 하지만 그 외로움을 견뎌낸 올곧음도. 함께한 시간을 따라 그렇게 떠올랐을 것입니다.

그렇다면 그의 모습을 그대로, 그것도 그 내면의 색채까지 그려낸다 하여 이상할 것도 없습니다. 그를 '알고' 있었으니까요. 이 초상이 여느 초상처럼 읽히지 않는 이유기도 하지요. 오히려 자화상이 담고 있는, 그 정도의 일체감이라 할까요? 화가와 대상 사이의 객관화가 끼어들 틈이 없다, 는 느낌입니다.

사실 윤두서는 그 유명한 자화상으로 특별해진 화가지요. 그의 자화상은 그야말로 놀라움 그 자체였습니다. 그런데 그가 그린 친구의 초상을 보면, 이 또한 자화상이라 해도 좋겠다는 생각이 들 정도입니다. 추운 시절, 그래서 더 따뜻했을 벗들과의 추억. 그 시간을 함께 보냈던 '우리'의 자화상 말입니다. 친구의 모습에서 문득 자신의 모습을 보았을 것입니다. 그들의 추억은, 그들의 삶은 대략 같은 색조로 닮아 있었을 테니까요.

추억으로 부르다

추억은 그런 건가요. 이 정도는 되어야 함께 있었다, 말할 수 있을 터인데. 그 시간이 지닌 힘은 생각보다도 무거운 것 같습니다. 누군가를 추억만으로도 그려내거나, 혹 그의 마음을 끌어낼… 그런 깊은 시간을 나눈 적이 있었던가. 생각에 잠겨도 봅니다. 영화 〈신과 함께 가라〉*가 떠오른 건 바로 한 장면 때문이었어요.

세상은 이미 온갖 기계와 자본의 정신으로 무장하다 못해 터질 지경인데. 영화 속의 이 물정 모르는 수사修士들은 오직 '소리'로 신을 찬

* 원제 〈Vaya Con Dios〉. 독일 출신 졸탄 슈피란델리Zoltan Spirandelli 감독의 2002년 작품. 소리로 신을 찬양하는 세 수도사의 '길 찾기'. 영화 속 주인공들의 화음이 압권이다.

미하며 세상과 유리된 채 산속 수도원에서 살고 있습니다. 중년의 두 남자와 한 젊은 청년입니다. 그들이 하는 일 가운데 가장 중요한 것이 바로 높고 낮음의 화음을 맞춘, 완벽한 아름다움의 소리로 신을 찬양하는 것입니다. 그들 가운데 하나라도 빠지면 그 완전한 화음이 깨져버리고 말 터인즉. 이렇게 세 남자는 하나의 노래로 하나가 됩니다. 이것이 바로 그들의 신앙인 거죠.

하지만 이런저런 사연으로 다시 세상 속으로 돌아가려는 이가 생기게 마련인 바. 마음이 멀어져가는 그를 다시 우리 사이로 데려와야 하는데…. 대화도, 논리도, 간청도 소용이 없었지요. 두 남자는 떠나려는 그 앞에, 함께했던 시간, 온몸과 기억 사이사이에 새겨진 추억을 꺼내놓기로 합니다. 미사가 한창 진행 중인 성당 안. 세상으로 돌아간 그는 높은 강단 위, '소리'의 반대편에 선 다른 교리의 사제들 가운데 있습니다. 오르간의 반주가 시작되는 그때였죠. 두 남자의 노래가 들려옵니다.

"주의 손길 받아들이는 자Wer nur den lieben Gott läßt walten…."

그들이 산속 수도원에서 늘 함께 불렀던 바로 그 곡입니다. 모두들 어리둥절한 가운데 높은 자리에 앉은 사제들은 혹 다시 소리에 이끌릴까 날선 눈초리로 그를 제어하지만…. 하지만 그는 두 남자의 노래를 잠잠히 견딜 수가 없습니다. 아무리 입술을 앙다물려 해도 그 사이로 주체할 수 없도록 터져나오는 소리…. 결국 그 화음을 함께 맞추며 천천히 강단에서 내려와 옛 친구들 사이로 돌아갑니다.

추억의 힘이 그를 다시 이끌어온 것입니다. 함께 시간을 나눈 이들만이 알고 있는 그들의 추억 말입니다. 그들은 그 시간의 충만함을 같이 누렸던 것이지요. 오직 소리가 지닌 힘으로 절대자를 찬양하겠다는 정신을 따라 논리와 이야기가 지배하는 거대한 세상과 등진, 혹은 마주한 것이지요. 외롭지만 아름다운 길입니다. 그들의 삶이 세상의 눈에 어이없고, 혹 황당하게 비칠 수는 있겠지만. 이런 시선 또한 그들의 삶과는 무관한지도 모릅니다.

과연, 노래 한 곡이 다른 삶으로 들어서려는 옛 친구를 돌이킬 수 있을까요? 그럴 것도 같습니다. 그 노래 속에는 함께했던 시간들, 그 시간이 가져다준 기쁨이 있었지요. 그리고 그로 인해 자신의 존재를 깨달을 수 있었으니. 몸은 기억하고 있는 것이지요. 순수한 기쁨, 함께하는 이들 속에서 누렸던 그 뜨거운 시간을 말입니다.

우리 함께… 있었다

함께 있었다, 는 말에는 책임이 따르게 마련입니다. 함부로 뱉을 수도 없을뿐더러, 혼자만의 생각으로 단정할 수도 없겠지요. 그 시간의 순간 순간을, 촘촘하게 이어나간 사건 사건을 같은 온도로 기억하고 있어야 합니다. 그래서 누군가와 함께 있었다, 진심으로 말할 수 있다면 추억으로 그를 불러낼 수도 있을 것입니다.

몸이 기억하고 있습니다. 추억의 시간들, 함께 나눈 마음들. 그래서 그 추억을 떠올릴 땐 몸이 먼저 그때로 돌아가는 것인가요. 그 정도가 아니라면… 하나였다, 라고 말할 정도의 깊은 사귐은 아니었는지도 모릅니다.

그렇게 깊은 추억을 함께 나눈 누군가가 있었는지. 그 순간의 노래로, 붓으로 나를 부른다면 몸과 마음이 함께 일어나 그 부름에 답할 수 있는, 그런 추억의 시간을 함께 견뎌준 누군가가 있었는지….

추억의 힘으로만 친구의 마음까지 담아낼 수 있었던 윤두서가 부러워서만도 아닙니다. 사실, 그런 추억으로 다져지기까지 그들이 함께 지낸 시간들은 웃음보다는 눈물이 많았겠죠. 그 눈물의 근원을 함께 바라본 사이니까, 그런 초상이 그려졌던 것입니다. 그러니 초상을 그리는 화가의 마음이 어떠했을지요. 그 외로움을 딛고, 그래도 그 외로움과 마주하겠다는 심정으로 그렸을 것입니다. 쉬운 일은 아니지요.

외로울 때 있습니다. 세상이 알아주지 않아서, 혹은 세상의 흐름에 무작정 휩쓸리고 싶지는 않아서. 서성이며 힘겹습니다. 그래도 우리가 있다면. 어찌 그런 모양으로 사느냐, 힐끔대는 이들 앞에서 당당하게 같은 길을 걸어줄 우리가 있다면. 견딜 수 있습니다. 그런 냉담쯤 버텨낼 수 있습니다.

함께 불렀던 그 노래를 떠올려보세요…. 우리 둘 사이에서, 그대의 소리가 중심을 잡아주고 있었잖아요….

추억에 동참하지 않았던 이들로선 성당에서 울리던 그 소리의 무게를 가늠할 수 없습니다. 수많은 찬가 중 하나일 뿐인 그 노래가, 한 사람에게는 인생의 방향을 되돌리는 뜨거운 소리였으니. 추억을 함께했다, 쉬이 말할 일은 아니다 싶습니다.

•

윤두서尹斗緖. 조선 회화사의 한 시기를 크게 매듭지은 대가지만, 그저 화가만은 아니었다. 학문으로는 실학의 선구 가운데 한 명이었으며, 이서李漵와 나란히 동국진체東國眞體의 출발을 함께한 선진적인 서예가였다. 남인 출신으로 관직에는 나가지 못한 채, 평생을 학문과 예술에 정진하였는데. 그림 또한 문인화가의 수준을 훌쩍 넘어선 기량과 고민의 흔적이 역력하다. 「나물 캐는 여인」 등 풍속화를 처음 그려냄으로써 한 장르의 막을 열었고, 「동국여지지도」 「일본여도」 같은 사실적인 지도를 남기기도 했다. 특히 초상화에 뛰어나 현전하는 최초의 자화상인, 그 유명한 「자화상」을 남겼으니. 이 작품이야말로 내면의 성찰이 어떻게 회화로 재현될 수 있는가를 보여준, 하나의 혁명이다. 호 공재恭齋, 1668~1715년.

그대의 복사꽃

그는 말합니다. 고향에 가서 복사꽃이 보고 싶다고. 하지만 그저 소망일 뿐, 이미 시력을 잃어가던 서른 살의 검객은 강호에서 검객다운 최후를 맞습니다.

그리고 복사꽃 피는 계절, 그의 고향을 찾은 구양봉은 그제야 알게 됩니다. 그곳에 복사꽃은 없었지요. 복사꽃은 한 여인의 이름이었습니다. 그의 아내, 남편의 친구를 사랑하게 되었죠. 결국 남편은 길을 떠납니다. 그녀가 사랑했던 사내도, 그녀를 사랑했던 사내도. 그녀 곁엔 남아 있지 않았습니다.

버릴 대사가 없다… 고백할 수밖에 없는 영화 〈동사서독〉*을 떠올리면 그야말로 장면 하나하나, 대사 하나하나가 아린합니다. 게다가 이 독백, '복사꽃은 그녀의 이름이었다'에서는 또 다른 뭉클함이 솟습니다. 그래, 의당 그러하겠지, 혼잣말까지 흘리면서.

그는 아내를 진정 사랑했기에 용서할 수는 없었겠죠. 그런데도 눈이 보이지 않게 되면서 비로소 간절히 깨달았을 것입니다. 단 한 번만이라도 고향의 복사꽃이 보고 싶다고. 하지만 그녀를 다시 만날 수 없는 것 또한 어쩌지 못할 운명입니다. 바로 그녀의 이름 때문이겠지요. 그 이름에서 도원桃源의 언저리를 떠올렸을 우리는 알고 있습니다. 한번 떠나온 도원으로 그 누구도 다시 돌아가지는 못합니다. 이 오랜 상징의 세계에서 살아온 감독에게, 그리고 우리에게. 복사꽃은 그저 고향의 봄에 피는 꽃일 수는 없습니다.

한 왕자의 복사꽃도 그랬습니다. 그의 꿈을 그리던 화가에게도 다르지 않았지요. 제목마저도 아련하죠. '몽유도원도'… 한숨이 나옵니다. 도대체 이토록 아름다운 것들로만 채워진 제목은 또 무어란 말인지요.

사랑 이야기

사랑 이야기입니다. 왕자의 꿈에서 시작된 이 아름다운 그림은, 저마다의 사랑 이야기에 다름 아닙니다. 그대의 복사꽃은 무엇입니까, 라

* 원제 〈東邪西毒〉. 왕자웨이(王家衛) 감독의 1994년 작품. 동사와 서독 등 옛 강호를 넘나들던 고수들을 주인공으로, 삶을, 그 사랑과 허무를 특유의 영상으로 이야기한다. 그저 무협물이라 말할 수 없는, 그런 영화.

고 묻고 있지요.

그림의 주인공은 세종의 셋째 왕자인 안평대군*입니다. 어느 늦봄, 신비로운 꿈에서 깨어난 왕자는 화가 안견에게 이 꿈을 그리라 합니다. 각별히 아꼈던 최고의 화가였으니까요. 그의 꿈은 의당 안견의 붓으로 그려져야 하겠지요. 어떤 꿈일까요?

> 정묘년丁卯年(1447년) 4월 20일 밤에 바야흐로 자리에 누우니, 정신이 아른하여 잠이 깊이 들므로 꿈도 꾸게 되었다. (…) 그 골짜기에 들어가니 마을이 넓게 트여 2, 3리쯤 될 듯하며, 사방의 산이 바람벽처럼 치솟고, 구름과 안개가 자욱한데, 멀고 가까운 도화숲이 어리비치어 붉은 놀이 떠오르고, 또 대나무 숲과 초가집이 있는데 싸리문은 반쯤 닫히고 흙담은 이미 무너졌으며 닭과 개와 소와 말은 없고, 앞 시내에 오직 조각배가 있어 물결을 따라 오락가락하니, 정경이 소슬하여 신선의 마을과도 같았다. (…) 이에 가도可度(안견)로 하여금 그림을 그리게 하였다. 옛날부터 일컬어지는 도원이 과연 이와 같았을 것인지 여부는 알 수가 없거니와 뒷날 이 그림을 보는 사람들이 옛 그림을 구하여 나의 꿈과 비교하게 되면 무언가 말이 있게 될 것이다. 꿈을 꾼 지 사흘째에 그림이 다 되었는지라.
>
> 비해당匪懈堂의 매죽헌梅竹軒에서 이 글을 쓰노라.

---

* 이름은 용瑢. 조선 초 최고의 서예가이자 예술 후원자. 당시 문화계의 중심 인물이었으나 수양대군과의 권력 다툼에 밀려 계유정난 시에 역모죄로 사사. 1418~53년.

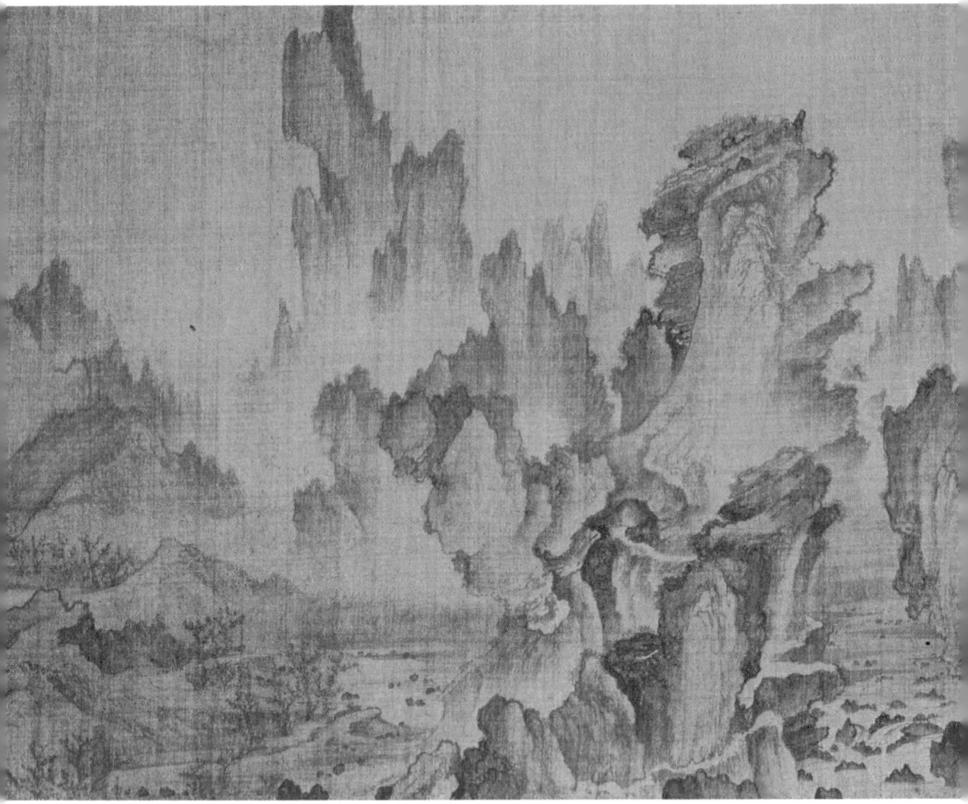

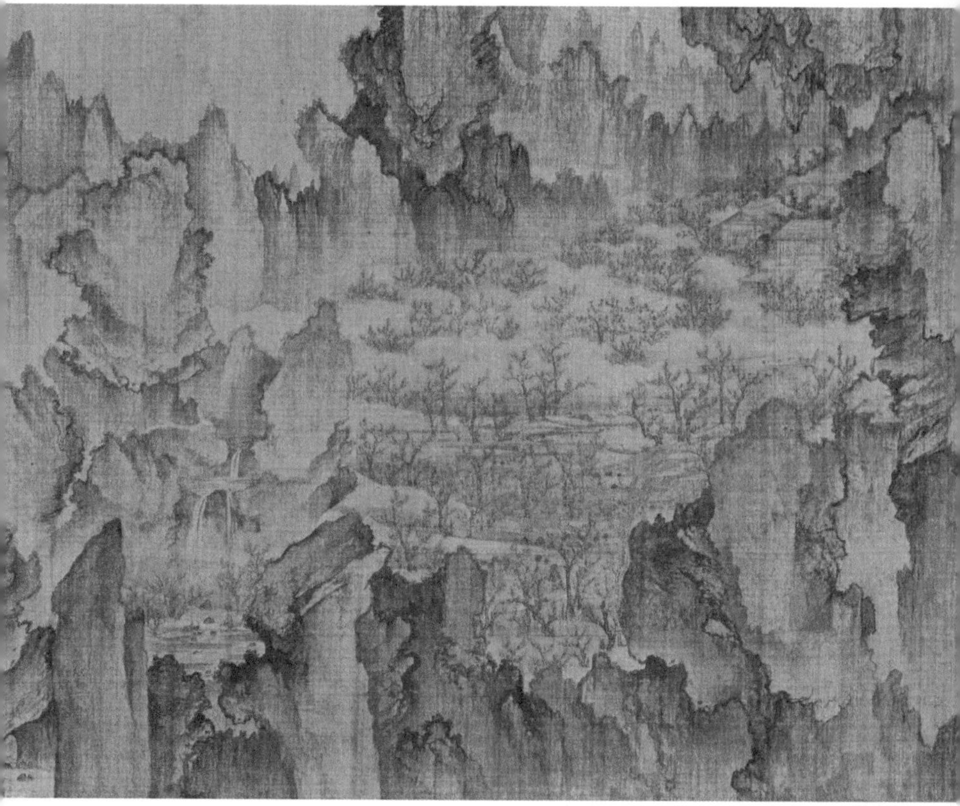

안견安堅 「몽유도원도夢遊桃源圖」

그러곤 그림을 위해 찬문撰文을 청하지요. 무려 스무 명이 넘는 문사들이 이 그림을 위해 자신의 문장을 아끼지 않습니다. 꿈과 그림, 시가 함께한 명작이 태어난 순간입니다. 이들 가운데는 우리도 익히 아는 이름들이 많은데, 이 집현전의 젊은 학사들이야말로 안평의 '살롱'을 빛낸 주역들이라 할 만합니다. 아니, 좋았던 세종의 치세, 그 시대와 문화의 주역이기도 했겠지요.

사실 「몽유도원도」는 역사의 한 장면으로도 꽤나 흥미롭습니다. 이야기에 얽힌 재능 넘치는 사내들의 고민, 그들이 만들어낸 아름다움까지 보여주니 말입니다.

그들이 함께했던 시절을 떠올려보면 뭐랄까요. 부러움이 솟습니다. 좋았던 시절, 이라는 느낌. 이처럼 마음 맞는 이들을 만나 말 그대로 마음껏 서로의 재능에 기대며 내일을 꿈꾸어본다는 건. 좀처럼 만날 수 없는 행운이죠. 이 정도의 그룹이라면 일생의 연인보다 만나기 어렵겠다 싶습니다. 혼자의 사랑으로, 혼자의 재능으로… 이것만으로는 가질 수 없으니까요.

함께 사랑한, 이 그림

도대체 어떤 화면이기에 이토록 많은 사연을 품고 있단 말입니까. 그림의 배경은 더없이 풍성하지만, 이 그림을 사랑하는 까닭이 그 때문만은 아닙니다. 그림 자체로, 그 이상의 이야기라도 만들어낼 것만 같은 신비로움입니다. 흔히 작품의 아우라 운운하지만, 「몽유도원도」

정도라면 그런 표현이 필요하겠다 싶습니다.

그림은 평온한 마을에서 시작되지요. 아직 도원에 이르기 전, 우리네 평범한 사람들의 삶터인 양 유별날 것 없어 보입니다. 작은 시내를 건너 다다른 곳. 드디어 기암절벽이 눈앞을 가로막아섭니다. 그 사이로 숨어 있는 가파른 길을 돌고 돌아, 다시 절벽을 넘고 또 넘어, 거짓말처럼 복사꽃 눈부신 도원에 다다릅니다. 여리도록 붉은 꽃잎과 금빛으로 반짝이는 꽃술들. 놀에 비치어 그 빛을 더한 것이지요.

그러면서도 도원은 버려진 마을인 양, 인간의 흔적이라곤 남아 있지 않습니다. 마치… 주인공의 운명을 암시하듯 말입니다. 게다가 그림은 말 그대로 문득, 끝나버립니다. 문득, 잠에서 깨었으니 의당 그러할 것입니다만, 옛 산수화에서 이런 느닷없는 마무리라니요. 자꾸 이런저런 생각을 겹쳐보게 됩니다. 몽롱하면서도 아득한, 아름다우면서도 쓸쓸한. 독특한 도원입니다. 오히려 이별의 현장 같기도 하지요.

명작다운 기품이 넘치는 화면인데, 그 기품을 더한 것은 바로 왕자의 글씨입니다. 그림 앞에 섰을 때 저 역시도 한숨만을, 그것도 크게 내지 못한 채였지요. 그림을 받아든 왕자의 마음도 그랬나 봅니다. 그는 그림의 제목을 직접 적고, 이처럼 발문까지 더합니다. 그, 안평대군 이용. 조선 초기 최고의 명필名筆이자 안목도 까다로운, 예술계의 막강한 후원자. 그의 글씨, 그 유려한 서체로 말입니다.

여기에 당대 최고 문사들의 찬문까지. 그는 자신의 꿈을 이렇게 남기고 싶었던 것입니다. 이것이 당시 조선에서 이 왕자가 지닌 자리이자 예술을 대하는 자세이자 이 그림에 대한 진심일 것입니다.

그림의 입장에서 더 이상의 호사가 있을까요. 화가의 마음을 떠올려봅니다. 그림을 그리는 순간 그는 분명 이야기에 취한 채, 그야말로 정신을 잃고 그림 속으로 빠져들었을 것입니다. 사실, 이것만으로도 충분합니다. 하지만 그런 느낌을 누군가와 나눌 수 있다면 예술가로서 무엇을 더 바라겠습니까. 아마 화가는 그런 복까지 지녔던 것 같습니다. 정녕, 이것으로 충분합니다.

이별해야 할 시간

그림이 그려지던 정묘년, 아니 3년 후, 세종이 승하하는 경오년庚午年까지만 해도 그들 모두는 같은 길을 걷고 있었지요. 같은 빛깔의 사랑을 지녔을 테니까요. 깊은 동지애라고나 할까요. 하지만 흔들리는 정권 앞에서 그들의 사랑 또한 흔들리기 시작합니다.

이별할 순간인 것입니다. 그럴 수 있을까요. 그 많은 시간과 추억과 교감을 뒤로한 채 떠날 수 있는 걸까요. 역사는 그렇다고 말합니다. 믿을 수 없을 만치 느닷없는 이별을 만났다면, 아마도 더 깊은 사랑을 찾아 떠나야 했기 때문이겠지요. 여전히 따뜻한 감정이 남아 있다 해도 돌아서야 할 순간도 있습니다. 슬픈 일이지만… 이것이 바로 삶 아니던가요.

한 팀이라 생각했던 이들. 동지라 느꼈던 사이. 그런 관계의 균열은 연인 사이의 이별보다 더 큰 아픔일지도 모르겠어요. 마음이 변했다기보다는 뜻을 바꿨다는 말이니까요. 하지만 왕자를 둘러싸고 있던 빼어난 재사才士들에겐 수많은 복사꽃이 기다리고 있었을 것입니다. 더 사랑하는 꽃을 찾아, 자신의 도원을 꿈꾸면서 길을 떠나야 할 운명입니다. 어쩌면 그들 하나하나가 한 자리에 피어나기엔 너무 과한 꽃인지도 모릅니다.

왕자의 꿈은, 그와 함께했던 이들에게 영원한 꿈을 꾸게 할 만한, 그런 사랑이 될 수는 없다는 말이겠지요. 모두가 자신만의 복사꽃을 찾아야 할 순간이 온 것입니다. 그들이 찾아 나선 복사꽃은 누군가에겐 권력, 누군가에겐 대의大義였을 테니. 박팽년과 성삼문은 안평대군의 도원에 남았죠. 신숙주와 최항은 수양대군의 도원으로 떠납니다. 결국 한쪽은 죽음을, 다른 한쪽은 권력을. 우리가 아는 그대로입니다.*

이쯤에서 궁금한 것은 화가 안견의 선택입니다. 안견의 입장은 사실 좀 어정쩡할 수밖에 없습니다. 화가라는 신분은 이 그룹에 끼어들기엔 태생부터가 다르지요. 그렇다 해도 꿈의 주인을 누구 못지않게 사랑했을 화가입니다. 자신의 그림을 그토록 아껴준 이였으니까요.

---

* 계유정난癸酉靖難. 단종 1년(1453), 수양대군의 왕위 찬탈 정변. 김종서 등은 피살되고 안평대군은 사사된다. 당대 인재 풀인 집현전도 두 파로 나뉘는데, 신숙주 · 최항 등은 수양대군의 등극을 도와 재상에 오른 반면, 박팽년 · 성삼문 등은 단종 복위 실패로 처형당한다.

하지만 화가는 왕자의 곁을 떠납니다.

안견의 선택을 생각하며 꽤 오래도록 생각이 어수선했어요. 옳은가를 묻고 싶어서가 아닙니다. 그는 당시 최고라 불리던 화가입니다. 국왕도, 왕자도 그의 그림을 아꼈지요. 하지만 정치적 권력과 무관했던 것이 당시의 예술가가 처한 상황이니. 그의 선택을 신분 높은 학사들과 같은 기준으로 바라볼 수는 없습니다. 다만, 그의 사랑이 궁금했습니다. 예술가로서의 마음 말입니다.

그림을 그린다, 노래를 부른다, 글을 쓴다… 이런 일이라는 게 그렇지 않던가요. 혼자서, 아무리 도취하여 절정을 이룬다 해도. 그 일을 뜨겁게 이어가려면 사랑해줄 사람이 있어야 합니다. 그 이름이 후원자든 지지자든, 그 수의 많고 적음이 문제는 아닙니다만. 단 한 사람이라도 진심으로 사랑하고 이해해줄 누군가가 필요합니다.

그런데도 안견은 바로 그 한 사람이었을 안평대군을 떠납니다. 그에게도 이별의 이유는 다르지 않았을 것입니다. 더 사랑하는 대상을 깨닫게 된 거겠지요. 자신을 후원해준, 자신이 사랑했던 왕자보다, 왕자의 사랑보다 더한 사랑은… 그림 그 자체가 아니었을까요. 그 자신의 존재 이유였을 테니. 그것이 자신의 복사꽃이라, 그리 생각했던 것이겠지요.

돌아갈 수 없는 길

이별은 슬프지만, 돌이켜보면 우리의 삶은 그 수많은 이별들로 채

워져 있습니다. 때론 평생의 아픔으로, 때론 하룻밤의 눈물로 기억되는. 연인도 친구도 동지도, 그리고 나의 꿈도 영원하지 못할 수 있습니다.

어떻게 이런 순간이 내게 다가온 것인지 믿을 수 없어서, 이별을 받아들일 수 없어서. 차라리 사랑했던 시간들을 부정하고픈 것이 사람의 마음이지만. 갈 길이 달라 돌아섰을지라도 그 순간 최선을 다해 사랑했다면, 이미 나눈 사랑에 대해 고마웠다, 그렇게 말하며 돌아서고 싶습니다. 후회하지 않기로 합니다. 다른 사랑을 찾아 떠났을지라도 함께했던 그 도원의 시간마저 묻어버리진 말기를. 충분히, 충분히 사랑했다면, 더 슬픈 결말이 기다린다 할지라도 받아들일 수 있겠다 싶습니다.

하지만 말입니다. 때론 그럴 것도 같습니다. 돌아서서 한참을 걸어왔는데, 떠나온 그 사랑이 진짜 사랑이었음을 그제야 깨닫게 되기도 하죠. 그렇다고 다시 돌아갈 수는 없습니다. 도원은, 한 번 열어준 문을 다시 열어주지는 않으니까요. 〈도화원기〉* 속의 어부도 다시는 도원의 입구를 찾지 못했지요. 도원의 문을 여는 복사꽃은 딱 한 번 피어납니다. 아무리 돌아와 서성인다 해도, 도원은 복사꽃을 허락하지 않습니다. 그래서 영원한 꿈처럼 간직되는 것인가요.

영화 속 주인공 구양봉도 그랬지요. 세상을 얻기 위해, 사랑하는 여

---

* 〈도화원기桃花源記〉. 동진東晋 도연명陶淵明의 작품. 한 어부가 속세와 떨어진 '도화원'에서 노닐다 온 이야기. 이로부터 '도원'은 이상향의 상징으로 불리게 되었다.

인을 하염없이 기다리게 하고… 결국 그녀는 자신의 형수가 됩니다. 다시 그녀에게 돌아가 사랑을 구하지만 그녀는 그의 청을 거절하고. 그러곤 가슴의 병이 든 채 그녀는 세상을 떠납니다.

채 알지 못해서 돌아섰던 사랑. 돌아갔을 때는 다시 얻을 수 없는 사랑. 구양봉은 무림의 최고가 되기 위해 고향을 등졌지만. 그녀가 떠나간 뒤에야 깨달았을까요. 정말 사랑했던 복사꽃은 자신의 명성이 아닌, 그녀였다고. 하지만 한 번 떠난 도원으로 다시 돌아갈 수는 없는 거죠. 그것이 도원이 전하는 삶의 진실입니다.

돌아설 수밖에 없는 순간이 있습니다. 돌아가고 싶지만 돌아갈 수 없는 사내도, 돌아갔으나 돌이킬 수 없었던 사내도. 자신의 복사꽃을 사랑하지 않은 것은 아닙니다. 다만, 복사꽃 피는 계절을 잘 알지 못했던 것 아니었을까요. 떠나는 구양봉에게 그녀는 말합니다. 다시 돌아올 수는 없는 거라고. 하지만 가질 수는 없어도 잊지는 말자고.

그대의 복사꽃

왕자의 꿈을 그리던 화가에게 전하는 말 같기도 합니다. 그림에 대한 사랑 때문에 왕자의 도원에서 돌아섰지만, 그랬겠지만. 바로 이 그림, 왕자의 꿈을 그리던 그 순간이야말로 진정 빛나는 복사꽃이었다고. 아니, 화가 또한 알게 되었을 것입니다. 자신이 정녕 사랑한 복사꽃은 정묘년 4월에 그린 그 그림이었다고. 그 꿈의 주인이었다고.

꿈을 꾼 왕자는 자신의 도원에서 행복했을까요. 결국 서른여섯 푸른 나이로 사약을 받는 결말이었지만. 그 시절만큼은 충분히 아름다웠을 것입니다, 그랬을 것입니다. 돌이켜 다른 복사꽃을 찾을 마음, 없었을 테지요.

암호는 복사꽃. 도원으로 들어가는 이름입니다. 사랑이라는 이름이지요. 도원은 사랑하는 이 앞에서 그 문을 열어줍니다. 다시 돌아간 그 길 어디에서도 도원의 입구를 찾지 못했다면, 그곳에 그대의 복사꽃은 피어 있지 않은 것입니다. 그림은 묻습니다. 그대의 복사꽃은, 무엇입니까.

•

안견安堅. 조선 회화사를 '시작'한 이름이다. 최고의 화가로서 세종의 후원을 받았으며, 그의 아들 안평대군에게는 더욱 큰 지우를 입었다. 안평대군의 꿈 이야기를 그린 것으로 유명한 「몽유도원도」는 안평대군의 우아한 발문과, 당시 문화계를 이끌던 문사 20여 인의 찬문이 더해진 명작이다. 그야말로 시서화가 한 자리에 모여 조선 초기 문화사의 결정적인 장면을 연출했다고나 할까. 이른바 '안견 화풍'이라 불리는 그의 화풍은 이후 16세기까지도 이어져, 실질적으로 조선 초기 회화를 지배하게 된다. 진작으로 전하는 것은 이 한 점뿐이지만, 이것만으로도 그의 천재를 가늠하는 데는 부족함이 없으니. 세월의 흐름 속에서도 제 빛을 잃지 않는, 감동적인 걸작이다. 호 현동자玄洞子. 생몰년 미상.

슬픔은 슬픔으로

낮이 밤으로 옮겨가는 시간. 스산함이 깔리기 시작합니다. 하지만 이런 스산함이 싫지만은 않아서 그대로 앉아 있습니다. 이 동지冬至의 밤… 남다른 느낌입니다. 어둠의 존재를, 밤의 기운을 온전히 인정해 주는 날이니까요. 밤의 색이 짙어질수록 스산함은 더 깊어만 갑니다.

밤은, 추위는 그 색채 자체가 슬픔과 닮아서인가 싶습니다. 게다가 이렇게 바람까지 불어대는 날일진대. 가라앉힌 슬픔들마저 다시 고개를 들 것 같은. 겨우 아문 상처들마저 다시 가슴을 찌를 것 같은. 하지만 누군가는 어둠을 고요함이라 얘기하지요. 이 어둠을 고요함이 아닌 스산함으로 느꼈다면, 나의 마음 탓인 거겠죠. 어쩌면 그 그림 때문입니다. '동짓날 사흘 뒤에 그렸다'고 적어넣은 그의 떨리는 붓 때문입니다.

저 깊은 슬픔 앞에서

붓을 보면 울먹이는 그의 마음이 느껴집니다. 슬픔입니다. 하지만 털어내려는 것도, 이겨내려는 것도 아닌 듯합니다. 그럴 수 없었던 것이겠지요. 털어내려고, 이겨내려고 하는 것도 길이 될 수 있겠죠. 그럴 수 있다면 말입니다.

하지만 어느 하루의 상념이 아니라 제법 운명을 생각하게 하는 슬픔. 맞붙어 싸우기에는 너무 버거운 상대를 만났을 때. 나의 의도나 결심 따위와는 무관한 절망 앞에서. 그랬었죠, 차라리 놓아버립니다. 밑바닥에 가라앉아 그 슬픔의 끝을 보게 될 때까지, 기다리기만 합니다. 어중간한 자리에서 털어내버린 슬픔이나 절망이 어중간한 자리에서 다시 밀려들 것 같아서. 그래서 그냥 끝까지 가봅니다.

견딜 수 없다… 견딜 수 없을 만큼 힘들다…. 하지만 어찌된 연유인지 나는 여전히 견딜 수 없는 그 시간들을 눈물로 혹은 한숨으로 견디는 중입니다. 바닥으로 가라앉습니다. 그렇게 바닥에 쪼그려 앉아 있는 그때, 다른 슬픔이 말을 걸어옵니다. 어지간한 위로로는 달래지지 않았건만. 그렇게 다른 슬픔에 기대어봅니다.

그림 속의 남자도 그랬을 것 같습니다. 동지가 지난 사흘 후, 김홍도는 자신의 슬픔을 이야기합니다. 그 또한 홀로 슬픔을 지탱하기 어려웠던 것일까요? 한 시인의 읊조림에 기대고 있습니다. 제목마저도 스산하죠. 추성부秋聲賦, 가을의 소리랍니다. 화면 가득 추운 바람이 스며 있습니다.

이 서러운 가을의 소리

> 아, 슬프다. 이것은 가을의 소리로구나. 어찌하여 온 것인가. 초목은 감정이 없건만 때가 되니 바람에 날리어 떨어지도다. 단지 사방 벽에서 벌레 우는 소리만 찌르륵찌르륵 들리니, 마치 나의 탄식을 돕기나 하는 듯하다.

차분하지만 힘들여 썼을 한 글자 한 글자…. 김홍도는 구양수*의 〈추성부〉를 화제畵題로 적어넣었습니다. 그래서 그림도 「추성부도」로 불리게 되었죠. 그림의 내용 또한 그렇습니다.

〈추성부〉는 제목만으로도 스산한 바람 소리를 몰고 오는 것만 같습니다. 시인이 느끼는 가을의 소리는 어떤 빛깔일까요? 늦가을의 소리 앞에서 시인은 자신을, 삶을, 우주의 섭리를 떠올립니다. 어쩔 수 없이 받아들입니다. 하지만 기어이 마음으로 받아들이긴 어려워 보입니다.

---

* 구양수歐陽脩. 북송대의 문인. 문장이 뛰어나 당송팔대가의 한 사람으로 꼽힌다. 정치적 부침이 적지는 않았으나, 당시 문단의 한 중심이기도 했다. 1007~72년.

「추성부도」는 김홍도의 마지막 작품으로 알려져 있습니다. 〈추성부〉를 그리고자 마음먹으며 화가는 자신의 한생을 돌아보았을 것입니다. 구양수가 이 문장을 읊었을 때의 심경을 따라가보기도 했겠지요. 문장 사이사이로 스며든, 삶의 늦가을을 돌아보는 서러운 달관의 소리. 〈추성부〉 앞에서 화가는 자신의 봄과 여름을, 그리고 가을을 차근차근 되뇌었던 것입니다. 그러곤 결심하듯 붓을 쥐었겠지요.

시와 글에도 능했던 김홍도이니 의당 계절과 심정을 헤아려 주제를 골랐을 것입니다. 창밖의 계절도, 당시 김홍도 자신의 계절도 그랬습니다. 화가는 그 서러움을 응시하며 마른 붓질로 바람 소리를 그렸습니다. 진정 그리고 싶은 것은 자신의 마음속에 불고 있는 마지막 바람 소리였겠지요. 그 소리야말로 잠재울 수 없는 울음일 것입니다.

그러곤 마지막 힘을 다해 〈추성부〉를 써내려갔겠지요. 문장 속의 탄식은, 그림 속의 탄식과도 같은 빛깔입니다. 그러곤 마지막 구절 뒤에 덧붙인 말.

> 을축년 동지 지난 후 삼 일 되는 날 단구가 그리다.*

사실 「추성부도」 앞에서 꽤나 오래도록 서성였으면서도 화면 속으로 가득한 심란한 바람 소리를 응시하느라 화가의 마지막 말을 음미하지 못했습니다. 그의 그림에서 이처럼 달과 날까지 밝혀 넣은 그림

---

* 乙丑冬至後三日 丹丘寫. 을축년은 1805년, '단구'는 김홍도가 말년에 사용하던 호.

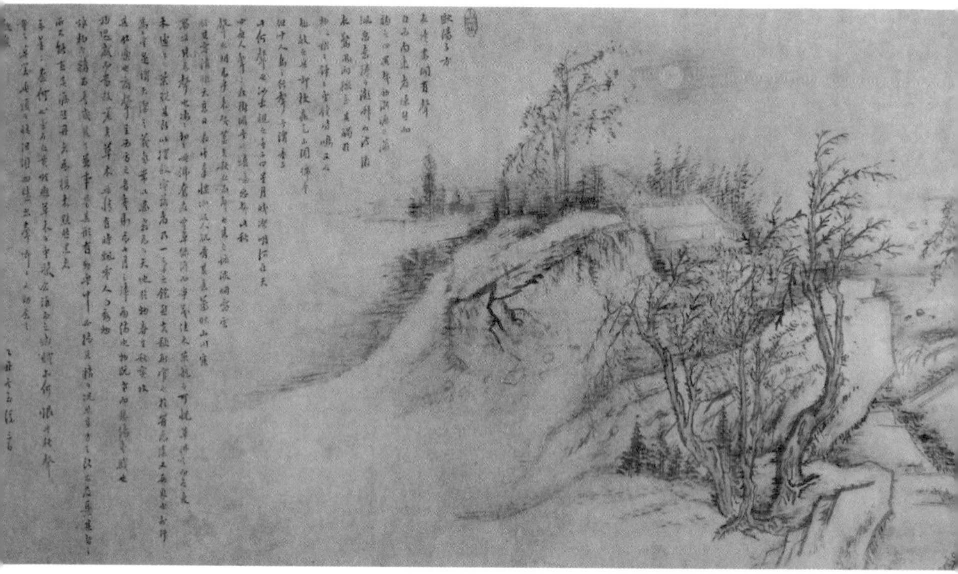

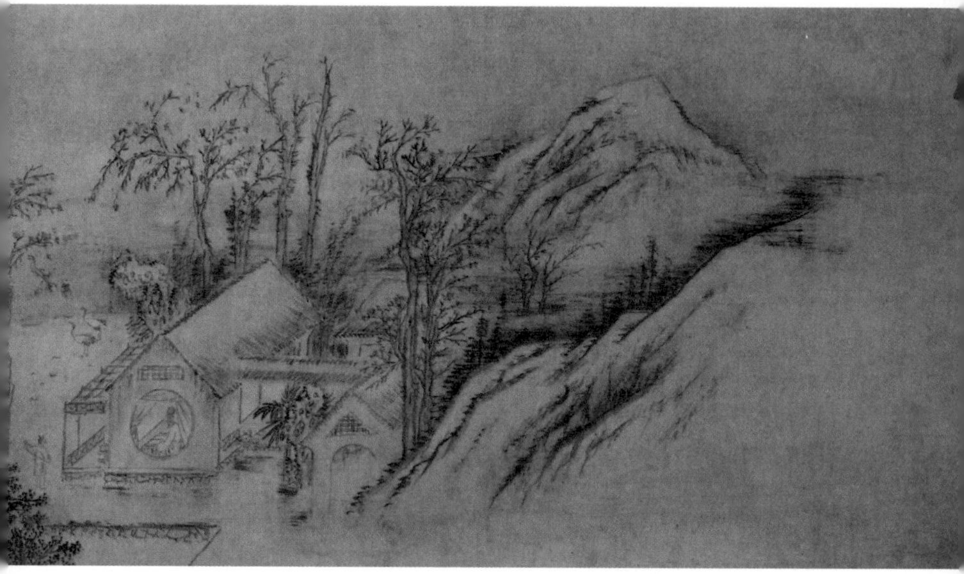

김홍도金弘道 「추성부도秋聲賦圖」

을 찾기란 쉽지 않습니다. 새기듯 날짜를 적어넣은 것인데. 특별히 임금에게 바치는 그림이 아닌 다음에야, 아마 이 그림 하나 정도겠죠. 그의 마음이 이 정도였던 것입니다.

메마른 바람 불어오는 곳

그림으로 들어가봅니다. 야산 사이 움푹한 곳에 집이 들어앉아 있습니다. 소박한 정도의 그런 집입니다. 태호석*이며 학이 그려진 마당을 보니, 안목 있는 문인의 거처겠다 싶습니다. 그리고 동자童子 하나가 주인과 이야기를 나누는 중입니다. 하늘에는 어스름 보름달, 집 주위에는 잎도 얼마 남지 않은 나무들뿐이죠.

그림 속의 사내는 동자에게 묻는 중입니다.

무슨 소리가 들리질 않느냐. 대체 어디서 들려오는 것이냐.

동자는 그저 답을 합니다.

저 나무들 사이에서 들려오는 것 같습니다.

시인은 탄식합니다.

그것이 바로 가을의 소리로구나….

그렇지요. 그 가을의 소리는 다름 아닌 바람의 소리입니다. 그림에서도 바람 소리가 들립니다. 이쯤에서 화가에게 묻지 않을 수 없습니

---

* 태호석太湖石. 중국 태호 지방에서 나는 기이한 형상의 석회암. 정원 장식용으로 많이 사용된다. 옛 그림에서는 문인의 거처를 상징하는 소재로 자주 등장한다.

다. 이 바람, 바람 소리는 도대체 어디에서 시작된 것이냐고. 김홍도는 여기, 이 바짝 마른 붓질을 한번 보라, 그렇게 말하는 듯합니다.

이런 화가 앞에선 정말 마음이 한순간에 무너져내립니다. 우리도 그랬지 싶어서요. 무슨 말을 하는가, 라는 사실보다 그 말을 어떻게 하는가, 이게 더 중요했던 순간들. 슬픔 같은 것도 그렇지요. 내가 누군가의 슬픔에 둔감했거나, 누군가 내 슬픔에 무심했다면… 아니, 내 스스로의 슬픔을 이해하기 어려워했던 것 또한 이 '어떻게'를 놓쳤기 때문인지도 모르겠습니다.

화가가 말하고 싶은 것은, 그 스산한 이야기를 빌려 그려낸 것은, 자신의 남은 삶을 절절하게 빼다 박은 이 붓질은 아니었을까요. 그래서 이야기를 읽기도 전에, 그 사내와 구양수의 관계를 알기도 전에, 심지어 화가의 배경을 들추기도 전에 그림은 이렇게 가슴 아리도록 서러웠던 게 아닐까요. 마치 종이 위를 쓰다듬듯, 제 온몸을 종이에 내어줄 듯. 붓은 종이와 그렇게 하나가 됩니다.

사실 구양수의 시가 주는 전체적인 느낌은 섭리에 대한 체념 어린 이해에 가깝습니다. 그런데 김홍도의 그림은 시인의 글에서 더 나간다는 느낌입니다. 여느 화가의 추성부도와도 다른, 좀 심하다 싶은 스산함이지요. 구양수가 차마 말하지 못한 애절함을, 그 초췌한 슬픔까지도 다 보여주기로 한 것일까요. 바람마저도 물기를 품지 못한 채 시리게 불고 있을, 그 동짓달 어느 밤에 말입니다.

김홍도의 붓질이 이렇게 물기를 털어버리기 시작한 건 이미 몇 해

전부터 시작된 일이기는 합니다. 그러면서 새로운 경지 하나를 얻기도 했지요. 그래도 이렇게까지 오게 될 줄은 몰랐지요. 마음의 물기를 모두 덜어내기로 결심한 사람처럼. 마음을 긁어내는 듯, 스산하기 이를 데 없는 붓과 먹. 그렇게 온 가슴이 마르도록 쏟아낸 후에, 한恨을 한이라 슬픔을 슬픔이라, 오히려 이름하게 된 것 같습니다.

마지막 붓으로 한 번 더

김홍도의 「추성부도」가 더 가슴 아팠던 것은 절정에 대한 기억 때문일 것입니다. 어쩌면 그 또한 병진년丙辰年을 기억하면서, 기억하기 위해서 이 그림을 그렸던 것일지도 모릅니다. 절정과 마지막이 어떠해야 하는가를 이야기하듯 말입니다.

병진년이라면 「추성부도」를 그리기 9년 전인 1796년이죠. 그 자신의 절정이자, 그래서 조선 회화의 절정이던 그때. 그의 먹은 풍성했습니다. 그의 붓은 아름다웠습니다. 여기에서 멈춘다 해도 여한이 없겠다 싶을 정도였으니.

김홍도로 말하자면 조선 최고라 부르기에 부족함이 없는 화가지요. 재능을 받쳐줄 만한 주변 상황도 나쁘지 않았고 말입니다. 하지만 그 상황이란 바뀌게 마련인 거죠. 예술가란, 스스로 그런 상황을 만들 수 있는 존재는 아니니까요. 정조가 승하하고 조선의 분위기가 바뀌는 그 순간부터 한 화가의 삶도 어쩔 수 없이 바뀌게 됩니다.

잔인한 일은 이런 순간 아니던가요. 항상 예외였던 화가, 화원이 아니라 화가로 살았던 김홍도에게도 이제 예외란 없습니다. 그는 그저 여느 화원의 하나로 돌아가, 그들 사이에서 그림을 그립니다. 평가도 받아야 합니다. 그것이 세상의 법칙이죠. 천재를 천재로 품어줄 군주의 사랑이 사라진 다음이니….

그런 김홍도, 오랜 병석에 누워 그림을 그리기도 힘들어진 김홍도. 〈추성부〉를 그리던 그의 마음은 구양수의 마음과 다를 것이 없다 싶습니다. 그렇게라도 하지 않으면, 정리하지 않으면… 마지막 겨울을 도저히 받아들일 수 없었던 것이겠지요.

천재의 절정을 들여다보는 일처럼 가슴 두근거리는 순간이 있을까요. 하지만 다시 그의 마지막을 이렇게, 먹먹함으로 만나게 됩니다. 병진년의 달밤, 그 절정의 그림 앞에서 내가 흘렸던 한숨의 시간들…. 다시 그 한숨이 다른 빛깔로 이 그림 앞에서 흘러나옵니다.

전기의 「계산포무도」에서도 바람의 울음이 있었지요. 하지만 「추성부도」의 그것처럼 가라앉힐 대로 가라앉힌, 응축된 한은 아니었습니다. 김홍도의 「추성부도」는 순간의 열정이 타오른 슬픔이 아닙니다. 뜨거운 슬픔이 아닌, 그 열정들을 충분히 불태운 후에 만나게 된 잿빛의 스산함이라 해야겠지요. 그래서 어찌해볼 수 없는 슬픔입니다.

그런 적 없었던가요. 울다 울다 몸과 마음에 물기라곤 바짝 말라버려, 오히려 명징하게 자신의 슬픔과 마주했던. 무성하던 잎들 털어낸 동짓달의 저 나무들처럼, 오직 말라버린 가지만으로 자신의 형상을 내보이는 나무들처럼, 마지막 물기까지 소진해버린 화가의 나무처럼. 나를 덮어줄 무언가도 남아 있지 않았을 때, 문득 내 원래의 모습을 바라보게 됩니다.

화가가 〈추성부〉를 그린 것은 자신의 슬픔을 또 다른 슬픔에 기대어보기 위함이었을까요. 우리는 다시 화가의 슬픔에 기대어 우리의 슬픔을 돌아봅니다.

더 깊은 슬픔에 기대어

이 그림을 마지막으로 김홍도의 흔적은 더 이상 전해지지 않습니다. 그저 몇 통의 편지가 남아 있기는 하지요.

> 아들 연록 보아라.
>
> 날이 이처럼 찬데 집안 모두 편안하며 너의 독서는 한결같으냐. 내 병의 상태는 모친에게 보낸 편지에 이미 전했으니 다시 이야기할 필요는 없겠다. 또한 김동지가 가서 직접 전했으리라 생각한다. 훈장 댁에 드릴 월사금을 보내지 못함이 한탄스럽다. 어지러워 더 쓰지 않는다.
>
> 을년乙年 섣달 19일 아버지가 쓴다.

김홍도는 어지러워 더 쓰지 못한다 했습니다. 어린 아들의 앞날을 걱정하는 가난한 아비의 마음은, 온 삶을 돌아보아야 했던 한 천재의 마음보다 더 힘겨웠을지 모릅니다.

슬픔이 거대한 운명을 논하는 그런 신화의 시대였다면 차라리 비장한 아름다움으로 맺을 수 있었을 테지요. 하지만 김홍도의 슬픔은 오히려 인간이 딛고 선 이 땅의, 그 마지막 책임을 다하지 못하는 한 필부로서의 서글픔까지 담고 있습니다. 아마 화가는 그해 겨울을 넘기지 못했을 것입니다.

밤이 깊어 생각도 많아지는 이 밤, 마음에 둔 누군가를 추억하는 것도 괜찮겠다 싶습니다. 조선 그림의 절정을 보여준 화가, 한 사람의 아름다움이 얼마나 다채로울 수 있는지 이야기한 화가, 그래서 여전히 내 마음을 힘들게 하는 화가…. 그림에 기대고 싶었던 많은 날들, 그토록 깊이 기댈 수 있게 해준 화가입니다.

슬플 때, 더 오롯한 슬픔으로 잠겨보라고… 마지막 그림까지 아끼지 않았지요. 마른 바람이 부는 이 밤, 단원檀園을 만납니다.

•

김홍도金弘道. 조선 회화의 절정기인 18세기를 대표하는 화가이자 그 자신이 바로 조선 회화의 절정이기도 했다. 앞 세대 대가인 정선과 심사정의 장점을 고루 취하여, 진경산수와 남종화에서 모두 최고의 경지에 올랐다. 더하여, 풍속화를 하나의 장르로 확립하였으며 인물화에도 능해 어진 제작에 참여하기도 했다. 시와 글씨에도 빼어나 당시 문인들과의 친교도 깊었다. 이십대부터 이미 화명이 높아 군주의 사랑과 시대의 아낌을 받았으나 정조 사후, 가난과 병고 속에 생을 마친 것으로 보인다. 대표작으로는 젊은 시절의 「서원아집도西園雅集圖」, 전성기의 《을묘년화첩乙卯年畵帖》《병진년화첩丙辰年畵帖》, 마지막 작품인 「추성부도」 등. 화원의 기량 위에 문인의 격조까지 더함으로써 조선 회화의 기준 자체를 흔들었으니. 완전함이란 이런 것이 아닐까. 빛나는 아름다움이다. 호 단원檀園, 1745~1806(?)년.

친구입니까

마음을 의심하면 안 되는 거죠. 그것도 가까운 사이라면 말입니다. 하지만 인생사, 상대의 진심이 헷갈리기도 하게 마련이죠. 차라리 연애 감정이면 간단하게 정리되기도 하는 법인데. 그냥 친구 혹은 선후배 또는 동료 사이, 사실 이런 관계를 잘 풀어가는 게 더 힘들기도 하잖아요. 사랑하니까!로 무조건 눙치고 갈 수도 없는 일이니.

따뜻한 말도 넉넉한 칭찬도, 진짜 내 편일까, 알 수가 없어서 갸우뚱할 때. 통 크게 누군가의 진심을 곧이곧대로 받아주지 못하는 스스로의 찌질함에 마음 한구석이 편치 않을 때. 그럴 때면 저 먼 섬 제주에서 추운 바람을 맞던 한 남자의 그림이 떠오릅니다. 한 수 가르쳐 준다고나 할까요. 누가 진짜 친구인지 모르겠다고? 그럼 나를 한번 보게나. 그의 그림은 그런 이야기를 던지고 있습니다.

우리가 잘 아는 그림이에요. 그린 이는 더 유명하지요. 바로 추사 김정희의 「세한도」입니다.

아슬아슬, 먹과 붓의 어울림

우리, 솔직하게 털어놔보자구요. 이 그림이 마음에 드시나요? 아니면, 뭐 이런 그림이 있나, 뜬금없게 느껴지시나요?

사실, 감상자의 평이 이처럼 다양한 그림도 드물다 싶습니다. 최고점을 준 이들의 반응은 대략 이렇지요. 햐! 참으로 문기文氣 가득한 화면이로구나! 이 절정의 붓맛이라니! 게다가 천하제일 추사의 서체까지 더해지니 진정한 명품이 아닌가! 좀처럼 입을 다물지 못한 채 그림 앞에서 상찬을 늘어놓을 테지요.

뭐 이런 그림이 다 있나, 하는 쪽의 얘기도 들어봅니다. 그림이면 보는 즐거움이 있어야지, 어디 하나 잘 그린 구석이라곤 없는 것 같군. 게다가 집 모양새는 어찌 이리 생긴 거야? 유명한 사람이 그렸다고 무조건 명작이라 할 수는 없잖아! 이쪽도 제법 일리가 있는 이야기입니다.

그림은 가로로 길쭉한 종이에 색채를 사용하지 않고 먹으로만 그려냈습니다. 화면 전체에 등장하는 소재라고는 나무 몇 그루와 그 형상이 참으로 애매한 집 한 채가 전부입니다. 게다가 나무와 집마저도 정신을 집중해가며 꼼꼼히 그린 것 같지도 않습니다. 만약 화가의 불성실함을 탓하고 싶었다면 충분히 꼬투리를 잡을 만한 정도죠.

하지만 마음을 좀 달리해서 그림을 대하면 놓쳤던 일면이 보이기는 합니다. 바로 그림의 흔적, 먹의 쓰임을 차분히 바라보면 알 수 있죠. 사실 먹도 얼마 필요하지 않았을 것 같아요. 한 번 먹을 적신 붓으로, 그 먹이 완전히 소진할 때까지, 그렇게 붓이 바짝 마를 때까지 그렸을 것 같은. 물기 없이 까실한 붓맛을 제대로 살렸다고 할까요.

이 그림을 그리 좋아하지 않는 이들이라도 이처럼 붓과 먹의 아슬아슬한 어울림에 대해서만은 토를 달기 어렵지 싶습니다. 아무나 도달할 수 없는 경지임에는 틀림없으니까요. 정말 그렇지요. 종이 위에서 바스락, 소리가 들리는 것도 같습니다.

이러면 좀 이상하다는 생각이 들기도 합니다. 그림 솜씨로만 보자면 평균 이상은 아니라 느꼈건만 어찌 이리 붓과 먹을 쉬이 부릴 수 있다는 말일까요.

아마도 붓과 함께한 그의 평생이 답이 되겠다 싶습니다. 김정희야 말로 당대 최고의 서예가로 이름 높았으니, 글씨에 대해 대략 무지한 후대의 우리도 '추사체秋史體'로 빛나는 그의 글씨 몇 폭쯤은 보아왔을 정도지요. 그는 바로 그 붓으로 먹을 찍어 그림으로 옮겼습니다. 그러니 이렇듯 절묘한 붓과 먹의 조화를 이룰 수 있었겠죠.

오직, 문인화의 정신으로

또 하나, 이런 면도 좀 생각해봐야지 싶어요. 하필이면 왜, 이토록 바싹 마른 흔적이 한껏 드러나도록 먹을 아꼈을까. 이건 '문인화文人畵', 그리고 문인화의 이상에 대한 김정희 자신의 심미안審美眼에 따른 것입니다. 흥건하게, 윤기가 좔좔 흐르는 먹으로는, 그렇게 화려한 붓질로는 문인의 심사深思를 담아낼 수 없겠다고.

평소 그림에 대한 그의 까칠한 평을 보면 그렇겠다 싶기도 합니다. 전문 화가들의 기량이 드러난 화려한 그림은 따라 배우지도 말아야 한다고 일침을 놓았으니까요.

앞 세대에 유행했던 진경산수화眞景山水畵에 대한 평가를 보자면 그야말로 정선이 자다가도 벌떡 일어날 정도의 혹평을 숨기지 않았죠. 정선에 대해 이렇게 말했다지요. '그들의 화첩에 전하는 것은 한갓 안목만 혼란하게 할 뿐이니 결코 들춰보지도 말라'고. 이러니 풍속화 같은 그림에야 눈길이나 줬겠습니까. 오히려 조선 그림을 망친 죄를 물을 정도인걸요.

그런 김정희가 스스로 붓을 들어 그림을 그렸습니다. 의당 그가 추구할 문제는 그림의 기량일 수는 없겠지요. 오히려 속기俗氣를 경계하라며 거듭 언사를 높였던 것입니다. 그림이란 오직 그림을 그리는 이의 고매한 인품과 깊은 학식, 이런 것들로 충분하다고.

사실 그렇습니다. 이게 바로 문인화의 운명이기도 하겠지요. 감상자에 따라, 그들의 미감이나 마음 상태에 따라 얼마든지 그림의 가치가 오르내리니까요. 어쨌든 이것 하나는 분명해 보입니다. 「세한도」에 쏟아지는 관심과 상찬의 배경은, 사실 그림 수준의 어떠함에 있는 것이라 말하긴 어렵겠다고. 어쩌면 그림에 얽힌 사연과, 그 사연을 밝힌 김정희 자신의 발문跋文으로 인한 것이라 해도 좋겠지요. 그 얘기를 들어봐야겠습니다.

그대, 겨울의 송백처럼

그림을 그린 이가 스스로 발문을 적었다면, 그림에 대해 특별히 덧붙일 무엇이 있기 때문일 것입니다. 김정희는 「세한도」 바로 뒤에 발문을 써넣습니다.

> 지난해에 《만학집晩學集》과 《대운산방문고大雲山房文藁》 두 권을 보내주더니, 올해는 하장령賀長齡의 《경세문편經世文編》을 보내왔다. 이들은 모두 세상에 늘 있는 게 아니고 천만리 먼 곳에서 구입해 온 것들이다. 여러 해를 걸려 입수한 것으로 단번에 구할 수 있는 책들이 아니다.*

김정희는 누군가에게 아주 귀한 책을 여러 차례 선물받았다는 이

* 원문의 우리말 풀이는 박철상이 쓴 《세한도》(문학동네, 2010년)를 따랐다.

千万里之遠積有年而得之非一時之
藕畊文編寄来此皆非世之常有購之
去年以晩學大雲二書寄来今年又以

阮堂

去年以晩學大雲二書寄来今年又以
藕畊文編寄来此皆非世之常有購之
千万里之遠積有年而得之非一時之
事也且世之滔ゝ惟權利之是趨為之
費心費力如此而不以歸之權利乃歸
之海外蕉萃枯槁之人如世之趨權利
者太史公云以權利合者權利盡而交
疏君亦世之滔ゝ中一人其有超然自
拔於滔ゝ權利之外不以權利視我耶
太史公之言非耶孔子曰歲寒然後知
松柏之後凋松柏是毋四時而不凋者
歲寒以前一松柏也歲寒以後一松柏
也聖人特稱之於歲寒之後今君之於
我由前而無加焉由後而無損焉然由
前之君無可稱由後之君亦可見稱於
聖人也耶聖人之特稱非徒為後凋之
貞操勁節而已亦有所感發於歲寒之
時者也烏乎西京淳厚之世以汲鄭之
賢賓客與之盛衰如下邳榜門迫切之
極矣悲夫阮堂老人書

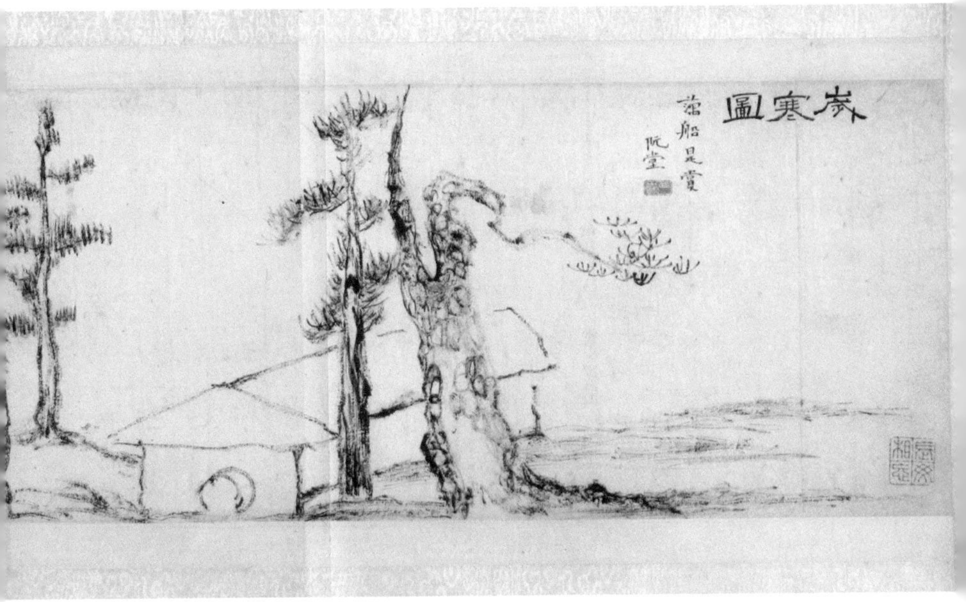

김정희金正喜「세한도歲寒圖」

야기로 발문을 시작합니다. 천만리 먼 곳에서 구입해왔다니 분명 청나라에서 들여온 것이겠죠. 그것도 여러 해에 걸쳐서 말입니다. 워낙 책을 좋아하는, 심하게 사랑하기까지 하는 그이고 보면 고맙기는 했겠지요. 그렇지만 천하의 김정희가 이렇게까지 장황하게 설명을 붙인다는 게 좀 수상해 보이기도 합니다.

게다가 세상의 풍조는 오직 권세와 이권만을 좇는데, 그 책들을 구하기 위해 이렇게 심력을 쏟았으면서도 권세가 있거나 이권이 생기는 사람에게 보내지 않고, 바다 밖의 별 볼 일 없는 사람에게 보내면서도 마치 다른 사람들이 권세나 이권을 좇는 것처럼 하였다.

핵심은 바로 여기에 있었던 것이지요. 김정희 자신이 현재 바다 밖에서 별 볼 일 없는 처지에 놓여 있음에도, 다시 말해 권세와는 거리가 멀어졌는데도 불구하고 상대는 여전히 각별한 대접을 해주었다는 말입니다. 이렇다면 얘기가 좀 달라집니다.

공자께서는 '겨울이 되어서야 소나무와 잣나무가 시들지 않는다는 것을 알게 된다'고 하셨다. 소나무와 잣나무는 사시사철 시들지 않는다. 지금 그대가 나를 대하는 것은 이전이라고 해서 더 잘하지도 않았고, 이후라고 해서 더 못하지도 않았다. 겨울이 되자 마음속에 느낀 바가 있어서 그린 것이다.

김정희는 공자의 말씀을 들어 상대의 행동을 소나무와 잣나무에 빗대봅니다. 자신의 처지가 겨울이 된 뒤에 절실히 깨닫게 된, 상대의 마음을 떠올린 것이지요. 콧대 높은 자존심으로 말하자면 조선 역사 전체를 통틀어도 손가락 안에 들 김정희의 마음을 적신 이라니! 누구일까요?

바로 한역관漢譯官인 이상적*입니다. 역관이니 청나라에서 책을 구해오는 일도 가능했겠지요. 게다가 이상적은 김정희의 사랑을 받는 제자이기도 했습니다. 예술적 재능을 짐작할 만한 대목이죠.

먼 제주에서 긴긴 유배생활 중이던 김정희였습니다. 언제 해배解配가 될지, 설혹 서울로 돌아간다 해도 다시 예전의 권력을 되찾기란 불가능해 보였지요. 소망이야 탓할 수 없겠으나, 이것이 객관적인 상황이었습니다. 목숨만 무사히 부지해도 다행이던 시절이었으니까요.

그런데도 스승을, 오직 책과 공부로 한 세상을 울려야 할 스승을 위해 제자는 천 리 밖에서 책을 구해오고, 다시 그 책을 바다 건너로 실어 보내는 수고로움을 마다하지 않았습니다.

책을 받은 김정희는 그 기쁨으로, 그리고 그런 마음에 대한 고마움으로 그림을 그려준 것입니다. 그림을 선물받은 이상적은 보배를 얻은 양 그렇게나 좋아했다지요. 비록 김정희에게 재능을 인정받았다고는 하나 그는 중인 신분의 일개 역관일 뿐입니다. 그런데

* 이상적李尙迪. 호는 우선藕船. 시재가 뛰어나 중국 문인들과의 교류도 풍성했다. 「세한도」 이야기로 짐작하는 바. 마음을 준다, 는 의미를 새기게 하는 시인이다. 1804~65년.

당대의 안목 김정희가 그에게, 그것도 따뜻한 발문을 얹은 그림을 선물했으니! 물론 시인으로서도 이름이 높은 이상석이었습니다만, 결정적으로 역사에 기억된 것은 「세한도」의 주인이기 때문일 것입니다.

이렇게, 마음이 마음에게

좋다는 평과 별로라는 의견이 팽팽했던 그림. 그런데 배경을 읽고 나면 이런 사연이 있었군… 뭔가 마음이 뭉클한 대목이 없지 않습니다. 물론 국보로 지정되기까지의 배경을 따라 보자면 그림보다는, 어쩌면 김정희의 매력적인 글씨가 큰 힘을 발휘한 것이겠지만 말입니다.

이런 생각이 들기도 합니다. 만약 김정희가, 이 그림 한 점을 두고 좋네, 별로네, 시끄러운 우리의 얘기를 들었다면. 픽, 소리가 들리도록 가벼운 웃음을 날리기도 했지 싶어요. 그러곤 눈을 슬쩍 내리깔고 낮은 어조로 중얼거리듯, 대략 이런 말을 하지 않았을까요?

내가 언제, 근사한 그림을 그리겠다고 한 것은 아니지 않은가. 그저 격하도록 고마운 한 제자에게, 그의 변함없는 마음에 대한 나의 마음을 보여주겠다는 것이었으니. 그대들, 내 그림이 마음에 들지 않는다 소란 떨지 마시게나. 그렇다고 뭐 천하의 명품이라 요란스레 굴지 않아도 좋겠네.

다시 그림을 바라보니 다른 느낌이 들기도 합니다. 집이라 하기에도 너무 초라한 그 공간 안에 웅크리듯 들어앉아 유배의 힘겨움을 견디는 한 남자의 기운이 느껴지는 것도 같습니다.

그리고 집을 에워싼 몇 그루 송백松柏의 꼿꼿한 형상은, 세상의 권력이 그리 상관없다는 이상적의 모습이겠지요. 그렇다고 이 나무들이 온 세상을 넉넉히 맞설 만큼 기운 넘쳐 보이지는 않습니다. 나무 또한 제 한 몸 버티기 어려울 정도로 힘에 겨운 듯하지만, 그래도 시절을 탓하지 않고 제 본질에 충실한 거겠지요.

어쩌면 이 대목이 가장 감동적인 장면이 아닐까 싶습니다. 내가 힘이 넘쳐 한 세상 너끈할 권력이었다면 내 마음 내키는 대로 살아가는 게 그리 힘든 일도 아니니까요. 말 그대로, 도를 따르겠다는 내 결심 앞에 방해물도 적을 것입니다. 하지만 바른길을 걷기엔, 세상의 이권에 눈감기엔 내 처지가 너무도 미미할 때, 그럴 때 유혹을 거절할 수 있는 단단함이란. 쉬이 말할 일이 아닙니다.

김정희는 알고 있었습니다. 흔들린다 해도 무어라 나무랄 수 없을 이상적의 처지를. 그랬기에 그의 모습을 이처럼 바짝 마른 나무의 힘겨운 형상으로 옮긴 것이겠죠. 사실 김정희의 현실이 그랬습니다. 절친인 권돈인*이 재상의 자리에 있었을 때도 그의 유배를 풀지 못했을 정도로 암담하던 시절이었습니다.

그러니 일개 역관인 제자가 여전히 스승을 잊지 않고 전해주는 그 따뜻한 마음에, 꽁꽁 얼어붙은 자신의 마음을 모처럼 풀어헤친 것이

---

* 권돈인權敦仁. 명문가 출신으로 벼슬이 영의정에 이르렀다. 하지만 시대의 화를 피하지 못하고, 유배 중 세상을 떠났다. 김정희의 지기로 그 또한 같은 제목의 「세한도」를 남겼다. 1783~1859년.

아닐까요. 화면은 한없이 황량한 바람이 일 것 같지만, 그 사이를 파고드는 바람 속에는 어쩐지 봄햇살의 알싸한 향이 묻어나는 듯도 합니다.

누가, 누구의 친구인가

그림은 말합니다. 누가 친구인가. 내가 추운 계절에 처했을 때에도 아무 일 없었다는 듯, 그냥 예전처럼, 그렇게 똑같이 대해주는 사람. 유배지에서 한 남자는 진정한 친구를 깨닫게 되었을 것입니다.

누가 친구인가, 궁금한 우리에게도 상황은 다르지 않겠죠. 유배 같은 그런 어마어마한 사건 겪을 리 만무한 우리라 해도, 몇 차례쯤 시린 겨울바람이 피해가지는 않을 테니까요. 시련이라는 건, 언제나 여러 모습으로 닥치게 마련인 거죠. 사실 크고 작은 정도의 차이인 거죠. 그럴 때 친구는 진짜 친구가 됩니다. 그의 진심에 대해 헷갈렸던 마음이 중심을 잡으면서.

그러면서 다시 생각해보게도 됩니다. 반대로 말입니다. 친구가 시린 계절을 견디고 있을 때 나는 어찌했는지, 소나무와 잣나무처럼 내 마음의 푸름은 한결같았는지…. 「세한도」는 이 대목에서 다시 눈길을 돌려보게 되는 그림입니다. 어쩌면 김정희가 아닌 이상적의 마음으로 천천히 살펴봐야 할 것 같습니다.

나를 푸른 송백으로 기억해줄 누군가가 몇 사람쯤, 아니 한 사람이라도 있어준다면, 그것도 꽤나 근사한 삶이 아닌가요. 비록 역사 속의 한 시인처럼 국보로 지정될 그림 한 폭쯤 선물받지 못한다 해도 말입니다.

•

김정희金正喜. 19세기 조선에서 학문과 예술을 이야기하려면 그의 눈을 거쳐야 한다. 학문으로 보자면 그럴 만한 무게였다. 관운은 크게 따르지 못하여 오랜 시간 유배를 거치기도 했으나, 유배의 시간조차 학문과 예술을 향한 그의 열망을 잠재우지 못했다. 청대 고증학을 따른 지독할 만큼의 학문적 탐구로, '추사체'로 유명한 그 서체의 주인공으로, 그의 영향은 크고 깊었다. 그림으로는 '고의古意'를 추구한 문인화론을 전면에 내세워 당대 조선 회화의 흐름을 주도하였으니, 누군가에겐 든든한 기준이고, 누군가에겐 고루한 구속이었을 것이다. 그 자신 득의한 회화 장르는 묵란墨蘭이었는데, 말년의 「불이선란不二禪蘭」으로 정점을 찍었다. 그 유명한 제발로 더욱 유명해진 「세한도」에는 '문자향 서권기文字香書卷氣'를 강조한 그의 세계가 오롯이 담겨 있다. 호 완당阮堂, 추사秋史, 1786~1856년.

달빛 때문에

굳이 그 밤이어야 하는 까닭은 달빛 때문입니다. 분명, 그들의 밀회는 달빛 때문입니다. 심지어 그 만남을 밀회라고 얘기할 수 있는 것도 달빛 때문입니다. 달빛이 없었다면… 이날 화가는 다른 이야기를 그렸을지도 모릅니다.

남녀 사이에서 이 달빛이 저지른 무수한 장난질은 수많은 예술이 증거하는 바와 다르지 않겠지요. 이유 같은 건 없습니다. 달밤에 젖어본 사람이라면, 그런 이유 궁금해하지도 않을 것입니다.

여기, 향긋한 달빛 아래

제목도 근사합니다, 월하정인月下情人. 그러고 보면 신윤복은 연애의 본질을 좀 아는 화가였지 싶어요. 솔직히 사랑의 본질, 이라고까지 말할 자신은 없습니다. 하지만 남과 여 사이를 가로지르는 팽팽한 밀고 당김의, 그 마음에 대해 이야기하는 데는 능했던 거죠. 바로 이 그림 속 남녀의, 알듯 모를 듯 아슬아슬한 마음 같은.

산뜻한 색감으로 새초롬한 여인의 아름다움을 그려내는 것이 신윤복의 특장일 텐데, 그 가운데서도 이 그림만큼 은근한 상상과 그 뒤로 이어질 반전을 감추고 있는 작품이 또 있을까요? 이야기를 만들기로 마음먹었다면 꽤나 재미난 사연이 흘러나올 것 같습니다. 통속적인, 그래서 심각하게 마음 여미고 듣지 않아도 괜찮은, 그런 연애 얘기 말이지요.

그러면서 이런 생각이 이어집니다. 이 사내, 어지간한 연애의 고수겠지요. 하여 여인의 마음을 흔들어놓을 달콤한 시구쯤은 지니고 나섰을 것입니다. 아무리 달밤이라지만, 아니 달밤이기에 더 그렇습니다. 민낯의 추파로는 배경이 아깝습니다. 무슨 말로 그녀의 마음을 사로잡았을까요. 이 정도의 느낌은 어떤가요. 바로, 그 문제의 달빛 말입니다.

> 순이 벌레 우는 고풍古風한 뜰에
>
> 달빛이 밀물처럼 밀려왔구나!

달은 나의 뜰에 고요히 앉아 있다.

달은 과일보다 향그럽다.

동해 바다 물처럼

푸른

가을

밤.

포도는 달빛이 스며 고웁다.

포도는 달빛을 머금고 익는다.

순이 포도 넝쿨 밑에 어린 잎새들이

달빛에 젖어 호젓하구나.*

시인이 가을밤 연인의 이름을 부를 수밖에 없는 까닭은 달빛을 홀로 감당하기 어려웠기 때문일 것입니다. 달빛은 사랑이기에, 또한 생명의 모태가 될 수 있었겠지요. 하여 달빛에서는 향기까지 퍼져 나옵니다. 연인의 향기이기도 할 것입니다. 시인의 뜰에 밀려들었을 가을의 달빛은, 화가의 붓으로 스며든 달빛과 다르지 않습니다. 그건 어쩌면 마음속으로 밀려드는 뜨거움이겠지요.

* 장만영, 〈달 · 포도 · 잎사귀〉, 1936년. 모더니즘 시인다운 감각을 여실히 보여준, 장만영의 대표작.

저 달도 모른다, 연인의 마음

그림은 작은 화첩 가운데 한 점입니다. 그림을 즐겼을 상황을 보면 좋은 선택이지요. 월하의 정인들이니 감상하는 시선 또한 나직하고 은밀한 쪽이 어울리겠다 싶습니다. 내어놓고 연애를 얘기할 만한 형편이 아닐 테니까요.

보기에 따라 이런저런 이야기가 나올 만한 장면입니다. 풍속으로 읽자면 당시 사회의 연애사를 탐구해볼 만한 정도이고, 회화사 쪽에서는 새로운 속화라는 주제로 접근할 만하고, 느낌을 따르자면 달밤의 정취가 연인의 심사를 흔드는 낭만을 떠올릴 만하고, 대략 그렇습니다. 이미 해석도 감상도 그야말로 넘쳐나는 그림이니, 오늘은 그저 달빛이 이끄는 대로 느낌을 따라 읽고 싶습니다. 마침 화제 또한 그럴싸합니다.

달은 기울어 밤은 삼경
둘의 마음은 둘만 알리라*

둘의 마음은 둘만 알리라…. 그러니까 다른 사람들은 굳이 알려 할 것 없다는 뜻이겠지요. 궁금해도 그저 속으로 상상하면서 참아야 합니다. 하긴 남의 연애사에 끼어들어 훈수 두는 일만큼 실속 없는 짓

---

* 月沈沈 夜三更　兩人心事 兩人知

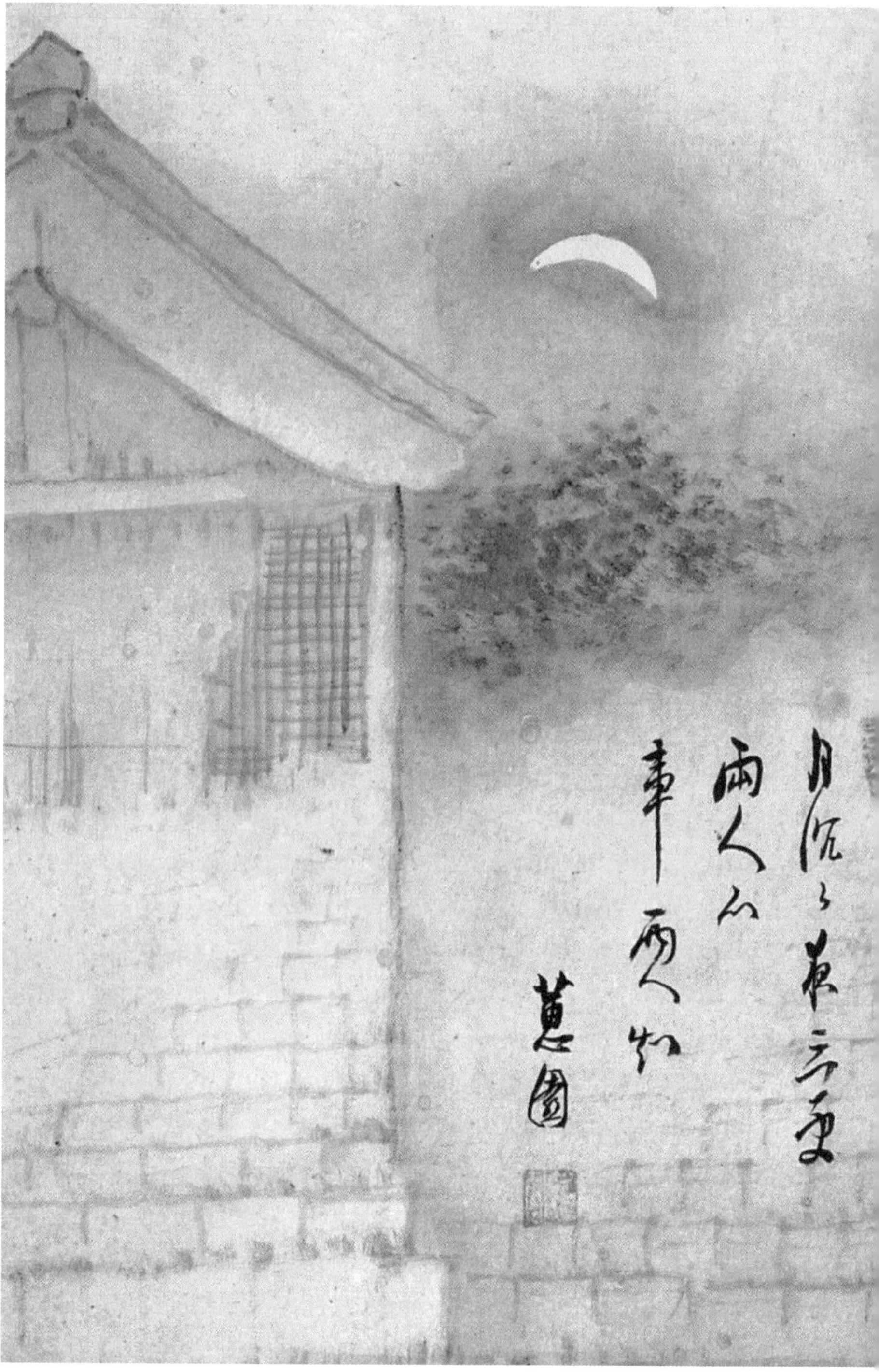

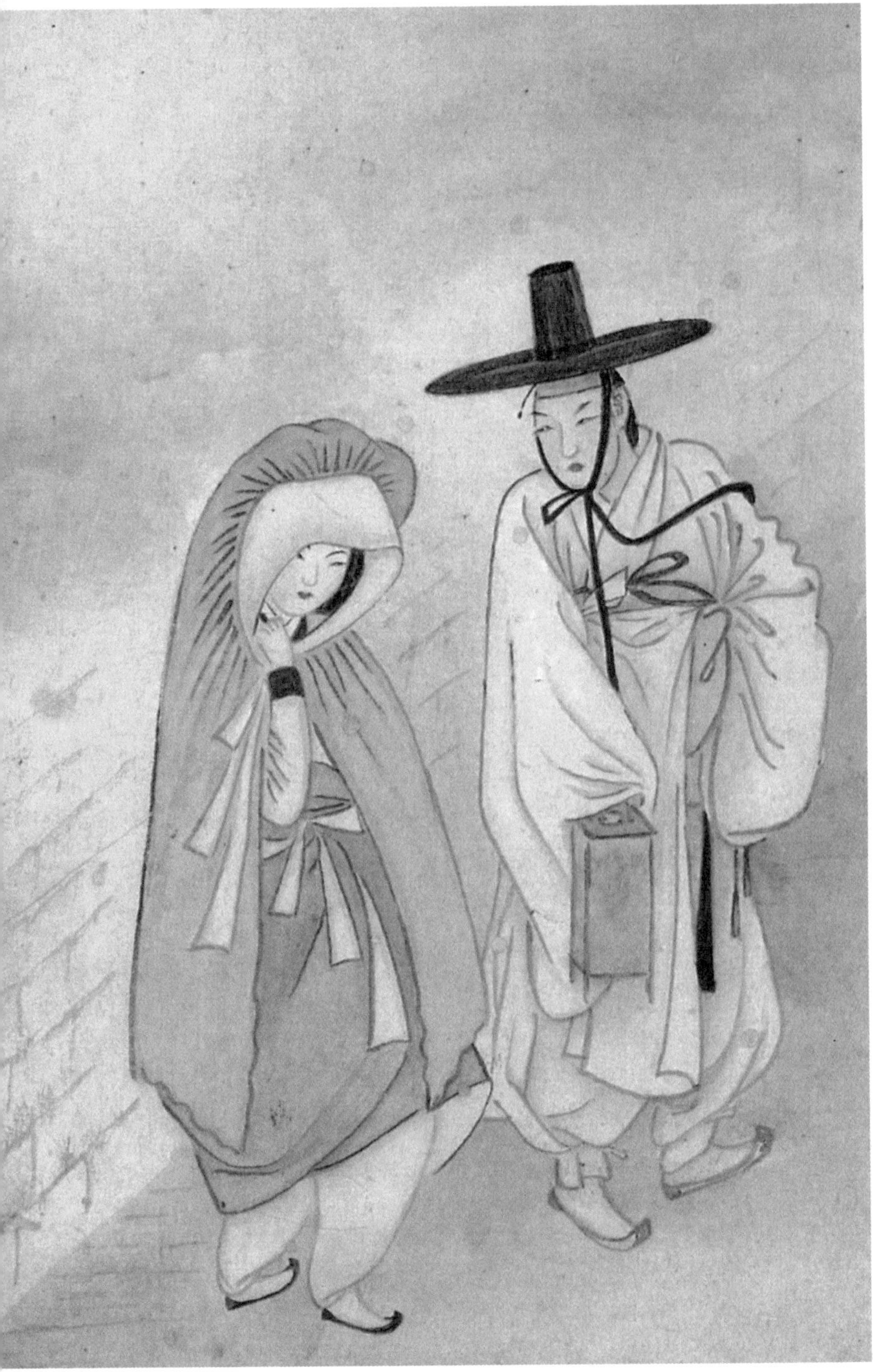

•
신윤복申潤福「월하정인月下情人」

거리도 없습니다. 둘만 안다니까, 그러려니 합니다.

신윤복이라면 이런 정도의 말을 아낀 것인지도 모릅니다. 이렇게까지 그렸는데 무슨 말이 더 필요하랴. 모르겠으면… 그냥 말고. 하지만 그러면서 이렇게 그림으로 들춰낸 이유는 또 뭐란 말입니까. 게다가 평소 신윤복의 그림 스타일로 보건대 이쯤에서 얌전히 물러날 것 같지도 않습니다.

그림의 구성을 보자면 좌우가 확실히 나뉘는데, 화제가 그림의 중앙을 차지한 것이 눈길을 끌죠. 보통의 경우라면 화제는 작품의 상하, 혹은 좌우에 자리하게 마련입니다. 주인공에 대한 배려 같은 것이기도 하니까요. 그런데 이 화제는 작품의 중앙 담벽 위에 자신의 존재를 드러냅니다. 바로 달빛 아래입니다. 둘의 마음은 둘만 안다는, 그 배경을 먼저 읽은 다음 그림을 보라는 것 같기도 하죠.

이렇게 읽는 건 어떤가요. 다시 그림을 보면 두 사람의 표정이 딱 어느 쪽이다 말하기가 어렵습니다. 몰래 만나야 하는 둘의 처지에 마음 아련한 듯하면서도, 어쩐지 속마음을 온전히 보여주지 않는 남녀의 표정이 묘하게 오래도록 남는 겁니다. 두 사람의 눈빛은 사랑과 신뢰에 찬 연인의 것이라기엔 어쩐지 어슴푸레한 구석이 있습니다.

두 사람의 갖신 쪽으로도 자꾸 눈길이 갑니다. 붉고 푸른 두 사람의 신. 코끝이 맵시 있게 빠진 멋쟁이 신이죠. 푸른색으로 단장한 남자의 것도, 붉게 물든 여자의 것도. 그런데 신발들이 마치 두 사람의 마음 같습니다. 남자 쪽은 왼발이 벌써 앞코가 들려 있는 것이 이미 동적인 상황으로 접어든 것이죠. 하지만 여자 쪽은 두 발이 제법 안정된 각도로, 정적인 상태에서 머뭇거리는 중입니다. 둘의 마음은 정녕 정靜과 동動 사이에서 아직 하나가 아닌가봅니다.

하긴 밀회의 운명이란 그런 것일 테지요. 둘의 속마음이 진정 사랑이라 부를 만한 것인지, 아니면 젊은 날 한때의 열정인지, 그것도 아니면 무료한 삶 뒤편의 짧은 유희인지. 알 수가 없습니다.

어쩌면 둘의 속마음 또한 서로가 모르는 것은 아닐까요? 아니, 자신의 마음 또한 알지 못하는 것인지도 모르겠습니다. 그래서 화가 또한 슬쩍, 이미 기울고 있는 달빛에게 얘기를 떠넘기는 것인지도. 그렇습니다. 바로 달빛 때문인 것을요.

배경은 달밤, 도대체 왜?

남녀의 마음을 따져보자는 것이 아니라 달밤의 운치가 그러하겠다는 말입니다. 달빛만 아니었어도 연인의 사랑 절반쯤, 이별의 슬픔 절반쯤, 그래서 예술의 성취도 절반쯤 사라져버릴 것 같죠.

도대체 달밤이 왜?냐고 묻는다면, 아직 사랑을 모르는 것입니다. 밀회 정도라면 어떤가요? 이처럼 초승달이나 그믐달이 괜찮겠다 싶습니다. 훤하니 밝은, 충만함으로 당당한 보름달은 아무래도 부담스런 면이 있을 테지요. 너무 환하게 밝힌 조명은 연애담의 배경으로는 환영받지 못합니다.

사실 달밤의 연애가 낭만적인 것은 연인의 모습이 잘 보여서가 아니라, 잘 보이지 않아서 아닌가요? 옅은 날빛 사이로 슬쩍 비친 그 모습을 보기 위함이겠지요. 대낮의 솔직한 밝기를 피해 달빛은 여느 꽃가지에도 애절한 그늘을 만들어주고, 평범한 그녀도 보통의 사내도 절세가인에 준걸호남으로 빚어놓지 않던가요. 원색에 능한 신윤복이 다른 작품에 비해 색채를 자제한 것도 달빛의 농도를 가늠했기 때문일 것입니다.

사랑도 삶도 때론 그렇지 않을까요. 너무 속속들이 아는 것… 이건 역시 아니다 싶습니다. 조금쯤 숨겨진 무언가가 있어야죠. 설렘도 그리움도 미완의 선물이니까요. 낭만이야말로 그 여운에 기대어 피어나는 꽃 아니던가요.

사실 사람 사이를 달뜨게 하는 끌림 또한 밀물처럼 밀려드는 달빛, 그런 것 아닐까요. 자연의 법칙이 의당 그러할 터입니다. 그림 속 그들의 사랑도, 우리의 그것도, 그저 태초부터 있어왔던 수많은 사랑이 그러했던 것처럼, 달이 뜨고 지는 것처럼, 썰물과 밀물이 반복되는 것처럼… 그렇게 흐르는 것이겠지요. 그래서 당연하고 아름다운 것이다 싶습니다.

나머지는 달빛이 알아서 해주겠지요. 시인의 뜨락에서 향긋하게 여무는 포도알처럼 그렇게 말입니다. 둘러말하기에도 좋은 핑계입니다. 그건 달빛 때문이었다고. 아직 마음의 색채를, 그 기울기를 잘 모르겠다면, 달밤에 만나야 할 일입니다.

달밤은 한없이 근사했지만, 그 밤의 연인도 꽤나 낭만적이었지만. 이 그림 이야기는 여기서 멈춰야 한다 싶어서…. 오락가락 제 마음이었죠. 솔직히 말하면 그렇습니다. 신윤복의 그림들은 아무래도 마음 편히 감상하기가 힘들더란 말이지요.

그림 한 점 보는 데 무슨 생각이 그리 많아야겠느냐고, 이런저런 배경을 들추기 시작하면 불편함 없는 그림이 어디 있겠느냐고, 그렇게 말할 수도 있습니다. 그른 이야기가 아닙니다.

게다가 화가의 입장에서 말해보자면 더 그렇지요. 신윤복이 살았던 시대의 모습이 그러했을 테니까요. 풍속이라는 장르의 운명이랄까, 사명이랄까. 그러니까 화가 개인의 주장만을 드러낸 것이 아니라 당시의 모습이었다고. 그래서 이렇게 이야기한 것이라, 그리 생각할 수 없는 것도 아닙니다.

생각하기에 따라서는 그의 작품들이 고마울 수도 있습니다. 그가 없었다면 조선 여인의 매력을 그림 속에서 만나기는 어려웠을 거라고, 그야말로 그 아름다움을 남겨준 화가라고 말입니다. 그의 화면에서 생생하게 살아나는, 이 화사한 색감의 여인들을 보노라면 사실이 또 그렇습니다. 그런데도 개운하질 않습니다.

화가의 마음 또한 당시 여느 남성들의 그것처럼 선정적인 시선에 다름 아닐지도 모른다는 생각에…. 화면 속에 남겨진 그녀들은 여전히 아름답지만, 영원히 관음적 시선의 대상으로 남겨지는 것은 아닐까. 안쓰러움까지 더해집니다.

아무래도 신윤복이 그려낸 그녀들이 너무도 예뻐서 그랬던 것 같습니다. 이 여인들의 아름다움이 온전히 자신의 것이 아니라는 슬픔 같은 것도 더해지면서. 연애라 부를 만한 낭만을 만들기엔 그녀들의 처지가 너무 하염없기도 했죠. 연애 같은 것쯤 자신의 마음대로, 달밤의 밀회 정도 자신의 생각대로… 그럴 수 있는 그녀들이었다면 이 달빛이 더 근사했을 거라고.

그래서 화첩 속 수많은 이야기 가운데 이 「월하정인」 앞에서 제 마음이 좀 풀어졌던가 봅니다. 달빛 아래 그녀만큼은 그럴 수 있을 것 같아서였죠. 두 남녀의 마음이 어떠했든, 이후의 재회가 어찌됐든, 그것과는 무관하게 말입니다. 달밤의 연애, 그 낭만의 진정한 주인공으로 설레었기를…. 은근한 밀회를 응원하는 마음이 들었으니 이것은 또 무슨 조화인지요.

뭐, 그렇다는 이야기입니다. 두 사람의 마음은 그들만이 알겠지요. 그가 그녀를, 그녀가 그를 온전히 알지 못한다 하여 탓할 일도 아니겠죠. 그림을 읽는 우리가 화가의 속내를 채 알지 못한다 해도 그 또한 책할 일도 아니다 싶습니다. 그날은, 달빛이 그처럼 아름다웠으니까. 그랬으니까.

•

신윤복申潤福. 조선 후기 풍속화의 한 축을 담당한 화가로, 아버지 신한평申漢枰 또한 이름 있는 화원이었다. 실력을 인정받아 어진 제작에까지 참여했다고는 하나, 여색을 내세운 그림들이 문제가 되어 결국 도화서에서 쫓겨났다는 이야기가 전한다. 하지만 신윤복의 이름을 오래도록 남겨준 것 역시 이 장르의 그림들이다. 선명한 원색과 흥미로운 주제가 돋보이는 이 새로운 풍속화야말로 그의 장기를 가장 잘 살려준 장르였던 것. 당시 상류층의 뒷모습을 슬쩍 비웃듯 이야기하고픈 것이었을까. 이 또한 조선의 모습이니 솔직하게 그리겠다는 뜻이었을까. 「미인도」와《혜원풍속도첩》등이 널리 알려져 있다. 호 혜원蕙園, 1758~1813년 이후.

어떤 일탈

처음엔 이런 느낌이었어요. 아니, 현재玄齋. 그대마저 이럴 줄이야. 일탈의 즐거움이란 정녕 거부할 수 없는 유혹이더란 말인가! 무채색 슈트만 고집하던 한 남자가 어느 날, 붉은색 셔츠를 차려입고 나타난 느낌이랄까요? 그래도 싫지는 않았습니다. 아주 잘 어울렸으니까요. 게다가 그가 훨씬 가까워진 듯했죠. 근엄해 보이던 그의, 달짝지근한 연서戀書를 훔쳐보는 것 같기도 하고 말입니다. 속으로는 쾌재를 불렀다지요.

하지만 생각해보니, 그는 그렇다 치더라도 저의 이런 반응은 또 어인 일입니까. 그러니까 일탈이든 변신이든, 그런 그에게 오히려 친밀감을 느낀다는 거니까. 제 자신의 내면을 돌아볼 일이다 싶어집니다. 아니, 어쩌면 이건 우리 모두의 이야기가 되겠지요. 일탈을 꿈꾸는 영혼들이야 고금을 막론하고 존재하게 마련이니. 일탈의 욕망은 우리 모두의 마음 저 깊은 곳에 짐짓 숨죽인 채 지금도 자리하고 있는 것을요. 그 영화가 생각납니다.

힘겨운, 즐거운 인생

중년의 뜬금없는 이십대 밴드 재결성 이야기 〈즐거운 인생〉*. 보는 이의 눈에는 일탈이겠지만 주인공의 느낌으로는 뜨거움일 테지요. 하긴, 일탈이라 하기엔 마음이 좀 짠하긴 합니다. 한바탕 웃었던 장면은 이 부분이었어요.

영화 속의 주인공은 실직 상태입니다. 대학 시절의 밴드 멤버를 충동질하여 밴드 재결성을 추진 중인데, 그렇다고 다른 멤버들 또한 잘나가는 처지는 아닙니다. 일터나 가정에서 처한 상태가 대략 오십보 백보. 하지만 반드시 공연을 하겠다는 포부 아래, 이미 세상을 뜬 밴드 리더의 아들까지 끌어들입니다.

그는 친구가 남긴 곡에 가사를 붙이는 바, 노래의 제목인즉 바로 〈즐거운 인생〉입니다. '때로는 힘들기도 했지만 후회는 하지 않아….'

* 이준익 감독의 2007년 작품. 즐거운 인생이란 그저 이런 일상 가운데 있는 거라 말하고 싶은 것인지도. 이 중년들이 청년이었을, 그 시절의 노래들 또한 영화의 또 다른 주인공이다.

노래 가사를 뺏어든 그의 아내. 가족을 먹여 살리느라 날마다 힘겨운 그녀였으니, 이 천진한 놀이에 빠진 남편을 향해 한 방 먹입니다. '나는 매일 힘들고 매일 후회한다, 이 화상아!'

후회하지 않는다는 그도, 매일같이 후회한다는 그녀도 실은 같은 편인 거죠. 이렇게라도 하지 않으면, 스스로 길 밖으로 뛰어나가 외쳐보지 않으면 즐거움 같은 것, 내 앞에 찾아와주지 않는 인생 앞에서 말입니다. 그렇다고 영화가 무슨 인생 넋두리나 훈화 말씀이냐 하면 그렇지는 않습니다. 매우 상큼한 느낌으로, 적당한 뭉클함으로 좋았어요.

현재 심사정의 「연지쌍압도」. 이 예쁜 화면이 주는 느낌이 대략 그랬습니다. 그의 이 붉은 셔츠는 평소의 그림들과는 멀어도 한참 먼 느낌이었어요. 이렇게 아름다운 색채로, 색태色態와 아취雅趣 사이를 아슬아슬 넘나드는 꽃 그림을 그린 적은 없었지요.

화조화花鳥畵라고 해서 다 예쁘장한 그림은 아닙니다. 그림에 어떤 상징을 담아야 직성이 풀리는 옛 시절이고 보면 더 그랬지요. 꽃 한 송이, 새 한 마리도 그저 아름다움 그 자체로 바라보질 못하였으니. 상징에 기울어지느라 그림의 수준을 신경 쓰지 못한 예들도 있었을 테지요. 당시 그림의 주인들은 좀 달랐겠지만, 우리처럼 그저 그림을 그림으로 감상하는 이들에겐 이런 그림들이 좀 난감한 게 사실입니다.

▶ 심사정沈師正「연지쌍압도蓮池雙鴨圖」

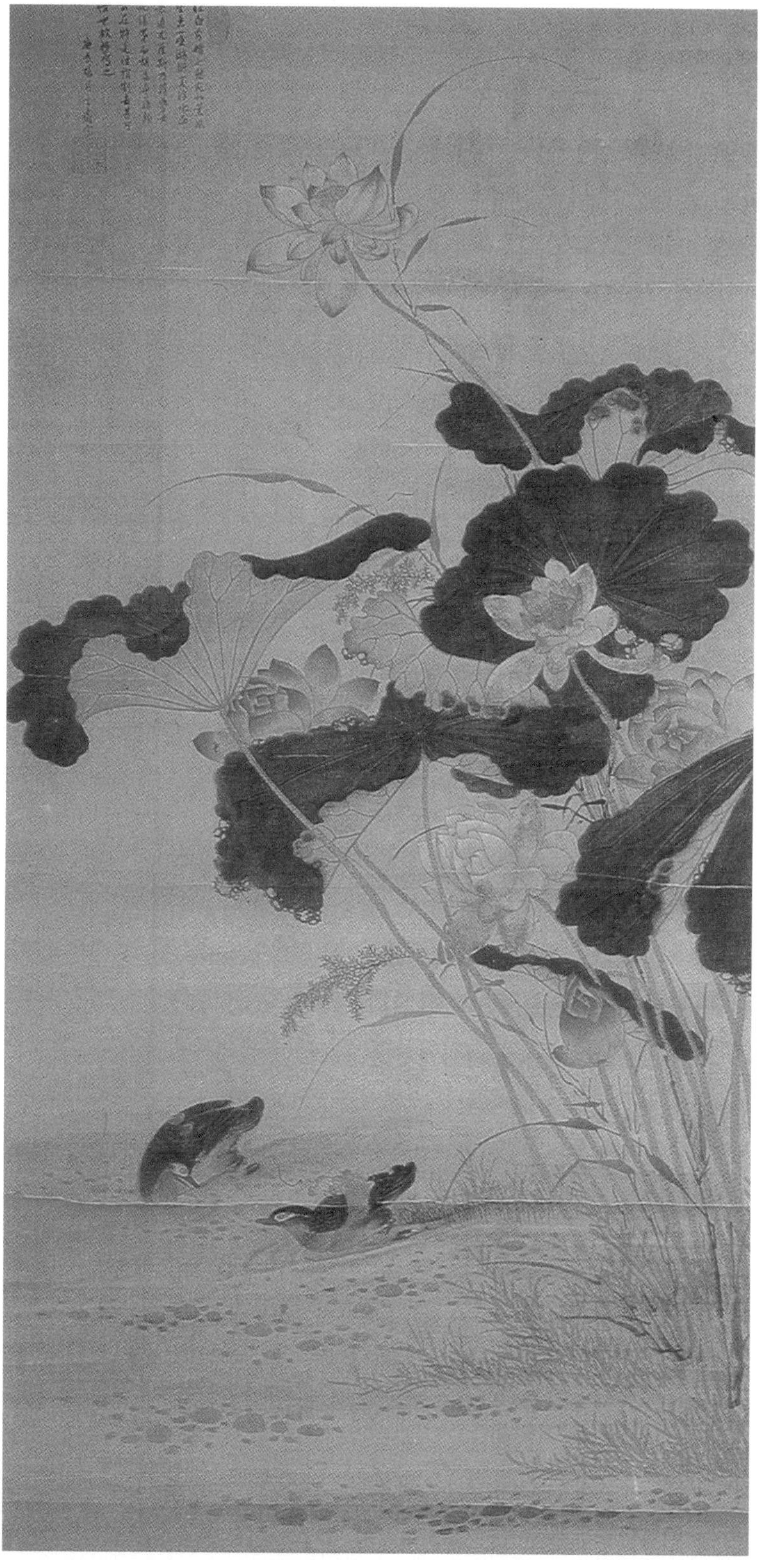

그런데 그런 화조화들 사이에서 이 그림을 만난 것입니다. 이 정도의 아름다움인데 깊은 상징성이 없으면 어떻고, 있다 한들 그 뜻을 모르면 또 어떻습니까. 그림을 자세히 살펴보지요.

색으로, 더 예쁜 색으로

꽤나 커다란 화면입니다. 그림의 소재라고 해야 꽃 몇 송이에 새 두 마리뿐이니 화면 구성이 중요하겠죠. 화가는 꽃의 풍성함이랄까 다양함이랄까, 그쪽에 승부를 겁니다. 못 위로 한 무리의 연꽃이 솟아 있지요. 그 사이사이로는 커다란 연잎들이 심심함을 달래줍니다.

색으로 보자면 백련과 홍련이 함께 피어난 모습이고, 형태로 보자면 봉오리와 만개함이 어울려 있죠. 꽃잎 하나하나 얼마나 고운 빛으로 채워져 있는지 모릅니다. 끄트머리만 살짝 물들인 꽃잎에 제법 진한 빛으로 이파리 전체가 붉게 타오른 꽃잎까지. 하지만 화려함으로 비하자면 연잎 쪽도 물러설 기세가 아닙니다. 물결치듯, 커다란 이파리의 율동이 근사하지요. 그런가 하면 가장자리가 벌써 시들기 시작한 연잎도 보입니다.

우측에 무게를 두고 중앙을 향해 몰려가듯 활짝 피어오른 구성이에요. 큼직한 꽃 한 송이를 위쪽으로 시원스레 뽑아 올려주니, 답답하지도 않거니와 단조롭지도 않습니다. 게다가 연 사이로는 갈대가 몇 줄기 함께 그려졌습니다. 이 갈댓잎의 꺾임도 얼마나 근사한지. 난을 칠 때의 운율을 떠올렸던 것일까요? 연지 위로는 적당한 밀도로 자리한 수초들이 보입니다.

연꽃 아래 원앙들 또한 붉고 푸른 색감으로 자태를 뽐냅니다. 느긋한 유영遊泳 가운데 무언가 얘기라도 주고받는 걸까요? 한 마리가 고개를 틀어 짝을 바라보며 다정히 속삭이는 듯도 하지요.

이처럼 시원하고 대담하게 연꽃을 그린 작품이 있었던가요. 실제로 연꽃의 크기가 그러하기도 하겠지만 이 작품 앞에 서면 뭐랄까요. 꽃도 연잎도 큼직큼직한 것이, 그 스케일 때문에 오히려 낯선 느낌이 들기도 합니다. 어지간한 묘사력이 아니면 망설일 만한 대목입니다.

계절은 여름 한창때를 지난 가을 초입 어느 무렵이겠지요. 이제 바람이 조금씩 차가워지기 시작하면 꽃대는 고개를 숙이고 시든 연잎과 갈대들만이 새로운 색의 세상을 연지 위로 가져다줄 것입니다. 아름다움 뒤편으로 아련함이 밀려듭니다.

화면의 면면을 보면 화가는 손 가는 대로, 즐거운 마음으로 쉬이 그리지 않았을까 싶습니다만. 심사정, 그가 누구이던가 말입니다. 지체 높은 가문의 후손. 산수화 가운데서도 진경산수보다는 문기 강한 중국풍의 산수에 가까웠던, 당대로 말하자면 겸재 정선보다 오히려 그 명성이 윗길에 있다던, 우아한 화풍으로 이름 높던, 그런 화가입니다.

물론 문인화가는 '예쁜' 그림을 그리지 말라 정해진 바 없지요. 그래도 이 정도의 색감이라면 그저 그림을 즐기겠다는, 그 정도의 소소한 장난이 아닙니다. 끝까지 가보자는 색채 놀이의 느낌이니까요. 그가 이 연꽃을 그리던 1760년까지, 조선의 그 누구도 꽃을 위해 이처럼 예쁜 색을 풀어내지 않았을 것입니다. 색채의 주장이 다양해지려면 19세기를 기다려야 했지요. 18세기 풍속화의 색채들이라 해시 심사정의 이 연꽃보다 더 풍성한 색감이 있었던가요? 오히려 화원들보다도 더 감각적인 색입니다.

이제야 나를 돌아보는, 일탈

그래서 심사정의 마음이 궁금합니다. 화제로는 청나라 한 문인의 그림을 따라 그렸다고는 합니다만, 이런 표현을 너무 심각하게 읽을 필요는 없습니다. 원본과 얼마나 유사한가는 별로 중요한 일도 아니었고, 실제로 비슷한 그림도 그리 많지 않으니까요.

왜 그때 이런 그림을 그릴 마음이 들었는가, 그렸어야 했는가. 이것이 핵심인 것입니다. 심사정이 어느 날 불쑥 붉은색을 고르게 된 건, 일탈로 보일 만한 그림을 그리게 된 건, 무언가 사연이 없지는 않을 것 같습니다. 그저 심심해서? 영화 속 그들처럼 한번 신나게 놀아보고 싶어서? 그랬으면 좋겠는데… 정말 그런 거였을까요?

영화 속 주인공들의 상황을 떠올려보니 생각이 좀 많아집니다. 그들의 일탈 아닌 일탈은 삶이 그리 평탄치 않았던 데서 시작된 것입니다. 갑자기 느닷없는 '추억'의 그 시절로 돌아가고픈 마음이 드는 까닭은 현실의 녹록지 않음 때문이겠죠. 역설적이게도, 그제야 문득 멈추어 다른 길을 바라볼 여유가 생긴 것입니다.

우리 또한 그랬었죠. 언제 일탈을 꿈꾸었던가요. 어느 순간 그 꿈이 툭, 하고 뛰쳐나왔던가요. 탄탄대로에서 승승장구할 때, 아니 그 정도는 아니더라도 그저 평온한 삶 가운데 유유자적 흐르던 때는 아니겠죠. 적어도 그런 시절 한가운데에서는 아니다 싶습니다. 일탈을 꿈꿀 여유도 없겠지만, 사실 그럴 필요를 느끼지 못할 테니까요.

일탈이란 그 대로에서 밀려났거나, 혹은 멈추어선 이들의 또 다른 자기 확인인지도 모릅니다. 심사정의 이 그림 또한 그저 무료함에 겨운 어느 하루의 화사한 외출만은 아니었겠다 싶습니다.

심사정의 상황도 영화 속 사내들과 그리 다르지 않았던 거였죠. 마냥 여유로운 환경에서 자족自足이나 하자고 그림을 그린 것은 아니니까요. 문인화가였다고는 하지만, 화가인 문인이라 하는 편이 그의 상황을 더 잘 말해준다 싶습니다. 화가가 직업이었던 셈이죠.

그러니까 이런 얘기가 됩니다. 집안으로 말하자면 증조부가 영의정을 지낸 명문가였지요. 하지만 그의 할아버지가 과거 부정 사건에 가담하면서 가문이 몰락하기 시작하는데, 이후 역모 사건에까지 연루되어 처형을 당하고 맙니다. 후손들은 과거로 출사出仕할 길이 막혀버리니 모멸과 가난 속에 살아가게 되었죠. 그렇다고 신분 자체가 낮아지는 것도 아닙니다. 그저 곤궁한 삶을 받아들여야 하는 것이지요. 무엇을 어찌 해볼 수 없는 난감한 상황입니다.

이런 심사정에게 그림은 직업이자 위로였으며, 기쁨이었을 것입니다. 그리고 서글픔이기도 했겠지요. 화가로 살아가야 하는 처지가 가슴 아팠을 것입니다. 시대를 돌아보면 그 마음을 알 만하지요. 화가로 산다는 건 그림을 여기餘技로 즐기는 것과는 다릅니다. 명문가의 선비가 선택할 만한 '직업'은 아니었으니까요.

물론 이 정도 시대라면 이미 그림을 경제적 가치와 교환하는, 실질적인 의미의 '직업화가'가 양반들 가운데 없지는 않았지요. 같은 시대의 정선 같은 이가 그렇습니다. 하지만 심사정의 경우라면 그들처럼 한미한 양반 출신도 아닙니다. 성정 또한 세상과 소통하는 데 익숙하지 않았던 듯, 소심하고 조심스레 자신의 세계를 채우는 데 힘을 쏟습니다.

그림으로 업을 삼는다…. 마음으로 쉬이 허락되기 어려웠겠지요. 하지만 현실은 현실이죠. 그 현실을 알면서도 적극적으로 현실을 받아들이지도 못합니다. 여기에 그의 고민과 힘겨움이 있었겠지요. 그가 평생을 궁핍하게 지낸 것은 이런 까닭이었을 것입니다.

붉은색이 어울리는 날에는

하지만 그의 그림이 아픔에서 마냥 헤매고 있지는 않습니다. 오히려 격조 높은 그림으로 응수한다고나 할까요? 그의 그림을 한마디로 평하라면 '부박浮薄하지 않다'고 말하고 싶어요. 그렇다고 장중한 무게감으로 보는 이의 마음을 한없이 가라앉히거나, 혹은 자신의 신세 한탄으로 한스러움을 덧칠한다거나, 이런 쪽은 아니지요. 그것보다 몇 수쯤은 위에 있는 겁니다. 어떤 장르든 말입니다.

이런 종류의 화조화라면 온전히 그 자신이 즐기기 위해서 그렸다고 보기는 어렵습니다. 그저 선물이든, 보살핌에 대한 대가든. 이유가 있는 그림입니다.

아마도 장식용으로, 선비의 사랑이 아닌 여인의 처소에 어울렸을 그림. 그는 매우 익숙한 솜씨로 매끄럽게 마무리해냅니다. 그가 즐겨 그리던 스산한 듯 차분하면서도 깊이 있는, 그런 산수화의 필법으로는 마주할 수 없는 장르였죠. 그렇다고 여느 화조화의 담백한 분위기를 따르지도 않습니다. 한없이 아름답게 그려냅니다. 여기까지 왔으니 그 끝을 보여주겠다, 마음먹은 듯하죠.

즐거울 때만 그린다면 취미라 해야겠지요. 그렇지 않을 때도 그려야 하는 것이 직업입니다. 우리 모두 알고 있죠. 한 생활인으로서 버티는 일이 얼마나 만만치 않은지. 밥벌이의 신성함이자 무거움인 것입니다. 그려야 한다면, 그릴 수도 있어야 합니다. 그렇다고 이 무거움에 너무 휘둘리면 사는 게 재미가 없어집니다. 그래서 숨 좀 쉬어가겠다는 것이지요. 아무것에도 의미를 두지 않는 삶은 허망하겠지만, 모든 것에 의미를 두는 삶이라면… 답답하다 못해 슬플 것 같습니다.

좋아하는 일을 하고 살 수 있다면, 특히나 그 일이 재능 없이는 이름 내밀지 못할 예술 언저리의 것이라면. 언제나 흥에 겨워 신나게 몰두할 거라는 생각들을 하게 되지요. 좋아서 하는 일이잖아, 그것도 남다른 재능까지 지녔으니 그야말로 복을 타고난 거지. 그것이 부러움이든, 변명이든 그런 생각을 하게 마련이지요.

하지만… 그런가요? 화가니까, 심사정 정도의 재능이니까, 영조 시대 최고의 화가라고도 불렸으니까. 붓을 쥔 그는 매일 즐겁게 그림을 그렸을까요? 그럴 리가요. 그림이 잘 안 되는 날도 있습니다. 그만두고 싶은 날도 없지 않았겠죠. 심지어 즐거움과 서글픔 사이를 서성이던 그와 같은 처지라면 말입니다. 그래서 이렇게 화면을 한번, 화사한 색으로 물들여봅니다.

다음 날, 뭔가 달라진 그림에 피식 웃음도 나겠지만, 너무 예쁘장한 화면에 어쩐지 어색할 수도 있겠지만. 그런 자신이 싫지 않습니다. 가끔은 붉은색이 어울리는 자리가 있으니까요. 붉은색을 온전히 받아들인 다음, 그렇게 마음을 툭툭 털어낸 다음, 평소에 사랑했던 무채색들도 더 깊게 물들어갈 수도 있을 테니까요.

그렇다면 그림 속 가을로 향하는 계절의 느낌도 그의 마음인가요. 쉰이 넘은 나이에 마주한 한 쌍의 원앙과 연꽃들. 사랑스러웠을 것입니다. 약간의 회한도 있었겠죠. 평생 자식 하나 두지 못하였으니, 적적하다 못해 쓸쓸한 삶이었습니다. 하지만 그는 기꺼이 이 순간을 즐기기로 했던 것 같습니다. 화려한 색채에 자신의 붓을 맡기기로 합니다. 알게 된 거였겠죠. 이 또한 한 폭의 그림 아니던가. 이 시절이 지나면 언제 다시 이런 그림을 그릴 수 있겠는가.

가을이 시작되는 아쉬운 이때, 연꽃은 마지막 꽃대를 올리고 두 마리 원앙은 그 꽃그늘 아래 다정한 모습 그대로 새로운 계절을 맞고 있습니다. 그래서일 것입니다. 화려함이 주는 불편함도 없고, 화사함이라 해도 마냥 들떠 있지는 않습니다. 그 자신은 알고 있었을까요? 그에겐 붉은색도 꽤 잘 어울립니다.

이 길, 정말 좋아한다면

심사정의 이 그림은 피할 수 없는 현실, 그 삶을 지탱하기 위한 또 하나의 길이었을 것입니다. 자발적인 일탈이든 떠밀린 선택이든 그것이 중요한 것은 아니다 싶습니다. 채우는 내용이, 그 마음이 문제겠죠.

하긴 그렇지요. 나의 진지한 고민도 누군가의 눈에는 재미난 놀이, 철없는 일탈이라 보일 수 있겠다 싶어져요. 오늘 그 붉은 셔츠 괜찮네? 하지만 심각하게 바라보지는 않습니다. 곧 돌아올 텐데 뭐. 그런 정도의 무게로 가볍게 받아들인 것이죠. 하지만 그 일탈이 어느새 나의 길이 되는 때도 있었으니.

모든 일탈이 그렇지는 않았지요. 그런데 말입니다. 그렇게 쌓여간 붉은색들이… 어느 순간 작은 위로가, 심지어는 도움이 되어주기도 하는 겁니다. 어처구니없는 방황, 잊고 싶을 만큼 부끄러운 순간도 있었지만, 그래도 그 시절 나는 무엇인가에 미쳐 뜨겁게 살아 있었던 거죠.

넋 나간 얼굴로 기타를 끌어안고 딩딩거리는 영화 속 주인공에게 그의 아내가 묻습니다. 좋냐? 그는 정말 좋아 죽겠다는 표정으로 히

죽 웃으며 답합니다. 응. 그럼 된 거죠.

이 그림 그리는 것 좋은가요? 이 글 쓰는 것 좋은가요? 그럼 된 거죠.

•

심사정沈師正. 겸현謙玄으로 병칭되는 바, 정선과 함께 영조 시대 회화를 이끌었던 대가다. 정선이 진경산수에서 이름을 빛냈다면, 심사정은 전통 산수에서 필묵의 깊이로 승부했다. 중국풍이 강하다는, 전통에 매여 창조성이 부족하다는 평을 듣기도 하지만. 소재의 독창성보다는 작품 자체의 완성도에 더 무게를 두었다고나 할까. 명문가의 후손이었으나 불의와 역모에 연루된 선조들 탓으로, 그 자신은 권력과는 거리가 먼 자리에서 한을 삭이듯 그림에 한생을 쏟았다. 「강상야박도江上夜泊圖」「파교심매도灞橋尋梅圖」등 산수화의 우아함이야 말할 것도 없겠고, 「연지쌍압도」「딱따구리」또한 여느 화조화에서 느끼지 못할 감동으로 가득하다. 볼수록 더해지는 깊은 여운이다. 호 현재玄齋, 1707~69년.

그림에 귀 기울여본 적 있나요

울적하다고까지 말할 정도는 아니었어요. 그냥 까닭 없이 마음 답답한 날이 있죠. 아니, 그 까닭을 파헤쳐 생각하고 싶지는 않은 거겠지요. 마음속, 한 가닥 바람이라도 불어준다면, 싶은 그런 날. 뭐 좀 시원한 것 없을까, 그것이 무엇이든 가슴속으로 시원하게 파고들어 줄, 그런 자극 말입니다. 그러면서 한 장의 그림을 떠올려봅니다. 그림 속에 소리가, 휘몰아치듯 소리가 가득합니다.

정말 그렇습니다. 그림에서 소리가 들립니다. 분명 눈앞에는 그저 작은 수묵화 한 장일 뿐인데. 이 그림은 눈이 아닌, 귀에 더 가깝게 반응하는 겁니다. 하긴 제목부터 그렇긴 하죠. '만폭동', 1만 갈래 폭포라는, 그런 완전한 이름으로 우뚝한 절경을 그린 것이니까요. 그 이름만으로도 이미 수많은 물줄기가, 그 물줄기가 뿜어내는 먹먹할 정도의 소리가 가득할 것 같지요.

하지만 제목이 이유가 될 수는 없습니다. 만폭동이라 해서, 그 이름을 화면 위에 옮긴 그림이라 해서 모두가 소리를 들려주진 못합니다. 오직 이 그림만이 화면 속에 소리를 품고 있습니다. 시각이 아닌 청각을 자극하는 묘한 경지에 맞닿아 있는 거죠. 무엇 때문일까요.

그림을 그린 이의 이름을 떠올리니, 어쩌면 이 화가 때문일 거란 생각이 들기도 합니다. 겸재 정선. 그래, 그가 그린 만폭동이니까…. 그림이 실제로 주는 느낌에 기대지 않더라도 정선이라는 화가의 이력만으로도 만폭동의 진실에 제법 가까워졌다는 느낌이랄까요. 정선이라면 바로 조선시대 진경산수화의 한 시대를 열어젖힌, 말 그대로 진경과 한 몸이었다 해도 좋을 만한 화가입니다.

그렇지만 화가의 이름 때문일 수만은 없습니다. 그가 그린 다른 만폭동에서는 좀처럼 이 소리를 듣지 못했는걸요. 아무래도 이 그림엔 무언가가 있습니다.

소리에 취하다

그림은 생각보다 아주 작습니다. 책에 실린 그림만 보아온 이들이라면 아마 그런 착각을 하기도 할 거예요. 꽤나 커다란 화면에 담아냈을 거라는. 만폭동의 시원한 소리를 담아낸 그림이니까 제법 커다란 화면을 채워야 어울릴 것 같잖아요. 게다가 정선은 큼직한 화면에 거침없는 필법으로 쓱쓱 그림을 그리는 모습을 많이 보여주었지요. 하지만 이 「만폭동」은 화첩으로 꾸며 보기에 적당한, 아담한 크기입니다. 그래서 더 놀라기도 했습니다. 그저 스케일로 감각을 제압한 것도 아니었으니까요.

이 작품을 만날 수 있는 곳은 서울대학교 박물관이에요. 편안하게 그림을 보기 좋은 곳이죠. 대학 내 박물관이 흔히 그렇듯 전시관은 아담합니다. 덩그러니 비어 있는 그곳에서 너무도 한산하게 그림을 마주하는 운 좋은 상황까지. 어쨌든 그림 앞에 서 있노라면 그림이 작다는 생각, 그런 건 어느새 잊은 자신을 발견하게 됩니다. 그저 그림 속, 그 폭포 소리에 풍덩 빠져들어 갑니다.

세로 33센티미터, 가로 22센티미터의 크기니까, 가로세로의 비례가 무난한 화첩인 셈이지요. 그림의 중앙에 작게 그려진 세 사람이 보입니다. 아마 화가 자신과 벗, 그리고 시중을 드는 동자일 것입니다. 사실 그림의 크기에 비해 공간이 답답하게 느껴지지 않은 건 이처럼 등장인물을 아주 작게, 이목구비는커녕 사람이라는 것만 겨우 알아볼 정도로 작게 그렸기 때문이겠죠. 그들을 둘러싼 만폭동이 얼마나 웅장한지, 웅변하는 듯합니다. 요즘 같으면 동전으로 크기 비교하는 인증샷 같기도 하지요.

인물들이 서 있는 다소 평평한 공간을 둘러싼 것은 소나무, 그리고 다시 사방으로 봉우리와 바위들이 둘러싸고 있습니다. 폭포는 좌우에서 흐르기 시작하여 화면 하단에서 한곳에 모아져 세찬 물살로 하나가 됩니다. 화면 위쪽으로는 수많은 봉우리들이 암산과 토산으로 편을 나누듯 산세를 뽐내는 중이지요. 자, 여기까지가 그리 크지 않은 이 그림의 이모저모입니다. 그러면 소리의 진원지는 어디일까요?

뭐, 별 생각 없이 보자면 아래쪽에 그려진 물살에서 들리는 소리이긴 하겠지요. 화가는 이 물줄기가 노닥거리며 담담히 흐르는 중이 아니라는 얘기를 하고 있기는 합니다. 물살의 파동이 느껴지니까요. 하지만 그저 물살만으로 이 소리를 만들어냈을까요? 이건 어쩐지 너무 초짜 냄새가 납니다. 이래서야 어찌 정선이라 할 수 있을까요.

소리의 진원지는 바로 이 공간입니다. 여기, 인물들이 딛고 선 공간, 이곳을 중심으로 둥글게 둥글게 휘어 감기는 화면의 구성 말입니다. 마치 공명통에서 소리를 한껏 부풀리는 악기의 형상이라고나 할까요. 그렇게 둥글게 감싸인 그 공간에서, 이 소리가 퍼져나오기 시작합니다. 그렇게 둥근 공간에 소리를 담아두기 위해, 화가의 붓은 팽팽한 속도감을 유지해야 했겠지요. 여느 곡선이 주는 느낌과는 다르잖아요. 한 번에 휙. 다시 속도를 내어 휙. 천천히 긋는 나긋나긋한 곡선의 우아함과는 다른, 튕겨날 듯 휘어지는 곡선입니다. 절정을 연주하는 현絃의 긴장감이 떠오르는가 하면, 스케이터의 거침없는 곡선

▶ 정선鄭敾「만폭동萬瀑洞」

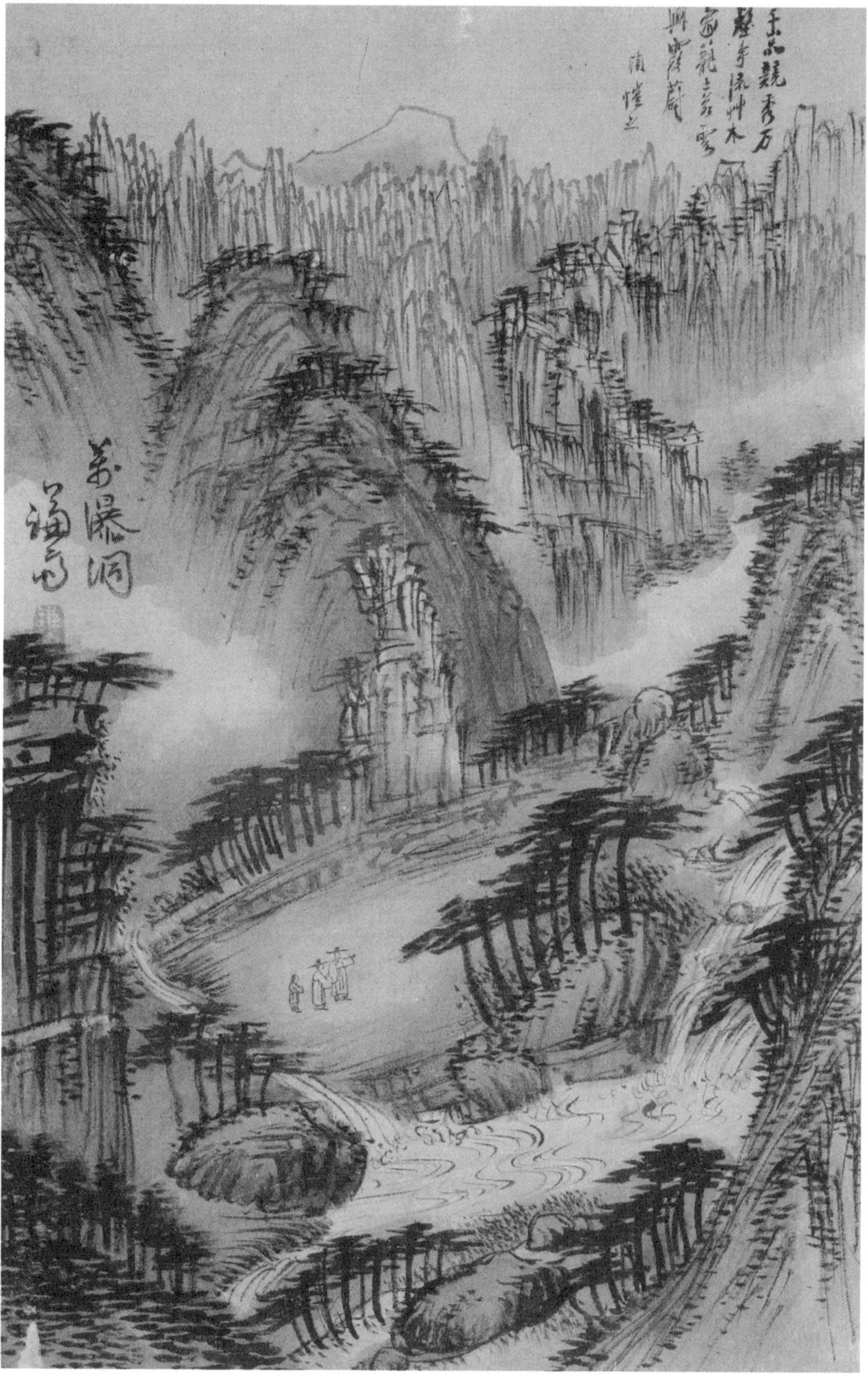
萬瀑洞

주법走法과도 닮아 있습니다.

그렇게 팽팽한 곡선으로 둘러싸인 이 공간 속에서 만폭동의 그 시원한 물줄기가 오직 소리의 형상으로 제 존재를 드러냅니다. 그렇게 마음을 흔듭니다. 점차 공중으로 올라가며, 하늘 속으로 풍덩 빠져 흩어져버릴 때까지 말입니다.

그래서일까요? 공명의 공간을 둘러싼 소나무들도 그 울림에 맞춰 춤을 추듯, 이 힘찬 곡선의 향연에 동참하는 모양새입니다. 그것도 짙은 먹으로, 화가 정선의 트레이드마크라 할 만한 소나무들이 줄줄이 사방을 막아서며 공명의 공간을 도와주기까지 합니다. 소나무 숲 사이, 폭포 소리는 그 향기까지 머금으며 증폭되었을 것입니다.

화면 속의 화가와 그의 친구 또한 그랬겠지요. 잠시 마음속의 무거움이 있었을지라도, 그 소리가 파고들며 탈탈, 씻어내주기도 했을 것입니다. 소리에 빠져… 풍경을 놓칠 만한 순간 아니었을까요?

소리를 그리다

이쯤에서 그 배경을 한 겹 들춰봐도 좋겠어요. 정선이라면 영조 시절의 진경산수화를 이끌었던, 아니 창조했던 화가라 해도 좋겠지요. 조선 땅의 아름다움을 그리겠다는 생각이, 정말 화면 속에서 딱 그만큼의 아름다움을 만났던. 자신의 재능에 어울리는 시대를 만난 행운아이기도 했죠.

정선의 진경산수라면 역시 금강산이고, 금강산 그림 하면 「금강전도金剛全圖」가 떠오릅니다. 「금강전도」와 나란할 만한 대작이라면 「인왕제색도仁王霽色圖」 같은 그림도 있을 거예요. 그런데 정선만이 그릴 수 있는 그림… 을 생각하면. 역시 「만폭동」 쪽에 눈길을 주게 됩니다. 그저 잘 그렸다? 대작이다? 이런 게 아니라. 마음으로 좋아하는 그림을 꼽자면 말입니다.

실경을 그린다는 부담 같은 것, 사실 정선은 그리 신경 쓰지 않았던 것도 같아요. 과장에 생략, 어마어마한 압축 같은 것도 아무렇지 않게 해치우는 화가였습니다. 금강산 일만 이천 봉 전체를 한 화폭에 뚝딱 세워넣는가 하면, 엄청난 길이감으로 박연폭포를 늘여놓기도 했었지요. 그렇게 보면 만폭동도 다르지 않습니다. 설마 이 공간이 이렇게 생기지는 않았을 테니까요.

아닌가요? 혹시 말입니다. 만폭동이 정말 딱 이렇게 생겼던 건 아닐까요? 실제로 만폭동을 가보지 못한 입장인지라 궁금하기는 했지요. 어쩌면… 실재 풍경 또한 화가의 화면과 비슷할지도 모르겠다고. 정선이 그 감동을 제대로 잡아내기는 했지만, 이것은 만폭동 자체의 속성이 가져다준 선물일지도 모르겠다고.

어쩌면 이런 의심이 피어나기 시작한 것은, 그림 앞에서 물러나와 어느 정도 정신을 차린 후의 일이었을 것입니다. 그 앞에서는 그저 넋 놓고 폭포 소리에 빠져 있던 주제에, 그 소리에서 놓여나니 좀 객관적으로 따져보고 싶다는 직업병 같은 게 도진 거겠죠.

결론은. 저의 의심은 그저 조용히 묻어두는 쪽을 택합니다. 정선이 그린 또 다른 「만폭동」(간송미술관 소장) 때문이었지요. 아니, 이 작품 말고도 수많은 화가들이 그토록 열심히 그려낸 「만폭동」들 때문이기도 했습니다. 다른 「만폭동」은, 심지어 정선 자신의 또 다른 「만폭동」을 포함해서… 만폭동이라는 폭포의 아름다움을 '보여주는' 그림이었거든요. 다만 정선의 한 작품만이 그곳의 소리를 그리는 데 집중했다는 이야기입니다.

소리와 만나다

이 그림에서 소리가 들리는 건, 화가 자신이 소리를 그리겠다는 마음을 먹었기 때문이지 싶어요. 정선은 금강산에 여러 차례 유람을 한 이력이 있습니다. 그가 살았던 영조 시대는 그야말로 금강산 열풍이라 말해도 좋을 만큼 수많은 선비들이 금강산 유람에 나섰습니다. 누구나 갈 수는 없었어요. 만만치 않은 시간과 경비가 발목을 잡았을 텐데. 정선은 스승 삼연三淵 김창흡金昌翕의 배려로 친구인 시인 사천槎川 이병연李秉淵과 함께 이미 삼십대부터 몇 차례 금강산을 유람했다고 하니, 꽤나 부러움을 받기도 했을 것입니다.

그러니 말 그대로 그의 금강산 그림은 현장 답사의 결과물이었던 셈이죠. 하지만 이런 그림을 보면 그의 진경산수화가 단순한 현장 스케치가 아님을 다시 한 번 곱씹게 됩니다. 이 그림을 그리면서 그는 마음속의 이미지를 살려내었을 것입니다. 그에게 만폭동은 눈이 아닌 귀로 만나고픈 장소였다고.

화가에게 어떤 순간이 있었던 것일까요? 어쩌면 그날 만폭동을 유람하면서 화가 또한 이런 체험을 했을지도 모릅니다. 아, 이 소리가 마음의 묵은 때를 날려주는구나. 그렇게 돌아와선 그 소리를 그려낸 것이겠죠. 온통 휘몰아치는, 그 장대한 경쾌함을. 아마 송강松江 정철鄭澈의 〈관동별곡〉 한 구절쯤을 읊조리기도 했을 것입니다. 십 리를 넘나들며 들렸다는 소리인걸요.

百백川천洞동 겨태 두고 萬만瀑폭洞동 드러가니
銀은 가탄 무지게, 玉옥 가탄 龍룡의 초리
섯돌며 뿜난 소래 十십里리의 자자시니
들을 제난 우레러니 보니난 눈이로다

정선의 만폭동을 보며 정철의 〈관동별곡〉을 떠올린 건 어찌 보면 너무 당연한 일입니다. 소리에 주목하는 그들의 시선이 이렇듯 닮아 있으니까요. 두 사람을 떠올리면서 그런 생각으로 웃음이 나기도 했죠. 풍경에 대한 과장으로 치자면, 그러니까 구라 치는 기질로 따지자면 정철과 정선은 쌍벽을 이룰 만하겠다고. 그런데 이 사람들 정도라면 이쯤의 구라는 나쁘지 않다 싶어져요.

만폭동에서 느낀 둘의 감상도 그 거리가 멀지 않습니다. '소리'가 장대했다는 것. 한 사람은 십 리까지 퍼진 폭포 소리, 그것을 우레와 같다고 비유하지요. 그랬더니 화가는 장단을 맞추는 양 그 소리를 그리겠다고 붓을 들더란 말이지요.

소리에 집중하다

그러고 보니 정선은 이 느낌을 살리기 위해 회화적 장치를 매우 적절히 사용한 것 같습니다. 그렇지만 자로 재듯 계산했다, 는 느낌은 아닌데… 그러니까 이런 것이 화가의 재능이라 이야기할 수 있는 대목이 아닐까요. 그는 화면에서 필요하지 않은 것, 다시 말해 소리를 그리는 데 그리 중요하지 않은 풍경들을 과감하게 제외해버립니다. 아무렇지도 않게, 쓱쓱. 다른 한 폭의 「만폭동」과 비교하면 그 차이가 확연해지죠.

두 작품이 같은 장면을 그렸다는 건 누구나 알 수 있지요. 그림 전체의 구성도 같고, 등장인물의 배치까지 똑같습니다. 하지만 어째서 두 번째 「만폭동」에서는 그 소리가 들리지 않는 걸까요? 이 작품은 '소리'를 그린 것이 아니기 때문이겠죠. 그냥 만폭동을 그린 것입니다.

첫 번째 작품은 두 번째의 화면을 대략 압축하고, 넣고 뺄 것을 확실히 정리했다는 느낌이 듭니다. 그러면서 소리가 울려퍼질 공간을 확실하게 강조할 수 있었겠지요. 소나무와 기암괴석으로 둥글게 둘러싸안겠다는 의지를 제대로 밀어붙였다고나 할까요? 두 번째 「만폭동」은 그런 압축이 없으니 소리가 모아져 공중으로 확장되지 못하고, 그냥 이곳저곳으로 졸졸 새어나가는 느낌이 듭니다.

같은 화면, 거의 같은 구성을 태연하게 변형해서 전혀 다른 그림을 만들어낸다는 것. 이런 점이 정선의 장점이라고도 할 수 있습니다. 모르긴 해도, 이 사람은 크게 스트레스 받으면서 사는 스타일은 아니었지 싶어요. 어떤 선택 앞에서 이럴까 저럴까, 심하게 고민하지 않는 거죠. 화면에 뭔가 걸리적거려? 그럼 그냥 빼버리면 되는 거지 뭔 고민이람? 이랬을 것도 같죠.

그의 성정이 어떠했든, 이 「만폭동」이 그림으로서도 매우 성공적이었다는 것만은 사실입니다. 집중력이 대단한 화면이 되었으니까요. 이 작품을 보고 나서 여느 「만폭동」을 본다면 뭔가 빠진 것 같다… 심한 허전함을 느끼게 됩니다. 필력으로 더 잘 그린 작품들마저도 말입니다. 그 어느 「만폭동」도 이 작품이 지닌 소리의 매력을 재현하지 못했던 것입니다.

하지만 이 집중력이라는 것이 디테일의 심심함으로 이어질 위험도 있습니다. 이러면 또 재미가 없어지는데…. 정선은 다행히 이 함정을 잘 피한 것 같습니다. 춤추는 소나무도, 토산과 암산의 대칭이 주는 재미도, 여전히 그의 작품에 생동감을 더해줍니다.

언젠가 한 강연에서 두 작품을 비교해본 적이 있었어요. 그리고 질문을 했지요. 어느 쪽이 더 만폭동스러운가, 어느 쪽이 더 마음에 드는가. 대부분 첫 번째 「만폭동」에 표를 몰아주었습니다. 그 소리에 마음이 열렸기 때문일 거예요.

소리에, 마음이 열리다

마음속 뭔가 지지부진 진도가 나가지 않을 때, 혹은 이런저런 갈등으로 답답할 때, 그것들을 과감하게 싹 내어버리는 것도 괜찮지 않겠나…. 화가의 단순한 화면이 가져온 놀라운 결과를 보며 그런 생각으로 이어집니다. 마음처럼 되지 않는 일이죠. 그래서 다시 「만폭동」을 봅니다. 그 시원한 소리로 답답함 따위, 용감하게 내어던지고 한 가닥 바람이 지날 자리를 열어주는 그림.

그림을 봅니다. 그리고 잠시 눈을 감은 채 그 풍경을 떠올립니다. 폭포 소리가 둥글게 원을 그리며 공중으로 울려퍼지던 그 순간, 마음이 열립니다. 소리를 따라 그 맑은 물살이 밀려들어올 것도 같습니다. 나를 답답하게 만든 생각이 뭐였는지, 그것도 잠시 잊기로 합니다. 뭐, 이제 괜찮습니다.

•

정선鄭敾. 18세기를 진경산수화의 시대로 말할 수 있게 해준, 그 이름이다. 한 장르를 완성한 걸출함인데, 여느 천재들과는 달리 노년에 들어서면서 걸작을 쏟아내기 시작한다. 자신에게 어울리는 붓과 그 대상을 찾기 위한 노력의 결과였을까? 여러 장르의 작품을 남겼지만, 역시 그의 창조성은 진경을 만났을 때 제 빛을 발한다. 다소 과하다 싶을 정도의 짙은 먹으로, 힘찬 붓질로 조선의 풍경을 한껏 담아내고 있다. 작품이 많은 것은 여든을 넘긴 장수 덕이기도 하겠으며, 한미한 양반인 그가 화가로 살아간 이력 때문이기도 할 터. 작품 수준이 고르지 않은 것도 같은 이유겠다. 하지만 「만폭동」을 비롯해 「금강전도」 「인왕제색도」의 아름다움으로 충분하지 않은가. 한 시대를 책임질 만한 감동이다. 호 겸재謙齋, 1676~1759년.

그 여름의 낮잠

위낙에도 혼자서 무언가를 하는 데 매우 익숙한, 혹은 즐기는 편이었는데. 때는 제법 여름의 기운이 시작되는 즈음이었지요. 오직 아무것도 하지 않기 위해 며칠간의 여행을 떠났습니다. 정말 아무것도 하지 않으려고 말입니다. 자고, 일어나서 뒹굴고, 산나물밥이나 한 끼 사먹고, 조금 걷고, 다시 졸고. 이런 며칠을 보냈던 거죠.

그냥 잠이나 자러 그 좋은 산자락으로 들어갔다? 누군가는 큰 웃음을 터뜨렸죠. 함께 자리한 다른 이들도 그 웃음에 대략 동조하는 분위기였습니다. 그러게 말입니다. 제 변인즉 이러했으니. 집에서 자는 거랑 산속에서 자는 건 다르다고. 사실은 나를 제대로 돌아보기 위해, 지난 삶을 충분히 반성하기 위해 간 것이라고.

내 시간의 주인

누군가 나의 그 하루를 들여다보았다면 이 그림 정도로 비쳤을지도 모르겠습니다. 제목인즉「오수도」. 화면 속의 그는 달게 오수를 즐기는 중입니다. 세상 걱정 없어 보이죠. 그림은 그야말로 평온하다 못해 나른함마저 흘러나올 것 같죠. 아주 제대로 한량인 모습입니다.

옛 선비들의 이런 때 아닌 낮잠 그림은 꽤 많은 화가들이 그린 주제였습니다. 낮잠 자는 게 무어 그리 자랑할 일인가요? 이렇게 그림으로 남기는 것은 어쩐 일이며, 그걸 함께 감상하는 마음은 또 무어란 말인지요? 잠이나 자겠다고 그 좋은 산자락 걸어들어간 제 입장이고 보면 할 말은 아닙니다만.

역시나 옛 시에 나오는 장면이라 그려진 것입니다. 그 한 구절을 화제로 삼았지요. 새소리 오르내릴 때 낮잠에 들었다고 말입니다. 때 아닌 오수의 원인은 그 새소리였다 말하고 싶은 걸까요? 어느 쪽이든, 시인은 변명처럼 아니 자랑처럼, 이 한가로운 산중의 오수를 읊조립니다.

그 자랑이 눈길을 끌었던 걸까요? '즐겨' 그려졌다면 예삿일은 아닌 거죠. 그러니까… 복잡한 일상에서 벗어난 이런 여유로움이 부러웠다, 그런 정도의 소망이겠습니다. 그림으로 그려서 그 여유로움을 나누고 싶다는 얘기입니다.

그런 마음을 따라가노라니 나 홀로 여행 또한 상당히 설득력 있는 것 아닐까, 이런 식으로 생각이 막 이어지기 시작합니다. 시인도 그랬다는데, 화가도 그랬다는데. 뭔가 든든한 응원군을 얻은 듯이 말이죠.

그러고 보면 좀 이상하기도 합니다. 어째서일까요, 내 시간은 분명 나의 것이거늘, 고작 여름날의 짧은 오수를 그리들 부러워하는 것인지. 그 시인의 오후를 그림으로 불러들이면서까지 말입니다. 내 시간을 나의 것으로 누리지 못한다는, 그런 뜻 아닌가요. 틀에 맞춘 시간 속에 나를 밀어넣은 채 좀처럼 그 시간에서 빠져나오기 어려웠던 걸까요? 예나 지금이나 사람들의 삶은 그리 다르지 않았나 봅니다.

오수도 가운데서도 유독 이재관의 이 작품이 주제와 제대로 맞아떨어지는구나, 눈에 듭니다. 담긴 내용도 그러하려니와 그림 자체가 주는 나른함도 만만치 않습니다. 주인공의 오수가 진정 부러워지는 화면이죠.

오직 낮잠을 위해

위아래로 길쭉한 그림이에요. 주제에 집중한다는 말이 있지만, 이 정도 큼직한 옛 그림 가운데 이렇게 주제에만 온전히 몰입한 작품이 또 있을까 싶을 정도지요. 그림은 딱, 제목 그대로입니다.

화면 한가운데에 주인공이 비스듬히 기댄 채 잠에 빠져 있습니다.

그의 휴식처는 아마 숲 속 어디쯤에 자리한 초옥인가 봅니다. 집이라기엔 그저 바위 사이에 지은 작은 누각 정도지요. 하긴 산중의 바람에 기대겠다는 마음이니까요. 그 바람을 가벼이 흘려보내지만은 않겠다는 생각이었을까요? 제법 서책을 쌓아두었습니다. 여름을 이기는 데 산중 독서만 한 것도 없겠지요. 그리고 그 독서 중간에 스르르 낮잠에 빠진 것입니다.

초옥은 그야말로 바위 중간에 무심히 걸쳐 있죠. 이 초옥을 중심에 두고 화면은 좌우의 균형감을 신경 쓴 듯합니다. 왼쪽으로는 키 큰 한 그루 소나무가 보입니다. 노송의 여유로움이랄까요. 듬뿍 먹을 적신 붓으로 쓱쓱 그어나간 모양새에, 가지 끝의 솔잎들도 무성할 것 없습니다. 유려하면서도 시원스러운 붓질이죠. 그 나무 아래엔 늘씬한 자태의 학이 두 마리. 역시 선비의 거처니까요. 이 또한 정교한 필치는 아닌데. 하지만 그래서 이 한가로운 오후에 어울리는 모습입니다.

그 맞은편의 상황은 어떤가요? 소나무와 대칭을 이루듯 바위가 우뚝합니다. 역시 먹선으로 툭툭, 그 질감을 슬쩍 스쳤을 뿐이지요. 바위 아래로는 동자 하나가 무릎을 세운 채 쪼그린 모습입니다. 불길에 부채질을 해가며 주인의 차를 끓이는 중이지요. 언제 잠이 깨시려나, 한 번씩 돌아보면서 말입니다.

▶ 이재관李在寬 「오수도午睡圖」

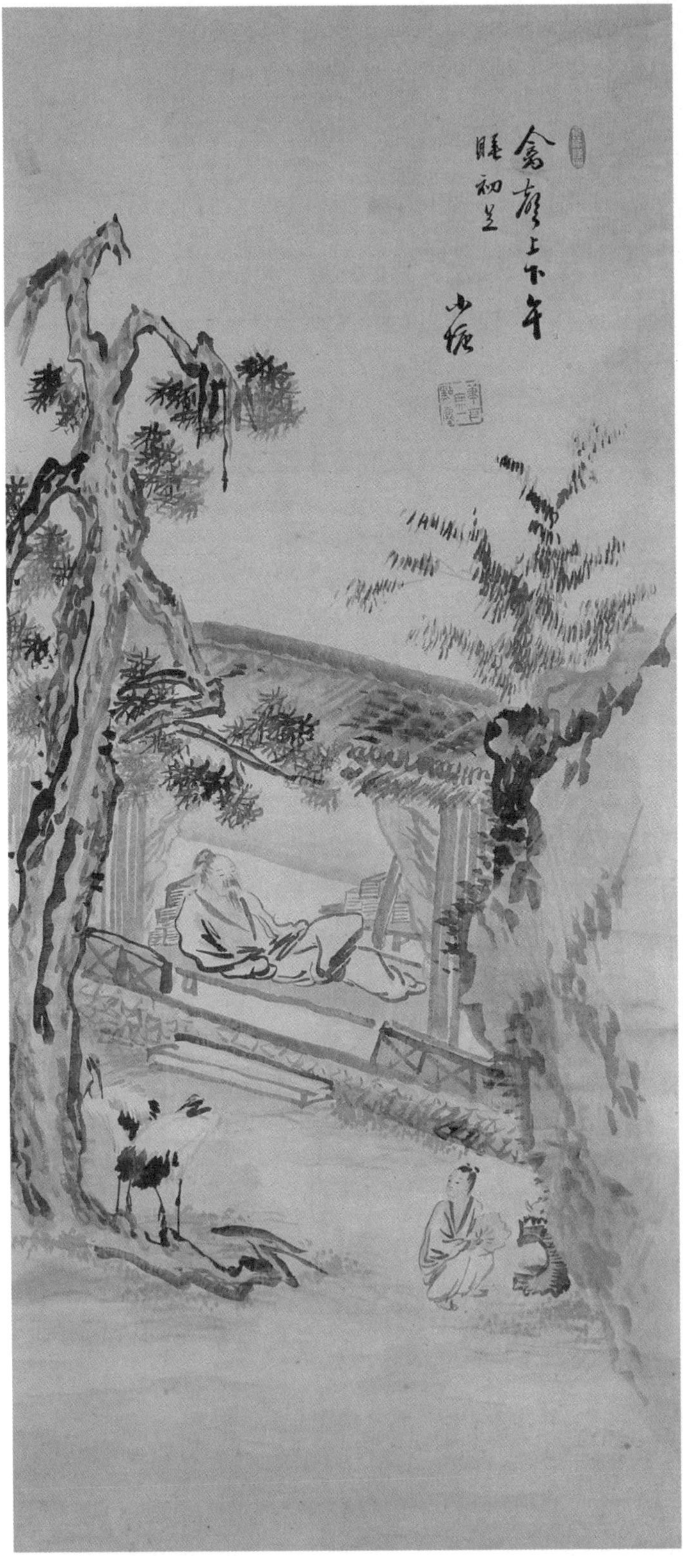

슬쩍 대각선으로 기운 초옥이며 그에 맞춰 비스듬한 주인공의 모습. 그림이 더 시원해진 것은 이 구도 덕이셨지요. 사칫 답답할 수 있는 대칭 구도를 비틀어 주제를 살려낸다 싶기도 하고. 그런데 한 발 뒤로 물러나 그림을 보면… 주인공을 둘러싼 집과 나무와 바위들, 마치 주인공을 위해 의도된 프레임 같습니다. 화면 속의 그는 이처럼 주인공으로서의 권리를 충분히 누리고 있습니다.

그 이외의 모든 배경들을 생략해버린 것도 이 그림의 남다름입니다. 여느 그림에 있을 법한 소재들, 저만치 아스라한 원산遠山도, 졸졸 흐를 만한 시내도 모두 다 그려지지 않았습니다. 그러니까 산수화의 정신에 매이지 않겠다는 마음이겠지요. 이 장면 하나에 집중해달라고 말입니다.

화가의 생각대로 우리는 정말 한 남자의 낮잠에 시선을 모으게 됩니다. 그렇게 집중하면서 한참을 들여다보고 있노라면 그가… 부러워집니다. 화가가 하고픈 얘기도 그것이었겠죠. 부럽다… 고.

그것 자체로의 휴식

마냥 문기 어린 화면은 아닙니다. 그렇다고 속기가 드러나는가 하면 별로 그렇지도 않지요. 한 선비의 여유로운 시간 속으로 빠져들기에 좋은, 그런 정도의 느낌입니다.

생각해보면 이런 물기 어린 붓이 어울린다 싶어요. 그러니까 그림의 주인공은 그렇게 까칠한 선비는 아닌 겁니다. 이 한가로움을 자신의 하루 속에 끼워넣을, 그 정도 낭만은 내치지 않겠다는 뜻이니까요. 아니, 오히려 그런 시간의 주인공으로 자리 잡은 정도니, 메마른 붓이며 스산한 바람은 그의 낮잠과는 거리가 좀 있겠지요.

그래서 마음 편히 들여다볼 수 있는 건지도 모르겠습니다. 그래, 내 맘대로 하는 거지… 이렇게 말해주는 듯한 선비님. 나도 이렇게 졸린 눈 이겨내지 못하잖아. 이런 동질감도 고마운데, 게다가 그 자세는 어떤가요. 편하게 흐트러진 모습 그대로입니다. 헐렁하게 늘어진 앞섶에 다리까지 꼬아 올리고, 심지어 쌓아올린 책에 기대어 잠이 들다니요. 격식 없이, 자신의 시간을 즐기는 모습인 거죠.

그래서 산중의 초옥으로 들어와야 했던 걸까요? 흐트러져도 좋은, 혼자만의 공간이 필요했던 것입니다. 이런 휴식을 온전히 누릴 수 있는 공간. 그의 오수는 자신을 위해 준비한 작은 선물이었을 것입니다.

그림을 보면서 이 청량감을 나누어 받습니다. 마음이 트이는 것 같습니다. 그 초여름, 산속으로 기어이 들어가 긴 잠을 자야 했던 내 마음도 조금쯤은 그의 것과 닮아 있지 싶기도 합니다. 우리 마음속 한 자락 꿈같은.

뭐랄까요, 어떤 내용으로 꼭꼭 채워야 맛이 아니라 행동 자체가 목적이 되는, 그런 것이겠다 싶어집니다. 무얼 하기 위해서가 아니라 그것 자체로 휴식이 되고 위로가 되는 시간 말입니다. 때론 형식이 내용까지 말해주기도 하니까요.

사실, 그 아무것도 하지 않는 시간 동안 제법 많은 고민이 정리되고. 그래서 돌아올 때의 나는 오랜 잠에서 깨어난 사람마냥 개운한 마음이었습니다. 겨우 며칠이라고…. 하지만 시간의 길이나 공간의 넓이가 문제겠습니까. 작은 초옥 안, 잠깐의 오수에도 기분을 털어낼 수 있는 것을요.

잠시 멈추어선 시간

그렇다고 굳이 산속으로 들어가 잠을 청해야 할 만큼 바쁘다거나 힘들다거나 열심히 살았다거나 그런 것도 아니었습니다. 그래서 약간의 부끄러움이 끼쳤다지요. 하지만 그 또한 무어 그리 문제가 되겠습니까. 그림 속의 선비가 얼마나 열심히 살았는지 알 수 없으되, 그의 휴식을 탓하는 이도 없는 것을요.

그리고 그의 휴식이 팔자가 온전히 늘어진 이의 그것인지, 그 짧은 오수의 무게가 얼마나 될는지 쉬이 말할 수도 없다 싶습니다. 그 마음속이야 누가 알겠습니까. 어쩌면 그는 그 짧은 시간에 세상 하나를 새로이 세웠는지도 모릅니다. 자신의 삶을 깊게 돌아보고, 세상을 멀리 근심했는지도 정녕 알 수 없는 일이지요.

내게 어떤 시간이 필요한가, 그건 오직 나의 생각이니까요. 홀랑 옷가방 하나 메고 느럭느럭 걸음을 옮기는 한 여인네의 모습이 어느 한량의 오수처럼 느껴졌을지도 모르지만. 스스로에게 필요한 휴식 한 토막쯤은 그 자신만이 알 일이지요.

잠시 멈추어선 시간을 가벼이 여길 일은 아니다 싶습니다. 가끔씩 그런 마디들이 필요합니다. 삶 가운데, 굵게 한 번씩 매듭을 지어주고 다음 단계로 넘어가는 그런 순간들이요. 드디어 스무 살 성인이 된다거나, 한 생명의 부모라는 막중한 이름을 얻는다거나, 그 아이가 자라 다시 성인이 되었다거나.

그저 어제와 오늘 사이의 차이라 할 수는 없겠지요. 한 호흡 크게 내쉬면서 한 걸음 훌쩍 넘어준 스스로를 돌아보게 되죠. 애썼다, 잠깐 낮잠으로 쉬어 가자, 내일은 다른 하루가 시작되는 거니까.

하지만 그 또한 쉬운 일은 아닙니다. 커다란 매듭을 짓는 순간마다 숨 좀 돌릴 수 있는, 그런 인간다운 여유가 주어지던가요? 그렇지 않다는 데 또 인간다운 삶의 묘미가 있는 것이겠지요. 저 또한 삶의 두 번째 매듭을 지을 때까지는 실상 그런 생각 자체를 할 만한 여유도 없었습니다. 그 여름이 되어서야 비로소 스스로에게 그런 쉼을 줄 정도의 작은 여유가 생긴 것입니다. 생활에도 마음에도 말이지요.

하지 않을 자유

수많은 여행과 답사 가운데 가장 즐거운 추억이라 말할 수는 없겠지만, 가장 평온했던 것은 사실입니다. 온전히, 충분히 누린 시간이었습니다. 아무것도 하지 않을 자유. 무언가를 보기 위해서도 즐기기 위해서도 아닌, 지난 일들을 돌아보고 털어내고 가벼워지기 위한. 정녕 나를 위한 선물이었던 셈입니다.

서울은 여전히 잘 있었습니다. 나 하나의 숨소리 보태지 않은 것, 아무렇지도 않았지요. 가족도 무사했으며 며칠의 빈자리는 비어 있지 않았습니다. 하여 다시 꿈을 꿉니다. 아무것도 하지 않기 위해 떠나보기로. 나를 들여다볼 수 있는 시간, 그리고 공간을 도모해보기로. 한숨 달게 자고 일어난 늦은 오후, 그 눈꺼풀 위를 스치던 바람의 상쾌함을 내 몸과 마음으로 다시 느끼고 싶어서요.

그림 속의 선비도 그랬겠지요. 여름이 덥다고 탓할 수는 없습니다. 더위만 더해질 뿐일 테니. 차라리 그 더위를 잠깐의 낮잠으로 건너보기로 한 것입니다. 낮잠에서 깨어난 선비는 그 남은 하루 무얼 했을까요? 맑게 갠 마음으로 베고 누웠던 책 한 권쯤 뚝딱 읽어치우고. 비로소 목마름을 느꼈겠지요. 그래, 이제 차 한 잔이면 족하겠구나. 얘야, 준비되었느냐.

•

이재관李在寬. 절정의 18세기를 지난 후, 수준이 예전 같지 않다던 19세기였다. 하지만 이재관의 그림은 조용히, 아직 그 기운이 다하지 않았다고 이야기한다. 문인화가의 소략함도, 직업화가의 식상함도 아닌. 그 사이에 피워낸 아름다움이다. 진경의 회오리가 지나간 자리, 그는 예스러운 문인화로 눈을 돌린다. 감상자들의 지향이 그러했던 까닭이기도 할 것이다. 그렇다고 화풍의 고루함을 따르지는 않았으니. 그림 속 인물들은 옛 모양새 그대로이건만 그의 화면은 전통적인 남종풍의 그것과는 거리가 제법하다. 「오수도」 「송하처사도松下處士圖」로 대표되는, 풍성한 먹으로 유려하게 풀어낸 시원함이 그의 매력이다. 화원으로서의 묘사력은 「강이오 초상姜彝五肖像」에서 보여준 초상화 실력으로 답할 수 있겠다. 호 소당小塘, 1783~1837년.

조금 다른 시작

새해를 맞을 때면 어떤 그림이 생각나시는지요? 명색이 새해 첫날인데. 한 해의 복을 기원하는 축화祝畵 같은 건 어떤가요? 아니면, 호연지기를 기를 만한 기상 넘치는 그림도 좋겠습니다. 조선시대 도화서 화원들은 새해가 되면 임금께 세화歲畵를 그려 바쳤다고 합니다. 새해를 그림으로 남다르게 기억하고 싶다는 뜻이겠지요.

하지만 이상한 일이에요. 저는 새해가 되면 떠오르는 그림이… 하필이면 나뭇가지에 올라 앉아 꾸벅꾸벅 졸고 있는 새를 그린, 숙조도입니다. 이게 무슨 뜬금없는 생각인지, 때와 자리에 맞는 그림인가

곰곰 생각해보기도 했습니다. 힘차게 시작해야 마땅할 날 이런 숙조도가 당키나 한 말인지. 이래도 되는 건가요?

그래도 그림으로 무슨 장한 기개를 펴자는 것도 아니니까, 그냥 마음의 흐름을 따르기로 합니다. 같이 볼 그림은 조지운의 「매상숙조도」예요. 매화가지 위에 앉아 졸고 있는 참새 한 마리가 주인공인 그림이죠.

기다림으로 견뎌야 한다면

그림을 읽다보면, 마음속 이유를 밝혀줄 어떤 모티프를 찾을 수 있을지도 모르겠어요. 그림의 구성은 아주 단순합니다. 소재도 그렇지요. 화면은 왼쪽에서 시작되니, 그곳으로 눈길을 옮겨봅니다. 그곳, 매화가지 하나가 곡선을 그리며 뻗어 있습니다. 그 둥글게 휘어꺾인 가지 위, 곡선의 한가운데에 새 한 마리가 앉아 있습니다. 머리를 제 몸속에 파묻은 채, 졸고 있는 중입니다. 가지는 새의 무게 같은 건 아무렇지도 않다는 듯, 여전히 꽃송이 몇 개를 피워내고 있습니다.

가지 위쪽으로 다시 가느다란 매화가지 하나 공중을 향해 솟구치고, 매화를 둘러싸듯, 졸고 있는 새를 감싸안듯, 대나무 줄기들이 빈 공간을 채우며 매화의 둥근 운율을 따라 제 몸을 풀어놓습니다.

▶ 조지운趙之耘 「매상숙조도梅上宿鳥圖」

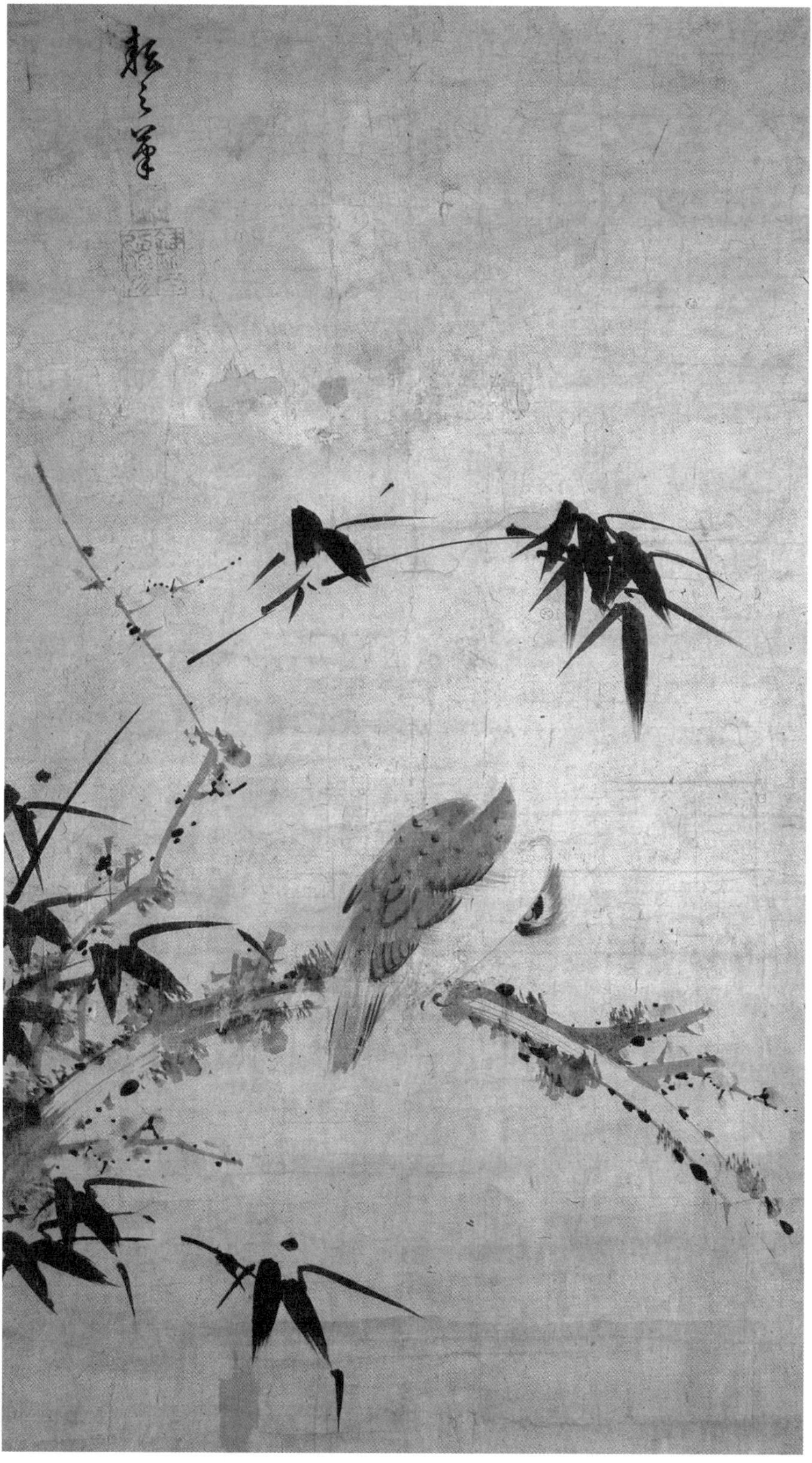

대나무라 해서 잎새 무성한, 창창히 푸른 형상은 아닙니다. 매화가 그랬던 것처럼 그저 듬성한 댓잎들로, 겨울 속에서도 푸르다는 제 이름을 지키고 있을 뿐이지요.

그러고 보니 매화도, 대나무도, 그리고 주인공인 한 마리 새마저도 어딘가 닮은 구석이 있습니다. 아니, 화면 전체의 느낌도 그렇지요. '비어 있음'이라고나 할까요? 하지만 이 느낌은 모자람은 아닐 거예요. 그렇다고 애잔함만도 아닙니다. 어쩌면 소탈함, 아니, 어쩌면 미완의 기다림일지도.

생각이 여기에 미치니 그림의 작전이 꽤나 다채롭다 싶습니다. 기다림이라…. 애써 매화와 대나무를 짝으로 삼은 것을 보면 때는 아직 겨울이 채 꺾이기 전, 그 끝자락 어느 무렵이 되겠지요. 그렇다면 이 꽃나무와 대나무, 그리고 한 마리 새가 기다리는 무언가는 무엇일까요. 겨울이 지난 자리, 햇살 반짝이는 봄날의 꿈 같은 것.

그렇다면 기다림은 견뎌냄과 다르지 않겠어요. 추우면 움츠려 동그랗게 자신의 온기라도 지켜가면서, 혹여 시간이 너무 더디다 싶으면 졸거나 혹, 잠이라도 자면서 말입니다. 그러다보면 봄이 오는 소리, 저만치서 들려올 테니까요. 이렇게 좀 따뜻한 생각으로 그림을 보게 되니, 새해 아침에 숙조도를 떠올린 스스로가 그리 민망하지만은 않습니다. 졸면서 맞는 새해에도 다 나름의 생각이 있는 게지, 이렇게 토닥이는 마음도 들고 말이죠.

그림을 그린 조지운은 17세기의 문인화가로 특히 화조화에 능했습니다. 자신보다 더 유명한 문인화가 조속*의 아들이기도 했죠. 그런데 부자지간에 그림 주제가 많이 겹칩니다.

이 그림 「매상숙조도」만 하더라도 조속 또한 같은 제목의 숙조도를 남겼거든요. 구도는 물론 필법까지 매우 유사하게 말이지요. 아들의 그림에서 대나무를 빼고, 아들의 참새 위로 더 짙은 먹선을 더하면 그것이 바로 아버지의 숙조도가 됩니다. 물론, 그 차이로 인해 그림이 주는 분위기는 사뭇 달라집니다.

같은 주제, 같은 구도의 그림들…. 이 부분에서 독창성이라든가, 표절 같은 말을 꺼내는 건 어울리지 않습니다. 우리 옛 그림 가운데 탁월한 독창성으로 위대해진 그림들도 물론 있지요. 하지만 이처럼 소소한 감상을 위해 그린 화조화 종류를 보면 대략 일정한 구도를 그대로 따라가며 그리는 예가 많습니다.

때론 그 가운데 선진적인 누군가가 등장해서 새로운 구성을 선보이기도 합니다만. 많은 화가들은, 특히나 그림을 자오自娛(스스로 즐기다)의 경지에서 노닥였던 대부분의 문인화가들은 그런 창조적인 작업을 위해 그림을 그리지는 않았으니까요. 그저 때론 필요에 따라,

* 조속趙涑. 호는 창강滄江. 우아한 까치 그림으로 유명한 문인화가. 인조반정에 힘을 보탰으나 그 공훈은 사양했다는 이야기가 전한다. 1595~1668년.

때론 즐기기 위해서 그렸을 것입니다.

그렇다면 이런 그림을 도대체 어쩌란 말인가요. 무엇에 가치를 두란 말인가요. 사실 이 문제는 제가 스스로에게 오래도록 묻고 있었던 의문이기도 합니다. 이런 그림은 그냥, 마음이 따르는 대로 보는 것이 답이지 싶어요. 주제의 의미를 새겨보는 것도 좋겠고, 그림의 소소한 구성이나 필묵의 멋 같은 것도 감상의 포인트가 될 수 있지요.

그럼 감상의 시선으로 다시 한 번 자세히 살펴보는 것이 좋겠습니다. 그림의 주제는 독특한 재미가 있었는데, 그림으로서의 매력은 어떤가요? 천재적 기량이 필요한 그림은 아니겠지만, 사실 밋밋한 그림들이라 해서 아무나 그릴 수도 없는 거겠지요. 이 화면은, 이 자체로 화가에게는 하나의 우주일 테니까요.

먹만으로 그려낸 그림들이 흔히 그러하듯, 먼저 먹의 쓰임을 살피는 것이 감상의 주요한 길잡이가 되어줍니다. 화면의 먹색은 위, 아래로는 짙은 먹의 댓잎으로 전체 공간을 긴장감 있게 싸고 돕니다. 대의 줄기는 무심하게 쓰윽, 몇 마디만을 그어내었지요.

매화 쪽을 보자면 먹색이 훨씬 옅어졌음을 알 수 있죠. 다만, 가지 중간 중간 보이는 농묵濃墨의 태점苔點은 매화의 연륜이 만만치 않음을 이야기합니다. 그나마도 가지 중간을 희게 남기는 비백飛白의 맛을 살리느라 매화 가지는 더욱 그 무게감을 덜어내는 중입니다. 꽃의 상황도 다를 바 없습니다. 붓으로 톡톡, 꽃술을 그려넣지 않았더라면 그 형상을 알아보지 못하고 지나칠 뻔했으니까요.

주인공인 새라 해서 특별한 치장이 있지 않습니다. 먹의 농도며 형상의 소략함이 어쩌면 매화 줄기에 묻혀버릴 것만 같아요. 그래서인가요? 새는 매화와 한 몸이 된 듯 자연스레 자신의 졸음에 빠진 듯 보입니다. 그것도 뒤에서 바라본, 그래서 조금 더 여운 어린 모습으로 말이지요.

어떤가요. 딱 이 주제에 어울리는 담담한 맛입니다. 졸고 있는 새에게 무슨 화려한 깃털이 필요하겠으며, 겨울을 뚫고 나오는 매화에게 어찌 요란한 향기를 덧입히겠습니까. 주인공인 새를 둘러싼 대도 매화도. 대략 같은 심정으로 이 계절을 지내고 있는 것입니다. 바로 벗의 마음으로 말입니다. 그러니 그 형상 또한 이토록 닮을 수밖에요.

이처럼 듬성듬성, 조금 헐거운 마음으로 그리는 그림. 특별히 재주를 부려가며 그리지도 않았지만, 어느 순간 눈에 드는 그림으로 불려나올 수도 있었으니. 새해 아침, 소박한 한 폭의 그림으로도 그리 나쁘지는 않아 보이죠.

나, 졸고 있는 새

재미있는 것은 이처럼 숙조도라는 그림이 하나의 장르를 형성하고 있다는 사실입니다. 이런 그림이 시작된 지점이 어디인가에 신경 쓰지 말고, 그저 느낌에 기대어 읽어보는 것도 나쁘지 않지요.

옛사람들의 마음 씀이 느껴지는 대목이기도 해요. 조는 새, 그저 졸고 앉아 있는 새. 인생 좀 살아본 이들만이 공감할 수 있는 주제인 거죠. 한 발 쉬어가는 것, 그런 머뭇거림을 긍정해주는 것. 꽤나 멋지다는 생각이 듭니다.

뿌연 세상 속에서 그 모습들 보고 싶지 않을 때, 짐짓 조는 양 눈을 감고 깊은 숨을 들이마시는 중인지도 모르지요. 어쩌면 추운 겨울을 이기느라 어깻죽지를 동그랗게 모은 채 그 바람을 잠시 피하고픈 마음일 수도 있겠습니다.

그 마음이 느껴졌던 것일까요? 새해를 조금 담담하게, 아니 추운 현실을 견뎌내지 않을 수 없겠다는 마음 때문에. 새해를 여는 아침에도 감히 호기로운 그림 한 폭 떠올리는 대신 이 그림을 품게 된 것은, 눈물겨운 생활인의 심정 때문일 수도 있겠습니다.

일찍 일어나는 새가 벌레를 잡는다고, 부지런함의 절대가치에 대해 들으며 자랐었죠. 어쩌면 부지런하다, 는 속성은 잘살 수 있다, 는 욕망의 필수 조건처럼 각인되었던 것 같습니다. 힘든 시절을 살아온 어른들 가운데는 그것만으로도 충분하다, 고 생각하시는 분들이 많았을 테니까요.

늦잠을 잔다거나 뒹굴댄다거나 하는 행동은 반듯한 인간으로서, 아니 세상에서 무언가를 이루어낼 인간으로서 해서는 안 될 몹쓸 습관이었던 거죠. 그런 게으른 모습이 선택 가능한 생활 형식일 수는 없었겠지요. 그 잉여의 시간이 만들어낼, 어쩌면 몹시도 창조적인 무언가가 있을지도 모르는데 말입니다.

사람마다 각기 다른 생체 리듬이 있게 마련이고 지향하는 가치가 다른 것도 자명한 바. 하필이면 저는 이른바 '아침형 인간'과 매우 거리가 있는 유형이었던 것입니다. 하여 마음 한구석에 스멀스멀 의구심이 피어오르더란 말이지요. 어쩔 것인가, 내가 찾는 벌레는 야행성인데.

이런 때에 마침, 한참 벌레를 찾아다녀야 할 새 한 마리가 태연히 졸고 있는 그림을 만난 거죠. 이 묘한 쾌감이라니! 뭐랄까요. 마음이 통하는 벗을 만난 것 같은 뭉클함이라 해도 좋겠지요. 추운 계절을 견디는 주인공에 대해 연민을 넘어 동화가 되는가 싶더니, 어느덧 일체의 경지를 체험할 지경이었습니다.

그렇게 나를 위로하면서

어떻게 살아갈 것인가, 를 굳이 시간을 내어서라도 하룻밤쯤은 고민하게 되는 게 마침 새해를 맞는 그 무렵이죠. 새해의 밝은 태양을 기다리는 밤, 떠오른 그림이 숙조도였던 것은 그 고민의 방향 때문이기도 했나 봅니다. 자기의 색에 맞는, 그런 삶을 사는 게 답일 거라고 말입니다.

속도를 맞추는 것, 같이 살아가는 세상에서 무시할 수 없는 덕목인 건 분명하지요. 하지만 무엇을 위해 속도를 내는가, 그 방향은 누가 어떻게 제대로 설정한 것인가. 그런 생각 앞에서 그림 속의 새는 천천히 생각하며 한 해의 방향을 가늠하고 있을 거라고.

새해가 시작되는 날, 이왕이면 세상을 제압하는 한 마리 매의 기상을 담은 호취도豪鷲圖 한 폭 앞에서 마음가짐을 달리하는 것도 좋은 일입니다. 그게 좀 낯간지럽다면, 스스로의 색채에 어울리는 그림 속에서 한 호흡 잠시 쉬어가는 건 또 어떤가요. 사실 세상은 충분히 바쁘게 돌아가고 있으므로, 스스로 자신에게 휴식을 만들어주지 않는다면 누구도 내게 쉬어가라고, 한 걸음쯤 천천히 걸어도 괜찮다고 말해주지 않을 것 같습니다.

세상을, 세상이 굴러가는 이치를 알 만해지니 더 그런 생각이 듭니다. 새해라 해서 희망으로 현실을 덮어버릴 수만은 없겠다고. 저 동쪽, 어느 신성한 봉우리에서 밝고도 찬란한 태양이 갑자기 솟아나와 줄 리 없는 것이 우리네 세상사이니.

그냥 이렇게, 소박하게 시작하는 새해 아침도 나쁘지 않습니다. 자신에게 주는 휴식, 그러면서 천천히 새해의 공기를 느껴보는 거죠. 한 해, 또 살아가보자. 내 길 위에서, 가끔은 꾸벅꾸벅 졸면서 쉬면서. 그렇게 나를 위로하면서.

•

조지운趙之耘. 문인이 즐겼던 그림이라면 대략 이 정도의 느낌이었을 것이다. 문인화가의 그림이 아직 문인의 이름에 어울리던, 17세기의 분위기를 느끼게 한다. 역시 문인화가로 유명한 아버지 조속 아래서, 아마도 눈을 기르고 손을 다듬었을 것이다. 남인 출신의 재상 허목許穆에게 그림 한 장을 그려준 것이 노론의 지탄을 받아, 결국 절필을 했다는 이야기까지 전하는 것을 보면, 문인에게 그림이란, 그저 한때의 흥으로 남겨질 수만은 없었던가보다. 매창梅窓, 매은梅隱이라는 호에서 알 수 있듯, 절조 있는 매화의 아름다움을 즐겨 그렸다. 「매상숙조도」「묵매도墨梅圖」 등이 전하는 바, 기교가 아닌 마음으로 이야기하는 그림들이다. 호 매창梅窓, 1637~?년.

방과 창 사이

새로움이란 이제 운명을 다한 것일까. 세상은 정녕 복고만으로 버텨야 하는 건 아닐까. 그런 생각이 들기도 합니다. 그럴 만도 하지요. 무려 수천 년을 우려먹었으니. 문화라는 것이 무얼 더 새롭게 만들어낼 기력이 남았겠나 싶어져요. 복고든 재해석이든, 순수한 의미의 '창創'은 아닌 것 아닌가 심드렁해지기도 합니다.

한동안 그 심드렁이 불러온 무기력을 상대로 뒹굴거리고 있었는데. 그녀의 목소리 말입니다. 그 노래를 들으면서 심드렁은 그저 나의 핑계일 뿐인가, 흔들리기 시작했던 겁니다. 분명 창은 아니되, 창이 아니라 할 자신도 없었으니까요.

빌리 홀리데이*의 〈글루미 선데이Gloomy Sunday〉**. 원조가 아닌 것이 무슨 문제인가, 감동을 주는 데 부족할 것 없다는. 어찌 보면 당연한 사실을 새삼 돌아보게 합니다. 그녀가 최고의 재즈가수였든, 어떤 창법唱法을 새로이 만들어냈든. 그런 것에도 무지했으나 이 또한 상관없었지요. 마음을 열고 깊은 곳을 흔들어놓습니다.

한참을 듣다보니 다시 그림 생각이 오락가락입니다. 노래라면 그럴 수 있지. 저마다의 창법도, 음색도 그처럼 다양하니까. 게다가 변주變奏라는 근사한 배경까지 받쳐주고 있으니 운용의 폭은 또 얼마나 넓단 말이냐…. 이런 생각으로 돌아가더니. 하필이면 나는 그림, 그것도 옛날 그림 얘기냐. 내 주인공이 음악이 아님을 한탄까지 하면서 그 심드렁을 이어가려던 기세였습니다만.

이 무슨 게으른 한탄인가요. 옛 그림에 어찌 변주가 없단 말입니까. 변주를 넘어 창의 세계를 엿보는, 작가 정신. 이름은 전혀 산뜻하진 않지만 그 뜻만은 한없이 자유로운. 옛사람들은 이를 일컬어 '방倣'이라 했습니다.

---

* 빌리 홀리데이Billie Holiday. '재즈 역사상 가장 영향력 있는 보컬'이라는 평이 무색하지 않다. 그 지독한 고통들을 뜨겁게 녹여낸 까닭일까. 독특한 창법으로, 가슴을 헤집는. 그녀의 목소리는 그야말로 하나의 '소리'다. 1915~59년.

** 레조 세레스Rezső Seress가 1933년 발표. 이 노래로 인해 자살이 속출하자 헝가리에서는 금지곡으로 지정하기도 했으나, 수많은 가수의 다양한 재해석으로 오늘도 그 우울함을 이어가고 있다.

이렇게 방의 정신으로

두 폭의 나란한 산수화가 있습니다. 허유의 작품입니다. 두 그림은 분위기며 필법이 그럭저럭 비슷해 보입니다. 그리고 이런 생각으로 이어지죠. 우리가 흔히 옛날 산수화, 라고 이야기할 때의 딱 그 정도의 그림이구나…. 제목마저 그냥 「산수도」라 했으니까요.

화가가 들었다면 무슨 소리냐며 펄쩍 뛸 수도 있겠지요. 어찌 그리 안목이 없는가, 안쓰러워할지도 모릅니다. 이른바 '방'의 정신으로 바라보아야 하는 것입니다. 화제가 근거가 될 수 있겠습니다. 두 폭을 나란히 읽어봅니다.

> 부춘산富春山 아래로 집을 짓고 싶나니
> 물가 가까운 곳으로 초가집을 지으리라.

> 운림雲林의 기이한 흥취 더욱 고상하고 외로워
> 고목과 텅 빈 집도 태호 곁에 두었다.*

그의 뜻은 부춘산과 운림으로 족합니다. 황공망**의 「부춘산거도富春

---

* 화제의 우리말 해석은《조선 말기 회화전》(리움, 2006년)을 따랐다.

** 황공망黃公望. 원말 사대가의 한 사람. 피마준법을 즐겨 사용했다. 대표작은 그 흥미로운 일화들로 더 유명해진 〈부춘산거도富春山居圖〉. 1269~1354년.

山居圖」를, 그리고 그 호를 운림이라 했던 예찬*을 생각하며 그렸다는 말이지요. 그 배경 또한 복잡할 것 없습니다. 스승인 추사 김정희에게 배웠던 문인화의 정수가 바로 이 예황**의 필법이라 했으니까요.

허유의 그림은 제게도 꽤 오랜 시간 숙제 같은 느낌이었습니다. 답답함 때문인 거죠. 그의 그림에 도대체 개성이나 생기가 없어 보인다는 것. 어쩐지 스승의 말을 너무 열심히 받아 적는, 그리고 그대로 답안을 제출하는 모범생 같다는 것. 그런 마음으로 편치가 않았습니다.

19세기 후반을 생각해보면 이 정도의 필력이 거의 없다는 것만은 사실입니다. 특히 정통 산수를 그리는 화가 가운데 허유 정도의 솜씨는 찾을 수 없을 정도죠. 김정희가 그를 눈여겨본 것이 다 까닭 있겠죠. 예황의 필법을 따르라는 스승의 주문을 허유만큼 잘 살릴 수 있는 화가도 없었습니다. 그의 작품에 방작倣作이 많은 이유일 것입니다. 그리고 그 작품들이 너무 비슷비슷해 보이는 것도 사실 이런 배경 때문이었겠죠.

대치와 소치 사이

허유의 마음을 이해 못할 것도 아닙니다. 자신을, 저 한미한 곳에서

* 예찬倪贊. 역시 원말 사대가의 한 사람. 까칠한 갈필의, 단순한 화면 구성이 트레이드마크다. 중국은 물론, 조선 문인 사이에서도 인기가 높았다. 1301~74년.

** 예황倪黃. 예찬과 황공망을 함께 이르는 말. 그들이 추구한 문인화의 정신을 뜻한다.

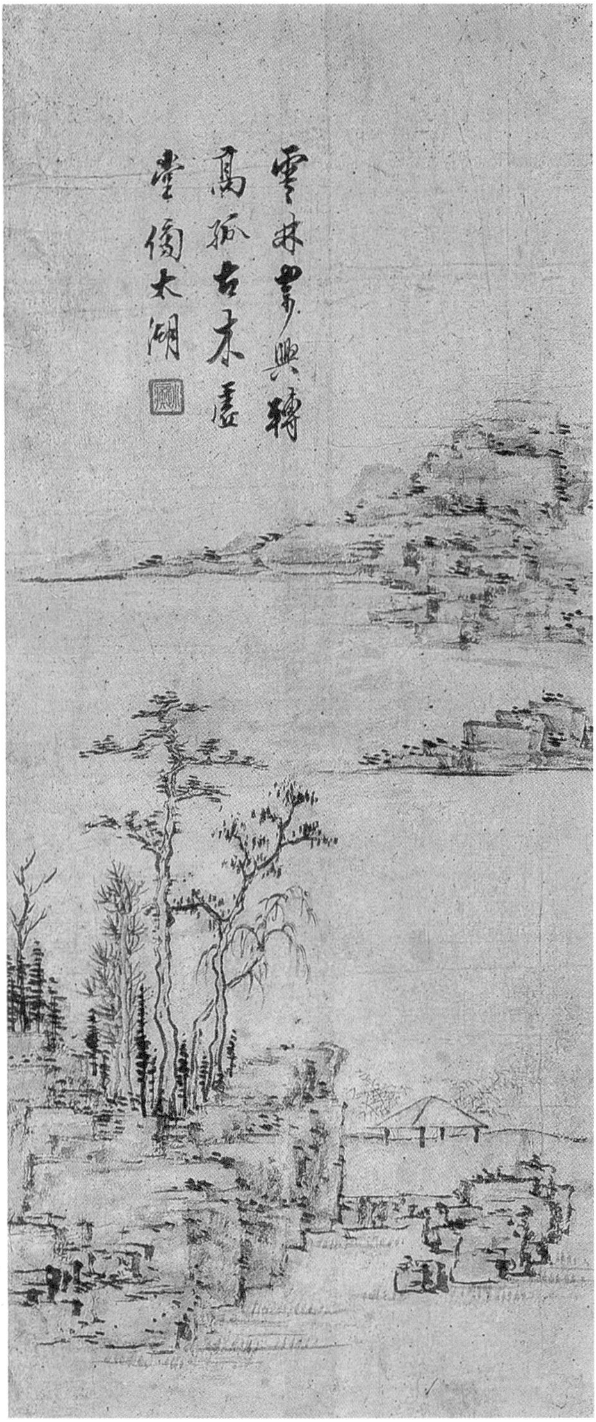

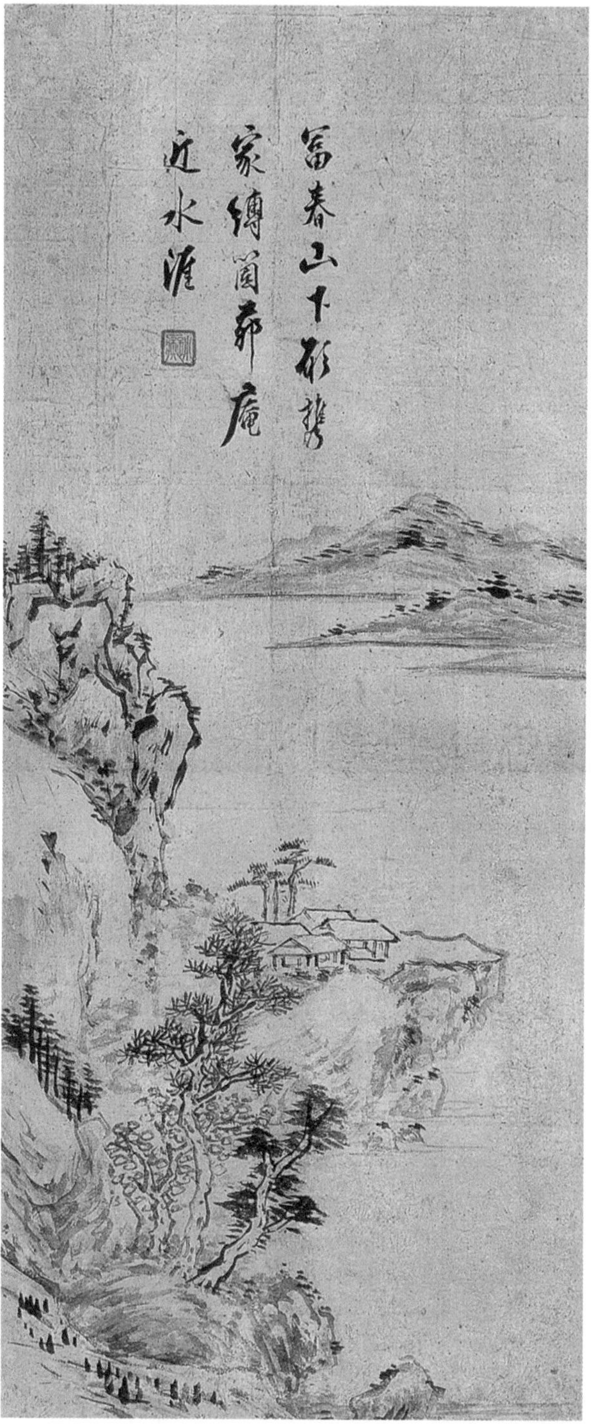

허유許維「산수도山水圖」2폭

서울로 올라온 자신을. 김정희와 만나게 해준 것은 바로 그림 재능입니다. 그에게 그림이란 자신이 기댈 수 있는 모든 것이었겠죠. 스승의 이론에 따라, 그의 뜻을 그림으로 옮겨낼 수 있다는 것만도 큰 기쁨이었을 것입니다. 그렇게 서울의 안목들 사이에서 사랑을 받으며 화업을 이을 수 있으니. 열심히 하지 않을 이유가 없습니다.

오죽하면 김정희가 그에게 내려준 호가 소치小癡일까요. 대치大癡 황공망을 염두에 둔 것이었으니. 자신을 대치에 빗대어 격려해준 그 뜻을 마음에 깊이 품었을 것입니다. 대치와 소치. 대치를 따라 그리는 소치…. 그에겐 이 이름이 곧 자신의 길이라 여겨졌음은 당연한 일이죠. 그 자신의 거처를 운림산방雲林山房이라 한 것 또한 그렇습니다. 운림이란 바로 예찬의 호가 아니던가요. 그는 그렇게 예황의 그림 속에서 자신의 정체성을 세워나갔을 것입니다.

하지만 언제까지 그럴 수 있었을까요. 보는 사람도 지루해질 만한 이 방작의 세계. 그는 정말 아무렇지 않았을까요. 사실, 그의 붓을 가만히 들여다보면 예찬이든 황공망이든, 태생적으로 그들과 아주 닮았다고 말하기는 어렵지 싶어서요. 그저 '생각'으로 따른 것은 아닐까… 그런 생각이 듭니다. 그렇다면 언제까지 따를 수 있을까요. 재미없는 일입니다.

사실 방작은 그저 따라만 하라는 모방과는 다릅니다. 이 방의 뜻을 너무 곧이곧대로 받아들이면 원작자도 좋아하지 않았을 지루한 '모模'가 되어버리고 맙니다. '방'이라는 이 독특한 동양화의 전통은 예술의 속성을 꽤나 융통성 있게 받아들인 멋진 생각이죠. 똑같이 그리라는 것이 아니니까요. '창創'으로 가는 통로로 삼아라…. 너그러운 생각이기도 합니다.

살면서 그런 생각 들기도 했죠. 저런 사람처럼 살고 싶다, 는 그런 선배 하나쯤 있다면 방향 잡기가 수월하진 않을까…. 하지만 위험이 너무 크다 싶습니다. 만약 말입니다. 내가 가진 색채가 그의 것과 같지 않다면, 오히려 나를 수정하다가 너무 오래 서성이거나, 혹 진짜 나를 보지 못하고 거기에서 내 색 찾기를 그만두어버릴지도 모르니까요. 방의 시절이 너무 긴 것은 아닌가. 걸어온 길을 가끔씩은 돌아봐야 할 일입니다.

허유에게도 돌아보아야 할 순간이 옵니다. 스승의 죽음과 그로 인한 낙향. 어쩌면 허유에게는 자신을 발견할 새로운 전환이 되어준 것 아닐까요? 홀로 남겨진 그곳에서 그는 진정한 자신의 색을 고민하기 시작했을지도 모르겠습니다.

한 걸음 더 나간 곳에

두 폭의 나란한 그림을 봅니다. 예황에게 보내는, 아니 스승에게 보내는 자신의 마음이었을 것입니다. 그는 이 방작의 시간을 닫고 자신의 창으로 들어설 수 있었을까요? 아마, 그럴 수 있을 것 같습니다. 작품에 보이는 묘한 균열. 이제 나의 길을 찾겠다는 인사처럼 보이기도 합니다. 작품 속의 저 푸른색과 물기 머금은 먹의 느낌…. 예황은 그렇지 않았습니다.

황공망의 부춘산은 색을 허용하지 않았지요. 그 자신이 사랑한 피마준*의 능선만이 가득했으니까요. 게다가 예찬의 붓이 어디 이처럼 촉촉하고 따뜻했던가요.

허유는 분명 예황을 말하고 있습니다. 하지만 이제 그들을 단순히 방하는 데서 나아가려는 것입니다. 그들의 그림은 이제 그 정신을 따르는 것으로. 방의 시대를 갈무리하려는지도 모릅니다. 그렇게 하나의 그림은 또 다른 그림을 여는 창이 됩니다. 모와 창 사이에서, 끊임없는 방 속에서 자신을 찾으려 했던 화가에게는 말입니다.

사실 허유가 낙향하기 이전부터 조선의 화풍은 급격한 변화를 보이고 있었습니다. 그 또한 모르지 않습니다. 자신이 예황의 필법을 방하고 있을 때, 옆 동네에서는 이미 조희룡이 그 화려한 홍백매를 피워내기 시작했죠. 조희룡을 에워싼 그의 무리가 전혀 새로운 감각이라 말해도 좋을, 그런 그림들을 그려내기 시작한 것입니다. 방 같은 것, 있어도 그만 없어도 그만이라는 표정이죠.

이런 때에 허유는 오직 옛 문인화를 방하고 있는 것입니다. 마음… 흔들리지 않았을까요? 생각해봅니다. 조용한 클럽 안, 빌리 홀리데이가 노래를 부르기 시작합니다. 듣는 우리야 넋을 놓고 빠져들겠지만 같은 무대에 서야 하는 가수라면, 어찌 마음 초조하지

---

* 피마준披麻皴. 마의 올을 길게 풀어놓은 모습에서 연유된 준법皴法의 이름. 이는 황공망의 그림과 무관치 않으니. 준을 고른다는 것은, 그저 하나의 필법을 선택하는 일만은 아니었다.

않겠습니까.

물론 허유로 보자면 방작의 시절, 얻은 것은 그야말로 엄청납니다. 안목을 높이며 필력을 다졌고 화단에 제대로 데뷔할 수 있었죠. 이것이 그를 지탱해준 힘이겠지요. 낙향을 한 이후라 해도 그의 마음은 그 시절을 기억하고 있습니다. 그러니까 자신만의 색채를 고민할 정도가 되는 거죠. 큰 세상을 본 다음이었으니까요.

충분한 방작의 시간 이후 그를 에워싼 바람막이마저 사라졌을 때. 그는 비로소 눈을 뜨게 되었을 것입니다. 이때 잘해야겠죠. 자칫 바람에 흩날려버릴지도 모릅니다.

화면 속에는 아직 온전한 창을 이루지 못한 한 화가의 머뭇거림이 보입니다. 그래도 한 발쯤은 슬쩍 빼어보는 중입니다. 다음 그림이 다시 안전한 방으로 돌아올지, 온전히 창의 세계로 걸어들어갈지…. 그야말로 그 자신에게 달렸습니다. 하지만 이미 이 푸른색의 은근함을 알아버렸으니, 물기 어린 붓맛을 느껴보았으니. 걱정하지 않기로 합니다.

방, 이라는 놀이

그렇다고 '방'의 정신을 홀대할 마음은 없습니다. 사실 방작이야말로 자신이 없으면 함부로 겨룰 수 없는 형식이라 해야겠죠. 이건 예찬의, 이건 황공망의… 누구의 필법으로 그린다고. 아예 대놓고 적극적으로 따르는 것은 쉬운 일이 아니니까요. 나란히 늘어놓은 그림들 사이에서 때로는 확연히 드러나 보이는 필력만으로 비교당할 수도 있습니다.

이 '방'이 제대로 안 되었을 때 정말 의미 없는, 지겨운 그림이 되어 버리고 맙니다. 실제로 방작에 능한 화가들은 그림 그리는 솜씨만큼은 대단했던 이들입니다.

사실이 그렇습니다. 누군가의 필법, 해석까지 가는 것도 쉽지 않은데 그걸 다시 내 붓으로 풀어내야 합니다. 전체를 꿰뚫어 알지 못하면 도대체 그 얘기 사이에 끼어들 수도 없습니다.

누구의 필법 운운한다는 것은, 그 이전에 기초 과정이 잘 닦여 있다는 말도 됩니다. 이게 무얼 그린 건가요?라는 물음과, 그건 대치의 필법이랑 좀 다르지 않은가요?라는 의문은 질문의 차원 자체가 다릅니다. 일종의 유희라 해야겠지요. 아는 사람끼리 주고받는 놀이 같은 것 말입니다. 이럴 때 잘못하면 놀이판이 깨지기도 하죠.

게다가 그저 따르는 것만이 진정한 '방'이라 할 수도 없습니다. 그건 정말 슬픈 일이죠. '방'은 하나의 즐거움이어야 합니다. 그래야 비로소 '창'이 들어설 자리가 생기는 거겠죠. 좀 덜 잘 그릴 수는 있는 거죠. 그래도 자신의 '창'이 드러났다면 그것은 오히려 의미 있는 '방'이 됩니다. 재해석이라 해도 좋겠는데. 이름이야 어찌 되었건. 이거야말로 진짜 '놀이', 예술에 가까운 것 아닐까요?

원작이랑 똑같이 그린다면… 그건 그저 임모臨摸거나 심지어 위작僞作이 될 수도 있겠죠. 스스로의 이름을 내세우지 못하니 영원한 이류가 되는 겁니다. 아예 내 멋대로 놀 수 있는 삼류가 차라리 자유롭습니다. 사실 이 위작 작가들 가운데는 솜씨만으로는 그 원작자보다 못하지 않은 이들도 있겠지요. 어쨌거나 똑같이 그려야 하니까요. 그런데 그 좋은 솜씨로 영원히, 남의 것을 '모'하기만 한다면 안쓰러운 일입니다.

개성이다, 다양함이다, 말하는 요즘도 그렇죠. 유행하는 창법이 있겠고, 선두에서 스타일을 이끄는 대가가 있습니다. 아예 고개 돌리고 듣지 않기에는 그 무게가 너무 크고, 듣다보면 저도 모르게 따라할 수도 있습니다. 문제될 것 없다 싶습니다. 이런 과정이 없는, 하늘에서 뚝 떨어진 예술이란 것이 가능할까요? 그것이 오히려 의아하죠. 문제는 그 다음 과정을 보여줄 수 있느냐, 그것입니다.

방이란, 창을 포함하는 여유입니다. 따라해봐도 좋다는 넉넉함, 혹은 자신감인 것입니다. 그게 그거다 싶은 노래, 유행만 따라가는 그림, 동어반복으로 지루한 글들…. 그런 것들은 방과는 전혀 무관함을, 정녕 관련 없음을. 감히 방의 그 여유로운 해석 정신을 변호하고픈 마음입니다.

나의 색, 나의 창

살다보면 스스로는 알게 됩니다. 나의 삶, 나의 색이 무엇인지. '방'의 시간이 이어지면서 마음 조급한 것도 사실이고, 때로는 너무 오래 서성이다 그것이 내 색이라 오해한 일도 있었지요. 미미한 출발이면 어떤가요. 진도의 작은 집에서 자신의 길을 만들어간 화가처럼. 내 색채를 찾아 살기로 마음먹었으면 그만인 거죠.

'방'의 달콤함에 안주하지 않겠다고. 새로운 '창'으로 들어서보겠다고. 더디게 가더라도 나의 색을 고민하며 살겠다고. 새로운 것이 사라져가는 시대라 해도 정녕 절멸해버리지는 않았을 것입니다. '방'에서 '창'을 끌어낼 수는 있을 테지요.

우울한 일요일을 정말 한없이 깊게 끌어내리는 빌리 홀리데이의 노래를 들으면서 그리 생각한 적도 있습니다. 그녀의 소리는 얼마나 많은 가수들에게 절망을 주었을까. 하지만 아니다 싶습니다. 누구나 그녀처럼 불러야 하는 것은 아닙니다. 그럴 수도 없겠지만 그럴 필요도 없겠죠. 빌리 홀리데이는 하나의 절정입니다. 그런가 하면 헤더 노바*의 일요일은 그녀만의 풍성한, 무언가 색다른 우울함이 있지요. 주제가 같다고 해서 새롭지 못할 이유 따윈 없을 것입니다.

어느 일요일에는 스산한 우울함을, 또 다른 일요일에는 나른한 우울함을. 저마다의 창법으로 저마다의 색채로… 저마다의 아름다움을 이룬 것입니다. 그런 것 같습니다. 진정한 '방'은, 아름다운 '창'입니다.

---

* 헤더 노바Heather Nova. 버뮤다 출신의 가수로 작곡가와 시인으로도 활동. 다채로운 소리의 결, 무심한 듯 스산한 창법이 매력이다. 1967년~.

•

허유許維. 새로운 미감이 넘실대는 19세기 화단에서 전통 산수로 우뚝 선 이름이다. 김정희를 스승으로 모시고, 그의 문인화론을 충실히 따른 산수화를 그리면서 화명을 얻기 시작했다. 소치라는 호는 원대의 화가 황공망(호 대치大癡)을 본받으라, 김정희가 붙여준 것이다. 고향 진도에는 스스로 '운림산방'을 마련하여 예찬(호 운림雲林)의 뜻을 품었다. 여러 작품에 반복되는 유사한 구도로 인해 그림이 다소 지루하게도 느껴지는데, 차분한 화면과 안정된 필력만큼은 당대 제일의 산수화가라는 평을 따라도 좋겠다. 산수뿐 아니라 모란 그림에도 능하였으며, 김정희를 그린 여러 점의 초상화도 전한다. 호 소치小癡, 1809~92년.

그럼에도 불구하고

묽다, 淡

여전히 궁금하고, 가슴 설렙니다.
이미 알고 있으되 아직 온전히 알지 못하기 때문이겠죠.
그래서 다시 만나고 싶다는 그리움을 낳습니다.
그림이란 정녕, 이런 것이어야 합니다.

첫사랑 생각난다

첫눈이 내립니다. 첫눈은 그 자체로 선물이지요. 이렇게 눈 내리는 날엔 이용악*의 시 한 구절이면 족하겠다, 그런 생각을 합니다.

눈이 오는가 북쪽엔
함박눈 쏟아져 내리는가

* 이용악李庸岳. 시대를 노래하기만도 벅찬 시절에 이 절절한 아름다움이라니. 공간에 대한 풍성한 시각이, 서사에 대한 남다른 감각이, '시인'의 깊은 감성과 만났다. 1914~71년.

험한 벼랑을 굽이굽이 돌아간
백무선 철길 우에
느릿느릿 밤새워 달리는
화물차의 검은 지붕에

연달린 산과 산 사이
너를 남기고 온
작은 마을에도 복된 눈 내리는가

잉크병 얼어드는 이러한 밤에
어쩌자고 잠을 깨어
그리운 곳 차마 그리운 곳

눈이 오는가 북쪽엔
함박눈 쏟아져 내리는가*

어쩌자고 잠을 깨어

물론 앞뒤 잘라내고 한두 구절만을 음미하는 시 읽기는 거의 폭력이겠지요. 맥락을 무시했으니 오독의 위험에 처하게 마련이죠. 예의가

---

* 이용악, 〈그리움〉, 1947년.

아닌 겁니다. 그걸 모르지 않음에도 가끔씩은 한두 구절만으로도 부족하지 않은, 그런 묘한 상황이 있습니다. 바로 이 구절 '어쩌자고 잠을 깨어'의 절묘함이 그렇습니다.

작품 속의 화자는 속수무책입니다. 어쩌자고 잠을 깨어, 그리움으로 온밤을 적셔야 하는가. 대책 없는 이 그리움 앞에서 어쩌자고 잠을 깨어버린 스스로를 탓할 뿐. 시를 읽는 저 또한 속수무책입니다. 멍한 채로 이 기막힌 구절만을 되뇌고 있을 뿐이었어요. 어쩌자고… 라니요! 시인의 그리움은 온몸으로 겪어낸 진심이었을 것입니다.

그랬을 것입니다. '어쩌자고'의 이 속수무책이야말로 사랑의 본질 아니던가요. 이유도 논리도 무엇도 필요 없는 강한 끌림인 것입니다. 어쩌자고 잠을 깨어, 함박눈 펑펑 쏟아지는 밤에, 그 함박눈 더 시리게 내릴 그곳에 있는 '너'를 생각하는 마음. 주체할 수 없는 사랑이란 이런 마음이겠지요. 시인이 노래한 것이 첫사랑의 뒤척임은 아니었을지라도, 본질적으로 사랑이란 그런 것이겠다 싶습니다.

그렇겠죠. 눈 내리는 밤은 그것만으로도 이유가 됩니다. 사랑에 빠지지 않는다면 오히려 이상할 것 같습니다. 이미지만으로도 마음을 달아오르게 하는 강렬함이 있지요. 차가운 눈 위의 뜨거운 사랑. 하얀 눈발 속의 붉은 마음.

눈 내리는 밤… 이런 날에 어울리는 사랑 이야기가 있습니다. 눈 내리는 밤이면 이용악의 시가 떠오르는 것처럼, 그의 시구 위로 조희룡의 그림 「매화서옥도」가 겹쳐집니다. 어쩌자고 잠을 깨어 그리움을 토로하는 한 시인이 등장하지요.

하지만 곰곰 생각해보면 좀 이상한 일입니다. 사실, 그림 속의 한 남자가 취한 것은 눈 내리는 밤은 아니거든요. 눈 내리는 밤에 핀 꽃, 매화에 취한 것입니다. 하나인 양 닮아 있는 눈과 매화의 이미지, 그리움 때문에 긴 겨울밤을 지새웠을 두 남자의 마음이, 그 마음의 결이 다르지는 않을 것이기에. 제 마음 또한 그리 흐른 것일까요?

누군가에겐 그 첫사랑이 영원한 사랑으로 남기도 한다는데. 이 화가도 그랬나 봅니다. 설마 그럴 리가… 고개를 갸웃거리게 됩니다. 게다가 그는 화가였는데? 시인이기도 했다는데? 여느 사람들과도 비할 수 없는 수많은 빛깔의 감정 속에서 살아갔을 그에게 어찌 이런 사랑이 가능했단 말인지요.

첫사랑의 설렘을 얼마나 오래도록 간직할 수 있는지, 그리고 얼마나 더 큰 사랑으로 영원히 키워갈 수 있는지… 조희룡은 그림으로 이야기합니다. 그의 사랑 이야기를 들어봐야겠습니다.

어쩌면 미친 사랑

매화를 사랑한 화가라 말은 했지만 조선에서 매화를 즐긴 이가 어찌 조희룡뿐이겠습니까. 어지간히 그림을 안다는 이들치고 매화 한두 폭 남기지 않은 이가 없을 정도였죠. 하지만 여느 화가들의 '매화도梅花圖'는 사랑의 결과물이라기엔 어쩐지 어울리질 않습니다. 무언가를 좋아한다, 이해한다, 그래서 즐긴다… 이걸 사랑이라 말할 수 있을까요?

결이 다른 감정인 것을요.

조희룡의 매화 그림에 이르러서야 비로소 사랑을 이야기할 수 있겠다 싶습니다. 농밀한 아름다움이라 할까요? 그의 매화는 느긋한 감상만으로 얻은 것은 아니었죠. 마음의 주고받음에 그치는 것도 아닙니다. 빠지다, 취하다 등의 촉각과 후각까지 동원되어야 전할 수 있는, 한창 사랑으로 달아 있는 연인의 숨결이 느껴지는. 몹시도 에로틱한 아름다움입니다.

조희룡은 매화를 생각이 아닌 마음으로 느꼈던 것입니다. 매화는 눈 속에 피는 고고한 꽃이지, 라는 사람들 앞에서 그는 이렇게 말하는 것만 같았어요. 매화는… 농염하도록 아름다운 꽃이야. 하여, 그의 매화는 눈부신 화려함으로 제 모습을 드러내는 데 주저함이 없습니다. 사랑에 빠진 한 사내의 격정적인, 그러면서도 섬세한 손길 그대로입니다.

그의 매화 사랑이 절정으로 드러난 「매화서옥도」 또한 그런 뜨거움이 있습니다. 하지만 감각적인 사랑인가 하면 그것과는 또 다른 경지에 올라선 것 같기도 한. 첫사랑이 영원한 사랑으로 이어질 수 있겠다는, 그런 생각이 듭니다.

첫사랑을 처음 그대로 이어가는 것이 과연 최선의 길인가요? 역시 그건 아닌 것 같지요. 만약 조희룡의 매화가 첫 작품의 신선함 그대로 평생을 이었다면, 그의 매화가 이처럼 시대를 건너며 사랑받지는 못했을 것입니다.

사랑 또한 살아 있는 생명과 다르지 않겠죠. 그 모습 그대로라면 시들어가는 슬픔을 피할 수 없을 테니. 헤어짐으로 끝맺지 않으려면, 그 자리에서 멈추지 말고 자라나는 수밖에요. 조희룡의 매화는 그렇게 더 아름다워지는 중이었습니다. 그리고 결국 이 그림에 이르게 된 거죠.

그래서 이런 매화

「매화서옥도」는 위아래도 길쭉한, 제법 커다란 화면이에요. 그림 앞에 서면 잠시 생각에 잠기게 됩니다. 이 큼직한 화면이 필요했던 이유는 오직 그것이었구나… 느껴지죠. 등장하는 소재라고는 별것 없으니까요. 제목에서 이야기한 그대로, 매화가 가득한 설산雪山과 한 사내가 들어앉은 작은 서옥書屋이 전부입니다.

첫 느낌으로 말하자면 엄청나게 화려한, 몹시도 감각적인 화면이었어요. 그렇다고 색채에 의존한 것이냐 하면 그쪽은 아닙니다. 조희룡의 여느 매화 그림이 강렬한 붉은색을 즐겼던 것과는 달리, 이 작품을 주도하는 색채는 설산과 백매로 이어지는 하얀색입니다. 서옥의 경우도 그리 다르지 않지요. 담채를 풀어 은은한 색조를 더했을 뿐. 여느 조선 회화의 색채를 넘어서는 그런 과감함은 아닙니다.

그렇다면 이 화려한 느낌은 색채 자체의 화려함보다는 흑과 백의 대비에서 오는 강렬함 덕이겠지요. 눈과 매화의 눈부심을 위해, 깊은 먹빛은 배경으로 서기를 마다하지 않습니다.

여기에 붓의 쓰임은 어떤가요. 이야말로 화려함의 근원일 것입니다. 거칠게, 더 거칠게, 그리고 한 번은 부드럽게. 날카롭게 꺾인 매화가지나 설산을 보노라면 묘한 조형미가 느껴지기도 합니다. 완만하게 감싸인 산이 아니라 격한 숨을 내뿜는, 그런 산의 형상이지요. 그렇게 이 먹과 흰빛의 대비는 붓끝의 느낌에서 한 번 더 강조된 것입니다. 그 붓끝을 따르자면 숨이 막힐 지경입니다. 그런데도 서옥 속의 사내는 고요함 속에 잠겨 있습니다.

정말 그런 생각이 듭니다. 사랑에 빠진 채 혼자의 공간에서 그 설렘을 충분히 음미하고 있구나… 그림 속의 그 남자. 아마 그 밤을 온통 새우던 중이겠죠. 눈발 사이로 온 산을 뒤덮은 매화가 사내의 서옥 앞까지 그 깊은 향을 흘리던 밤이었을 테니. 매화를 위해 눈 내린 날을 헤아리며 깊은 밤을 기다리던 옛 시인들의 뜻을 알 만한 일입니다. 하여, 매화의 향기를 암향暗香이라 한 것이겠지요. 그 느낌에 절감하는 순간입니다.

화가는 더 이상의 무엇도 필요하지 않은, 자신을 위한 하나의 완전한 세계를 만들어낸 것입니다. 그에게 필요한 건 온 산 가득한 매화뿐이었으리니. 그림 속 사내의 입장에서 봐도, 그 사내에게 자신을 투사했을 화가의 입장에서 봐도 같은 결말입니다.

▶ 조희룡趙熙龍「매화서옥도梅花書屋圖」

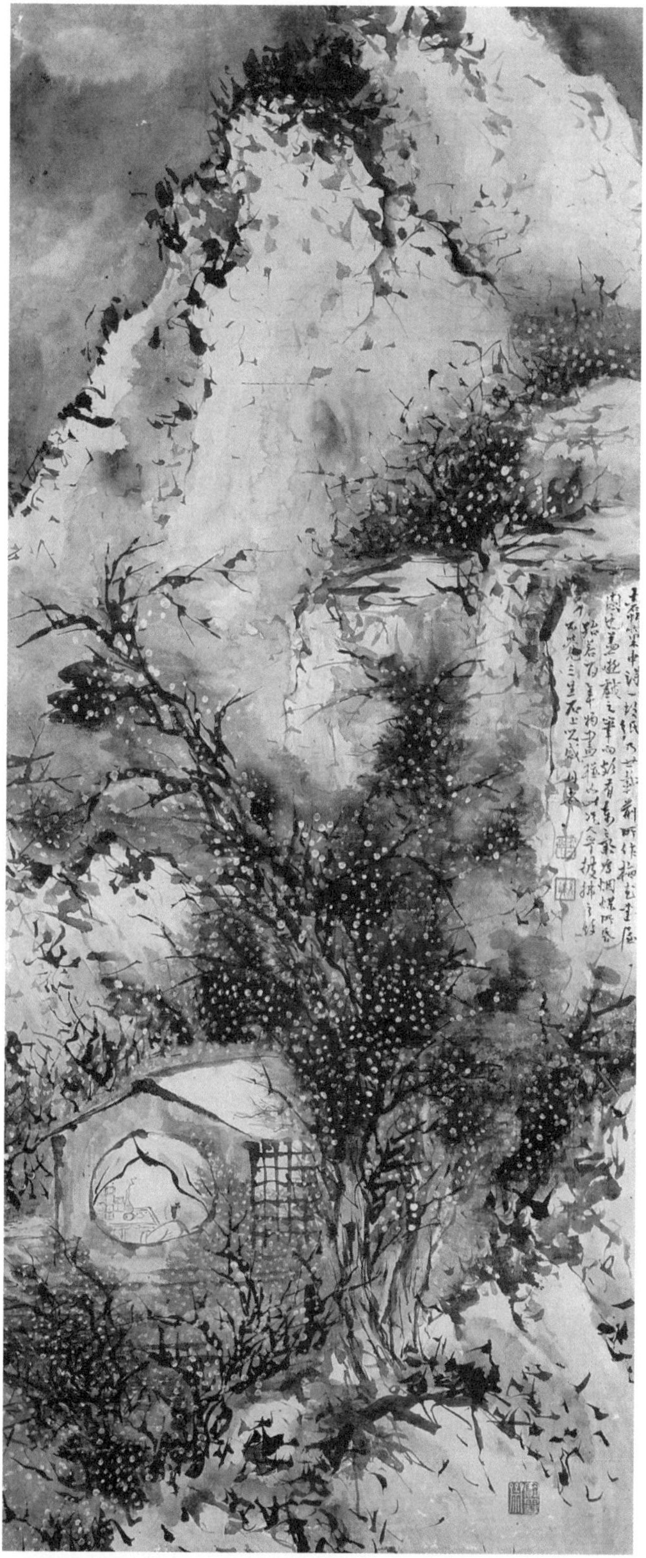

「매화서옥도」는 그 주제부터가 매우 낭만적인 이야기에서 출발합니다. 속세에서 훌쩍 벗어난 시인의 이야기지요. 주인공은 중국 송나라 때 시인인 임포林逋라는 사람으로, 널리 알려진 그 이야기, 매처학자梅妻鶴子의 고사*를 남겼습니다. 낭만을 꿈꾸던 이들, 예술을 좀 안다는 이들 사이에서 사랑받는 주제였을 거예요. 조희룡의 입장에서 보자면 어떤가요. 매화를 사랑하다 못해 매림梅林에서 평생을 은거했다는 시인에게 단순한 호감을 넘어 진정한 일체감을 느끼지 않았을까요?

조희룡은 「매화서옥도」마저도… 매화를 위해 그렸던 것 같습니다. 작은 서옥에 들어앉아 매화를 음미하는 그 시인은 물론 조희룡 자신의 모습이겠지만. 이 그림의 주인공은 진정 온 산을 뒤덮고, 그 향으로 화면마저 정지시켜버린 매화입니다.

이 「매화서옥도」로 인해 조희룡의 매화는 그저 '매화도'라고만 이야기할 수 없게 되어버립니다. 장르 자체를 뛰어넘어 산수화의 자리로 들어선 것이지요. 그것도 그저 산수화의 한 배경이 아닌 주역으로 등장하게 됩니다. 어느 매화도 누리지 못한 행운이었죠. 사랑하는 이에게 바치는 최고의 선물 아닌가요.

---

* 매화를 아내로, 학을 자식으로 삼아 은거하였다는 임포의 이야기. 명리를 초월한 은자의 한 상징이 되었다.

오직 사랑했기 때문에

화가로서 조희룡은 그림을 다소 늦게 시작했습니다만, 매화에 온 마음을 바쳤습니다. 다른 장르의 그림도 더러 그리기는 했지만, 역시 그의 아름다움은 매화에서 빛이 납니다. 보는 사람을 그야말로 깜짝 놀라게 만드는 힘이 있지요.

가끔 강의를 하다보면 그의 매화 그림 앞에서 놀라움과 탄성이 흘러나오곤 합니다. 궁금해하시는 분들이 많아요. 이거, 조선 그림 맞나요? 아닌 것 같다는 그 애매한 어조의 배경은 그것 때문일 거예요. 화려한 색채, 대담한 구성… 그런 것 말입니다. 그리고 탄성의 연유는 바로 아름다움 때문인 거죠. 매화만으로도 이렇게 풍성한 화면을 구성할 수 있구나… 그런 감동입니다. 그러면서 이어진 질문들은. 어째서 이런 화가를 몰랐던 거죠?

그러게 말입니다. 어째서 이런 화가가 잘 알려지지 않았던 걸까요? 하지만 잘 몰랐던 것은 현대의 우리일 뿐, 사실 그가 활동했던 19세기 중엽 그는 묵장墨場의 영수라 불릴 만한 인물이었습니다. 다시 말해, 당시 화단을 '실질적으로' 이끌었던 화가였습니다.

스스로를 여항인閭巷人이라 말했지만 그림도, 시도, 회화 이론마저도 여느 사대부보다 빼어난 화가였으니. 김정희를 비롯해, 그의 화풍을 마뜩찮게 바라보던 지체 높은 서화가들이 없지는 않았지요. 하여, 이들의 시선이 이후 다소 보수적인 미감으로 미술사를 논하는 이들에게 이어졌으리라는 생각도 해봅니다. 그래도… 시대의 사랑을 꺾지는 못했습니다.

그의 그림에 불편한 이들도, 감동한 이들도 사실 그 이유는 같은 곳에 있겠지요. 그 색채 말입니다. 당시는 물론 현대의 우리에게도 그의 이 대담한 색감은 하나의 충격으로 다가옵니다. 이런 화면에 이르는 길이라니…. 사랑에 빠진 이의 절실함과 다르지 않습니다. 우리 또한 겪어온 사랑의 그 순간들처럼 말입니다.

그의 아름다움에 빠져들었다, 그를 더 알고 싶다, 더 많이 사랑하고 싶다…. 긍정적인 느낌을 담아 무언가에 '미쳤다'고 말할 때, 조희룡은 매화에 미친 것만 같습니다. 자신의 집을 강설당降雪堂, 향설관香雪館이라 했다 하니, 이야말로 매화 가득한 방에서 그림으로 자족하겠다는 소망을 표한 것이겠지요.

> 평생 동안 간담肝膽이라는 것이 한도가 있어서 가볍게 남에게 줄 수 없다. 그렇지만 매화와의 우정을 맺는 데는 허락해주지 않을 수 없다. 도리어 매화가 허락해주지 않을까 걱정되어 관성자管城子(붓)를 매개로 삼을까 한다.*

이런 말이 됩니다. 사람이 줄 수 있는 마음은 그 한도가 있는 법이니 아무에게나 가벼이 나누어줄 수는 없는 법. 매화에게 나의 마음을

---

* 조희룡이 자신의 제화題畫를 모아 엮은《한와헌제화잡존漢瓦軒題畫雜存》가운데 한 대목. 매화에 대한 그의 마음을 알 만하다.

주고 싶은데 혹여 매화가 내 마음을 받아주지 않을까 걱정이 된다. 하여, 그림으로 그의 모습을 남겨 사랑하고자 한다…. 매화를 향한 사랑 고백이자 그 자신이 평생 매화 그림에 빠져야 했던 까닭을 해명하는 대목이기도 합니다. 왜 이토록 매화를?이라며 궁금해하는 우리에게 하는 말 같기도 했습니다. 마음이 끌리는 데에 이유가 있겠느냐고. 하긴 사랑이란 속수무책이니까요.

누군가에게 이런 고백 해본 일 있는지요? 그대가 내 마음을 받아주지 않을까, 그것이 오히려 걱정되는. 하여, 그대의 모습이라도 그려 간직하고 싶다는. 간절함 앞에서 상대 또한 마음을 내어줄 것만 같습니다. 매화도 이 화가의 고백 앞에서 자신의 아름다움을 모두 내어주기로 합니다. 정말… 그렇습니다. 조희룡보다 더 아름답게 매화를 그린 이를 아직 만나지 못했습니다.

그렇게 사랑은 속수무책

사랑을 한다는 건, 사랑을 하기로 마음먹는다는 건 쉬운 일은 아니지요. 무언가를, 누군가를 사랑하고 있다면. 그 사랑을 순간의 느낌으로만 흘려보내길 원치 않는다면. 더 깊이 이어나가고 싶다면. 더 많은 마음을 내어줘야겠지요. 더 많은 시간을, 더 많은 생각을…. 이렇게 또 저렇게 사랑하는 방법까지 고민하면서 말입니다.

돌아보게 됩니다, 나 또한 그랬었는지. 무언가에 뜨겁게 마음 기울이며 후회 없이 사랑을 했었는지. 무언가에 미치도록 빠져들기 시작하게 만들어준, 그 첫사랑이 있었는지. 미친 듯 빠져들어야 사랑이라 할 수 있겠죠. 하물며 처음 주는 마음이겠습니까.

미술사를 공부하겠다고 마음먹은 것은 제법 늦은 나이였어요. 그저 좋아한다고 해서 그것이 내 길이 될 수 있는지, 오래도록 망설이며 서성이고 있었습니다. 고민은 길었으나 결정적인 결심이 쉽지는 않았습니다. 그러니까… 아직 사랑에 빠진 상태는 아니었다는 말이겠지요.

공부의 길은 까마득하고 젊은 동료들의 그 젊음이 한없이 부러워 마음까지 쪼그라들던 시절이었습니다. 그런 내게, 옛 그림을 공부하기로 마음먹은 내게, 첫사랑으로 다가온 그림이 바로 조희룡의 「매화서옥도」입니다. 그 눈부신 화면 앞에서 설레고 뜨거워, 늦은 사랑이면 어떠랴, 그림 공부에 마음 다잡기로 했죠. 그의 매화는… 정녕 아름다웠습니다. 더 알고 싶다, 더 보고 싶다…. 사랑에 빠진 이의 마음 그대로였죠.

여전히 「매화서옥도」 앞에 서면 첫사랑, 그 순간이 떠오릅니다. 풋풋함으로 설레던 그 느낌이 쉬이 잊힐 리가 있겠습니까. 옛 그림과 만나기 시작한 그 시절의 내 모습이 겹쳐지면서 조금은 울컥해지기도 하지요. 어쩌자고 잠을 깬 시인처럼, 어쩌자고 매화를 만난 화가처럼. 나 또한 어쩌자고… 그림을 사랑하게 되었습니다. 사랑은, 속수무책입니다.

•

조희룡趙熙龍. 문인화론이 주도하던 19세기 조선 화단에서, 그는 수예론手藝論으로 당당히 제 색채를 이야기했다. 그림이란 그저 학문적 수양이나 이론만으로 완성할 수 없다는, 결국 '손의 예술'이라는 것이다. 당시로서는 파격적인 선언이었는데, 스스로 그 이론을 증명하듯 「매화서옥도」 「홍백매팔폭병」 등의 화려하고도 대담한 매화 그림으로 한 시대를 평정했다. 시문에 능한 문인이었으며, 회화 이론에도 밝은 평론가이자, 중인들의 전기인 《호산외사壺山外史》의 저자이기도 하다. 여기 화가도, 그렇다고 화원도 아니었으니 시대가 요구한 새로운 유형의 예술가라 해야 할까. 당시 여항의 예술가들이 그의 미감을 중심으로 커다란 흐름을 형성한 것 또한 당연한 일이었다. 호 우봉又峰, 호산壺山. 1789~1866년.

2 인자의 슬픔… 오해였을까

의외의 만남이 있습니다. 대략적인 기대와 어긋나서 놀라고, 혹은 설레는. 그림과의 만남, 아니 화가와의 만남도 그렇지요. 우리 삶 속에서 스쳐 만나는 누군가에 대해서도 다르지 않을 것 같아요. 어, 이런 사람이었나? 내가 그를 잘 모르고 있었던 건가? 그 낯섦이 긍정적인 색채를 띨 때, 다시 돌아보며 옛 기억들을 끄집어내기도 하게 마련이죠.

그에 대해서 오래도록 오해했던 것 같습니다. 곁에 있는 누군가 때문에, 그 친구의 빛나는 재능 때문에 조금은 마음 무거운 날들을 보냈을 거라고 생각했거든요. 그것도 밖으로 드러내놓지도 못한 채로 말이지요. 사실 그의 곁에 있던 한 사람만 없었다면, 어쩌면 그가 시대의 천재로 떠올랐을지도 모릅니다. 예술가란 그런 존재 아니던가요. 자부심, 최고가 되고 싶다는 열망을 딛고 사는.

그런데 느닷없이 그림 한 점을 보게 된 것입니다. 사실 그의 그림을 만나기 위한 걸음은 아니었어요. 그 5월, 간송미술관의 전시 제목은 다른 진경산수의 대가大家를 내세운 것이었으니까요. 그런데 불쑥, 이 작품을 마주하게 되었던 것입니다.

그림 앞에서 이런 당황스러움이라니…. 생각보다도 더 좋았다거나, 조금은 실망했다거나 하는 경우는 더러 있었지요. 당황했다고 해도 그림 자체에 대한 놀라움이 그 이유였고 말입니다.

그런데 그날은 작품이 아닌, 그 화가 때문에 생각이 복잡해져버렸습니다. 한 화가에 대해 그동안 가지고 있었던 막연한 평가를 수정할 때가 온 거였죠. 미안함보다는 다행스러움이 앞섰습니다. 오히려 이 화가에 대해 이제 뒷담화 정도도 부담 없이 날릴 수 있겠다 싶었어요. 이인문의 「총석정」입니다.

다르게 그릴 것인가

총석정은 회화 주제로서는 다소 식상한 면이 없질 않습니다. 금강산의 여러 절경들은 이미 정선이 그 구도들을 대략 정리해버렸다고나 할까요. 여기서 새로운 아름다움을 그려내기는 어려워 보일 정도였습니다. 특히나 총석정은 그 모습 자체가 매우 독특해서 새롭게 변형할 만한 여지도 적었겠죠. 정선 이후, 대부분 화가들의 '총석정도叢石亭圖'는 구도가 크게 다르지 않습니다. 그러니까 이 주제는 잘해야 본전인 셈인 거죠. 아주 잘해봐야.

이인문이 총석정을 그리겠다고 했을 때, 만약 그의 곁에 있었다면 좀 걱정스러웠을 것 같습니다. 기품 넘치는 아름다움으로 유명한 그의 산수화… 하지만 진경산수화에는 좀처럼 그 빛을 발하기 어려워 보였어요. 남종화풍의 운치 있는 산수에서 그의 이름이 우뚝했지요. 게다가 총석정… 여기서 그는 무엇을 더 보여줄 수 있을까요. 정선과 다르게 그릴 수 있을까요? 그게 아니라면, 구도를 그래도 따른다면… 더 잘 그리는 수밖에 없겠지요. 여느 화가들의 총석정에 그냥 묻혀버리지 않으려면 말입니다.

그림을 볼까요? 첫눈에 아, 시원하다! 이런 느낌이 들지요. 화가가 걸었을 길을 따르자면, 화면 하단의 왼쪽에서 한발 한발 언덕길을 걸어 올라가게 됩니다. 차분한 색채로 아담하게 마련된 길입니다. 발길도 지루하지 않겠어요. 그 언덕이 끝나는 곳, 소나무와 꽃나무들이 어우러진 사이로 정자 하나가 시원한 조망을 싸안고 서 있지요. 일행은 아마 그곳에서 총석의 절경을 실감하게 될 것 같습니다.

그들이 바라본 풍광은 어떤 모습인가요? 바로 이름 그대로의 총석이 바다 한가운데 우뚝우뚝 솟아 있습니다. 정자에 가까운 돌기둥은 제법 크고 묵직하게, 그리고 그 뒤로 좀더 작은 돌기둥들이 보입니다. 그 모습만으로도 장관이었을 것입니다. 하여 이 먼 동해까지 유람을 자청한 것이겠지요.

시선을 조금 더 깊게 가져가 봅니다. 바다… 망망대해라는 말 그대로의 바다가 가득합니다. 푸른 물결, 넘실댑니다. 그 파도를 따라가면 그곳에는 먼 섬 하나. 바다의 심심함을 달래주려는 것일까요? 그리고 그 바다가 끝나는 곳, 푸른 바다색을 거두어들인 그곳, 수평선이 아련합니다.

여느 총석정도를 보지 않았더라도 이인문의 총석정은 산뜻한 아름다움으로 눈길을 끄는 작품이지요. 특히 색감 말입니다. 밝고도 맑은 색은 옛 그림들 사이에서 눈에 띄게 도드라져 보일 정도였어요. 차라리 현대의 수채화에 가까운 색감이다 싶습니다.

다른 화가들의 총석정 몇 점쯤을 보아온 그대에겐 이 상황은 조금 더 당황스러울 것입니다. 그렇지 않은가요? 바로 이 색감 앞에서는 예쁘다, 정도로 놀랐지만. 돌이켜 이런 색감으로 총석정을 그린 화가의 심사를 떠올리며 다른 색조의 놀라움을 만나게 됩니다. 어떻게 이런 색을 가져온 것일까요…. 그는 이 독특한 색채를, 진경에 솔직한 그 푸른색으로 풀어낸 것입니다.

그러고 보니 색감만이 문제는 아닙니다. 저 멀리 보이는 섬은 무엇이며 수평선의 등장은 또 어인 일인가요. 이 정도를 그저 '잔잔한 재미'라고 이야기한다면 너무 야박하다 싶습니다.

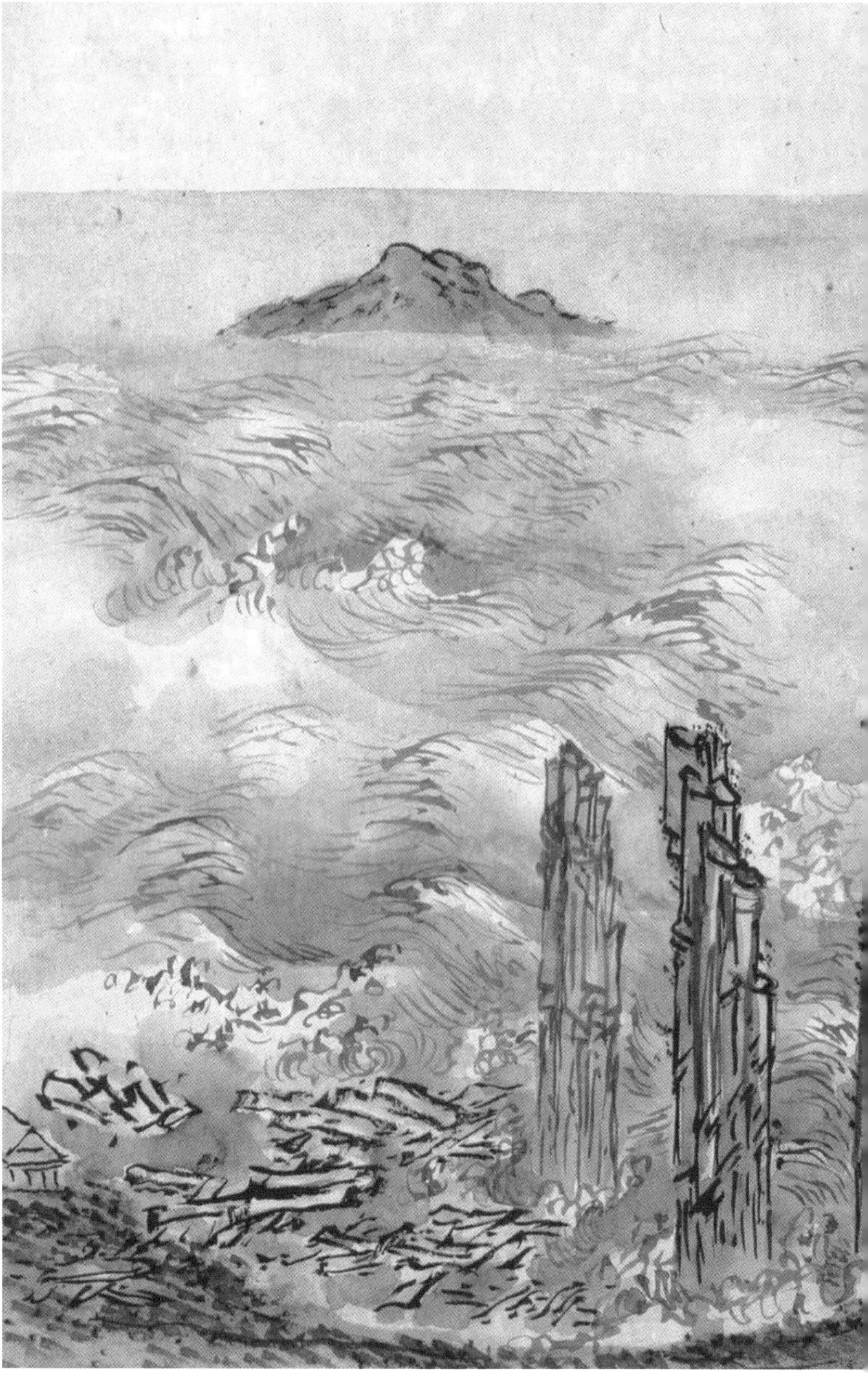

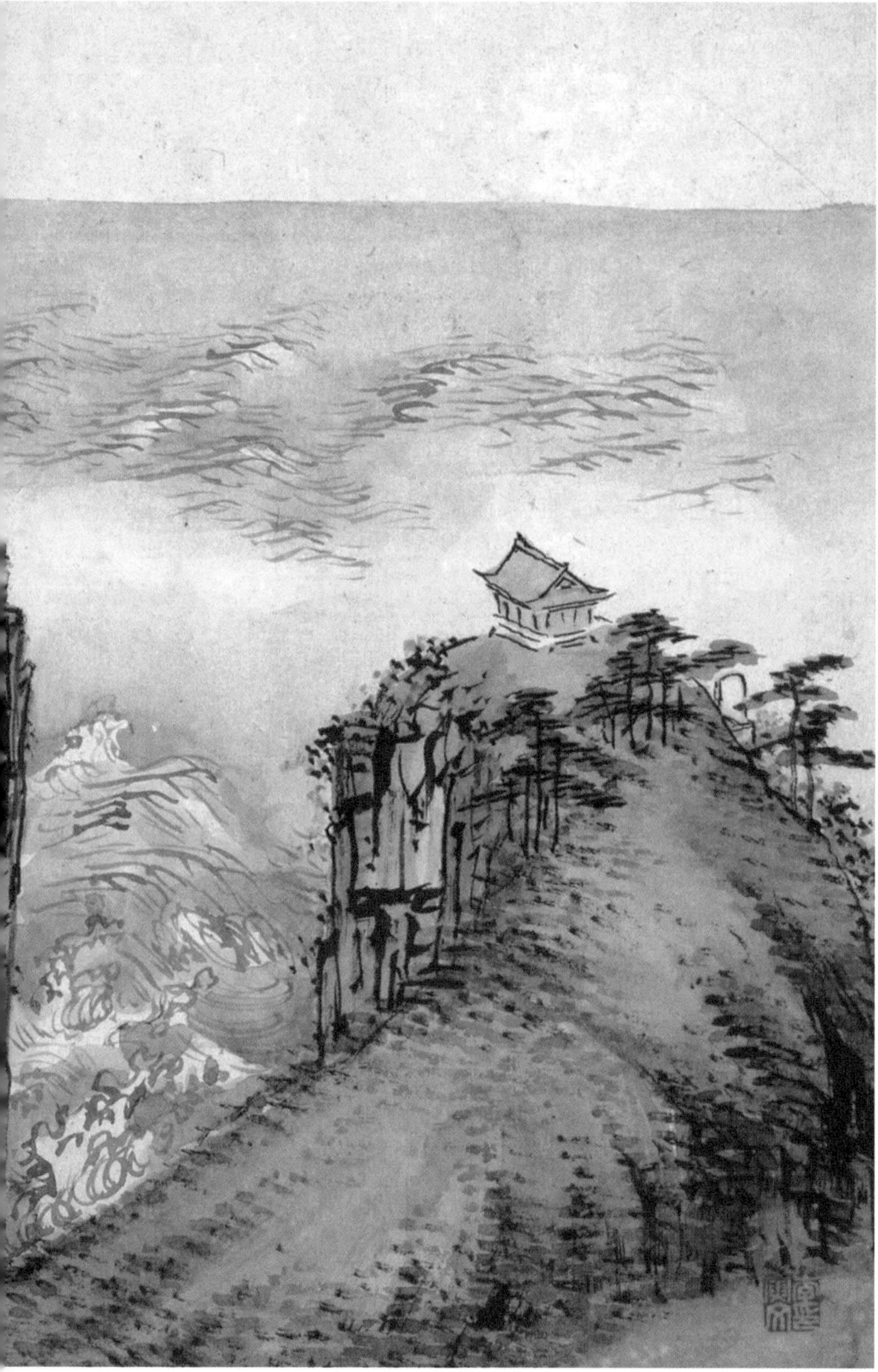

이인문李寅文 「총석정叢石亭」

아니면, 더 잘 그릴 것인가

물론 구도가 결정적으로 다르게 시작되었다고 말할 수는 없겠어요. 이런 구도, 그러니까 화면 앞쪽에 정자로 오르는 산길을 배치하고 그 길을 오른쪽으로 약간 둥근 사선처럼 끌어올린 후, 화면 중앙에 너른 바다와 우뚝한 총석을 그려넣은 이 구도는. 사실 이미 정선에게서 시작된 것이기는 합니다.

하지만 이인문의 화면이 주는 이 시원스러움은 여느 총석정은 얻지 못한 이 작품만의 아름다움입니다. 그 이유가 바로, 별로 다르지 않다고 생각했던, 그 '잔잔한 재미'에 있는 것 아닐까요? 화면이 답답하게 느껴지지 않는 것은 총석의 숫자를 대폭 줄이고, 화면 대부분의 넓은 공간을 바다에게 내어준 덕이지요. 그리고 저 멀리 수평선. 그 위로 아무런 색채도 얻지 못한 채 펼쳐진 것은 바로 아득한 하늘이 아니던가요?

하여, 이 작품은 그 푸른 색채가 의도했던 것만큼이나 시원한 눈맛을 일깨우게 되었지 싶습니다. 소재들이 복닥거리지 않으니까 감상하는 이들의 눈 또한 여유로울 수밖에요.

이런 정도의 얘기지요. 여느 총석정도는 총석, 그 자체가 주인공이었다면 이 작품은 총석정에서 바라본 그 광경이 주인공이라고. 이 부분에서 말 그대로, 지금까지 그를 애매하게 대했던 마음이 단박에 풀어져버립니다. 그는 이렇게 그릴 수 있는 화가였던 것입니다.

자칫 식상할 뻔한 주제를 택한 그를 걱정한 것은, 괜한 참견이었나 봅니다. 다르게 그릴 것인가, 더 잘 그릴 것인가. 이인문은 더 잘 그리는 쪽을 택했습니다. 그리고 약간의 변화로 지루함에 대해서도 한마디 답을 더했지요. 그리고 여기 이렇게, 단 하나의 총석정을 만들어 낸 것입니다. 이 총석정도가 이인문 회화의 성격을 대표하는 그림이라 평할 수는 없겠어요. 하지만 그의 수많은 그림 가운데 가장 아름다운 작품이라 말하고 싶습니다. 그는 이제 누구도 그릴 수 없는 총석정의 주인이 된 거죠.

아쉬움 때문이었을까

그림 때문에 당황했던 마음을 추스르고 여기까지 이르러보니, 지금까지 그에 대해 뭔가를 놓쳤거나 잘못 생각하고 있었다는, 그 생각이 더욱 선명해지기 시작합니다. 그동안의 내 마음 말입니다.

사실, 화가들마다, 그림들마다 마음에 들 수는 없는 일이죠. 그러면 좋다, 별로다, 그렇게 보고 지나면 되는 일입니다. 그런데 이상한 일이었죠. 유독 이인문에 대해서만큼은 그게 잘 안 되는 거였어요. 똑 떨어지는 내 감상을 이야기하지 못한 채, 그의 이름 앞에서 서성이고 있었습니다.

더 나은 그림, 좀 부족한 그림, 그리고 최고의 그림이 있을 수 있겠지요. 재능이란 사람에 따라 그 크기도 색채도 다를 테니까요. 소품이면 어떻고, 한정된 장르면 어떻습니까. 다… 자신이 잘하는 것으로, 최선의 붓으로 화가의 한생을 살아내면 그것으로 아름다운 광경인 것을요. 대체적으로 더 훤칠한 화가들이 있는 것은 사실이고 그 화가를 최고의 화가로 마음에 품으면, 감상하는 이로서는 그만인 것입니다. 그런데 이인문에 대해서는 이도 저도 아닌, 어정쩡하게 정리하지 못한 무언가가 있었던가 봅니다.

아마 '아쉬움' 때문이었지 싶어요. 왜, 그런 느낌 말입니다. 좋은데, 참 좋은데, 어쩐지 마음을 설레게 하는 결정적인 느낌이 오지 않는 거였지요. 그렇다고 구석구석 따져들고 보면 모자란 점은 없다는 거죠. 붓이 부족해? 아니…. 먹을 쓰는 법이 맘에 안 들어? 아니…. 구성이 엉성해? 아니…. 기량이 못 따르는 것 같아? 아니…. 다 아닌 겁니다.

그러니까 아쉬운 거죠. 부족한 재능이 아닌데 왜, 그대의 그림은 나를 떨리게 하지 못하는가. 그가 지녔을 재능에 대한 기대 때문에, 미련 때문에. 그러니까 자꾸 안타까워 어떤 말도 못한 채 바라보고 있었지요. 이렇게 이인문의 그림에 대해서는 딱히 무어라 결론을 내리지 못한 채였습니다. 막연히 2인자의 아쉬움, 이라는 느낌만 있었죠.

그런데 이 그림을 만나게 된 거였어요. 제가… 그를 잘 몰랐던 거죠. 이렇게, 최고의 순간을 만날 수 있는 화가였는데. 총석정은 그와 나 사이의, 이런 묵은 감정을 한 방에 날려보낸 것입니다. 비로소 마음이 시원해졌습니다.

오해였을까, 아니었을까

어쩌면 그 자신은 그다지 신경 쓰지 않았을지도 모르겠다는 생각이 들기도 해요. 그저, 후대의 우리가 누가 더 낫다 어떻다 평을 늘어놓는 것인지도 모르겠습니다. 아니, 어쩌면 이인문 자신도 알고는 있었는데 그런 건 상관없다 생각한 것인지도. 2등이 어때서? 1등 빼면 제일 잘하는 건데? 무난한 성격에 누구하고나 잘 어울렸다는 사람이니까, 이렇게 호탕하게 웃어버렸을지도 모르겠어요. 게다가 문제의 그 1등으로 불리는 이는 절친인 김홍도였습니다.

그래요. 화가에 대한 제 생각, 오해였던 것 같습니다. 어쩌면 그가 속앓이를 했을지 모르겠다는 생각도, 그냥 그의 그림을 보는 제 마음이 그랬던 것일지도 모르겠어요. 경쟁관계로 살아야 하는 현실에 대한 우리의 마음이 대략 그럴 것이라 생각했기 때문일 것입니다.

이인문의 마음이 여유로웠다면 그만인 거지, 이렇게 생각을 마무리하려 했습니다. 하지만 이게 꼭 그렇게 간단하게 정리되지 않는 거예요. 정말, 이인문이 김홍도를 편안하게만 바라볼 수 있었을까요? 그 마음에 한 점 그늘도 없이 말입니다. 그냥 친구 사이도 아니고 최고의 자리를 다투는 화가들인데? 우정과 예술적 성취는 별개의 영역이니 말입니다.

2인자의 슬픔, 운운하는 제게 이인문 회화를 전공하는 한 후배는 그러더군요. 에이, 아니라니까. 이인문이 슬플 게 뭐가 있어요. 오래 오래 살면서 벼슬도 더 높은 3품까지 올랐지, 사행길에도 두 차례나 다녀왔지, 왕의 사랑도 단원 못지않게 받지 않았나? 화가로서 누릴 것 다 누렸잖아요.

대략 외적인 상황은 후배의 말이 맞는 것은 사실이에요. 하지만 화가라면 느낄 수 있었겠죠. 그의 슬픔은 사실 그 자신이 어쩔 수 없는 경지에 있는 것이죠. 아니, 있어야 하는 것이죠.

역시 제 생각엔, 신경 쓰지 않을 수 없었을 거라 봅니다. 도화서의 다른 화가들은 괜찮았을 거예요. 김홍도랑 이인문. 둘은 여느 화가들과는 뛰는 리그 자체가 다른 셈이니까요. 여느 화가들 입장에서라면 차라리 이런 최고의 화가들과 한 시대를 사는 것을 행운이라 해야겠지요. 이인문 정도 되니까 김홍도를 신경 쓰는 것이지요. 실력도 비등하지 않은 누군가라면 좀 우습게 보일지 모릅니다. 꿈이 과하군, 이렇게. 그런데 천재랑 나란히 걸어야 했던 이인문의 상황이 결과적으로 나쁘지만은 않았던 것 같습니다. 수준 높은 리그를 만들어준 친구가 있었기에, 이인문 자신 또한 더 멀리 갈 만한 힘을 기를 수 있었을 테니까요.

김홍도가 일찍 세상을 뜬 것과는 달리 이인문은 장수를 누립니다. 그리고 그의 말년, 그 자신이 조선 최고의 화가로 제법 시간이 흘렀을 때, 드디어 그 자신의 결정적인 대작인 「강산무진도」*를 그리게 되

---

* 「강산무진도江山無盡圖」. 끊임없이 이어지는 강산을 그려낸 장대한 작품이다. 왕조의 무궁함과 태평성대를 소망한 것이기도 하다. 비단에 수묵담채, 세로 44.4×가로 856.6센티미터, 국립중앙박물관 소장.

죠. 그런데 이인문은 이미 「총석정」에서 자신의 길을, 내재된 재능의 정도를 가늠했던 것도 같습니다. 다른 사람의 시선에 흔들리지 않고 내 눈으로 그리겠다는 마음. 그리고 그럴 수 있겠다는 확신.

그 정도의 단단한 마음이 없었다면 정선이라는 선배가 지나간 자리에, 김홍도라는 화가와 동갑으로 태어난 그가, 자신의 붓을 지키기는 어려웠을 것입니다. 따라가거나, 그러다가 길을 잃었거나, 아니면 포기했거나, 그랬겠지요. 여유로운 그의 마음이 고마운 순간입니다.

정말, 그를 알고 있는가

하지만 그의 「총석정」이 너무 화사한 것 또한 사실이에요. 이인문은 마음속에 한을 키우거나 절정의 순간을 위해 큰 숨을 아끼거나, 그러기엔 너무 따뜻한 사람이었나 봅니다. 사실 제 개인적으로는 아쉬움이 남는 대목이었어요. 이런 따뜻함이, 예술가로서 더 치열하게 밀어붙여야 하는 그를 느긋하게 발목 잡지 않았나 싶어서요. 하지만 이 또한 우리의 한가로운 넋두리일 뿐이지요. 사실 2인자로 사는 것… 쉽지 않은 길입니다.

그런 시선을 받으며 사는 것은 더 쉽지 않은 일이겠지요. 대중 앞에서 자신의 재능으로 소통해야 하는 이들의 마음을 떠올려보니 그렇습니다. 대중의 이해를 얻는다는 것은, 혹은 지지를 얻는다는 것은, 사랑을 얻는다는 것은. 얼마나 많은 허상을 거친 후에야 온전한 본모습으로 인정받을 수 있을까요. 누군가를 안다고 말하는 우리는 정말 그를 얼마나 알고 있는 걸까요.

「총석정」 앞에서 새로이 새기게 된 한 화가의 이름은 우리가 제대로 알지 못하고 함부로 단정했던 또 다른 누군가의 이름이기도 할 것입니다. 어쩌면 그는 가장 멋진 모습을 제대로 보여주지 않았는지도 모릅니다. 혹, 보는 이의 부족함으로 상대의 그 아름다움을 채 깨닫지 못했던 것은 아닐까요.

누군가를 너무 쉽게 말하지 않기로 합니다. 누군가의 그림도, 누군가의 이름도 짧은 내 생각에 맞춰 재단해버리지 않기로 합니다. 어디선가 불쑥, 그건 오해였어… 이런 그림이 하나 튀어나올 것만 같습니다.

•

이인문李寅文. 동갑내기 친구인 김홍도와 함께, 정조 시대 화원의 전성시대를 이끌었던 화가다. 국왕의 사랑을 받아 연행에도 두 차례나 참가하는 등, 화가로서의 명예가 적지 않았다. 당시 여느 화원들과는 달리 초상화나 풍속화에는 거의 눈을 돌리지 않고 산수화에 전념했다. 자신의 붓이 어울리는 자리를 잘 알고 있었던 것이다. 그야말로 잘 그린 그림, 섬세하면서도 단단한 필력. 이것이 이인문의 진면목이다. 우아하기는 하지만 너무 얌전한 모범생 같아서 아쉬움이 남는다면, 그 푸른 아름다움 넘실대는 「총석정」과 조선 산수화의 새로운 경지를 보여준 대작 「강산무진도」를 만나볼 일이다. 호 고송유수관도인古松流水館道人, 1745~1824년 이후.

그래서, 나무를 닦는다

꼭 있지요, 꼰대스러운 잔소리. 어느 상황에서나 어떤 자리에서나, 그 사안의 어떠함에 개의치 않는, 낭랑하고도 깐깐하게 조목조목 짚어나가는. 그 목소리 아래로는 기필코 깨우쳐주겠다는 의지가 충만합니다. 이런 상황에선 쉬이 맞붙어 시시비비를 가리는, 그런 무모한 짓을 해서는 안 됩니다. 빨리 그 자리에서 놓여나고 싶다면, 그저 입 다물고 수긍의 표시로 고개를 주억거리는 것이 상책인 게지요.

하지만 말입니다. 이런 잔소리라는 게 또 그렇습니다. 문제는, 반드시 바로잡아야 할 잘못이 있거나, 뭐 그런 상황에서만 발동되지는 않는다는 거죠. 이쪽의 행동에 상관없이 그쪽의 마음에 따라 잔소리할 상황은 얼마든지 갖추어질 수 있다는 것. 그러니까 타당한 질책이 아니라 '꼰대'표 잔소리가 되는 거겠죠.

음… 이럴 때 속이라도 좀 시원해지게 그림 한 점 살펴보면 어떤가요? 어차피 잔소리는 시간이 지나면 잊히게 마련이고, 사실 또 잔소리의 속성상 그렇게 그른 이야기를 하는 것은 아니니까요. 그냥 일상이려니, 받아들이는 게 삶의 지혜인지도 모릅니다. 이 그림 보면서 말이지요. 제목만으로도 어떤 사연이 담겨 있을 것 같죠. 장승업의 「고사세동도」를 함께 봅니다.

고고함과 화려함 사이

제목을 먼저 읽어볼게요. 「고사세동도」라… 그러니까 '한 고고한 선비가 오동나무를 씻는다'는 뜻이 됩니다. 물론 고고한 선비의 입장에서 직접 손에 물을 묻힐 수야 있겠습니까. 그의 뜻을 시동이 대신할 것입니다. 그림을 보니 과연 그런 장면이 그려진 듯합니다.

그림은 세로로 아주 길쭉하지요. 어차피 오동나무 이야기니까, 나무를 길게 그려넣기엔 맞춤한 화면입니다. 그런데 어째 고개가 좀 갸우뚱하는, 그런 느낌 들지 않으세요? 뭐랄까, 고고한 옛 선비의 이야기라 하기엔 뭔가 어색한 것이… 고색창연한 이야기와는 달리 그림이 너무 산뜻하고 예쁜 것 같다고나 할까요? 옛 그림이라 했을 때의 일반적인 분위기하고도 잘 섞여들지 못하는 묘한 지점이 있습니다.

아무래도 색채 때문이지 싶습니다. 언뜻 옛 그림이라 하면 먹으로만 그려낸 수묵화가 떠오르죠. 그 정도까지는 아니더라도 은은한 채색을 더한 수묵담채水墨淡彩 정도일 것입니다. 물론 채색을 제법 사용한 작품이 없지는 않지만, 장승업의 그림이 주는 이 생경한 색감과는 닮지 않았습니다.

게다가 색채를 쓰느냐, 쓴다면 어느 정도에서 멈출 것이냐는 대개 그림의 주제와도 깊은 관련이 있으니까요. 화조화나 기록화 같은 경우라면 얼마든지 다양한 색채로 눈을 즐겁게 해도 상관없으련만, 이 그림의 주제는 고고한 선비의 일화입니다. 그런데 이 화려한 색채라니요!

특히 푸른빛의 독특한 색감이 눈에 띕니다. 이미 새로운 안료가 중국을 통해 들어오고 있었던 바, 장승업은 거리낌 없이 이 새로운 색채를 자신의 화면에 받아들였던 거지요.

한 고사와 그 화가의 만남

화면의 실질적인 주인공은 바로 오동나무라고 할 수 있겠어요. 차지하는 비중이나 색채 등, 그림의 중심을 떡하니 잡고 있으니까요. 그런데 이 나무의 형상이 어떤가요? 이렇듯 굴곡이 심한 것은 나무의 연륜이 만만치 않음을 보여주는 것이기도 하겠지만. 그래도 어딘가 모르게 비현실적인, 묘하게 뒤틀린 모습입니다.

그런데 이 나무의 잎들만큼은 뒤틀린 줄기와는 달리, 선명하면서도 맑은 색채로 빛나고 있습니다. 수묵화라기보다는 수채화의 느낌으로. 어느 고사高士의 나무라기보다는 차라리 이 그림을 그린 한 낭만적인 화가의 나무라 하는 편이 더 어울릴 것 같다는 생각이 들 정도지요.

이 나무를 사이에 두고 선비와 동자는 각자 맡은 바에 충실한 모습입니다. 선비는 동자에게 그쪽을 더 깨끗이 닦으라는 듯, 팔을 뻗어가며 이런저런 지시를 합니다. 뾰족하게 삐쳐 올라간 수염이며 바짝 마른 몸, 가늘게 치켜뜬 눈매 등이 여간하지 않았을 그의 성격을 보여주는 듯하네요. 동자는 주인의 말에 따라 나무에 올라탄 채 나무 닦기라는, 그 이전의 누구도 한 적이 없었을 기이한 일을 하고 있죠. 주인이 아무리 별나다고는 하나 자신까지 그림 속에 등장할 줄은 꿈에도 생각지 못했을 겁니다.

그러고는 책이라든가 붓 따위의, 이 별난 주인의 신분이 고사임을 알려주는 몇 개의 소재가 그려지기는 합니다만, 별다른 장치가 더 등장하지는 않습니다. 사실 더 필요한 것이 없으니까요. 이야기는 주제를 전달하는 이 장면만으로 충분합니다. 그렇다고 화가가 무작정 이야기 하나만을 달랑 던져놓기만 했느냐 하면 그것은 아니지요. 제법 짜임새 있는 구성으로 잘 던져놓았던 겁니다.

별다른 조연들의 도움 없이도 화면이 그리 심심하지 않은 까닭이라고나 할까요? 그림은 화면의 하단 왼쪽, 주인공인 선비에서 시작

▶ 장승업張承業「고사세동도高士洗桐圖」

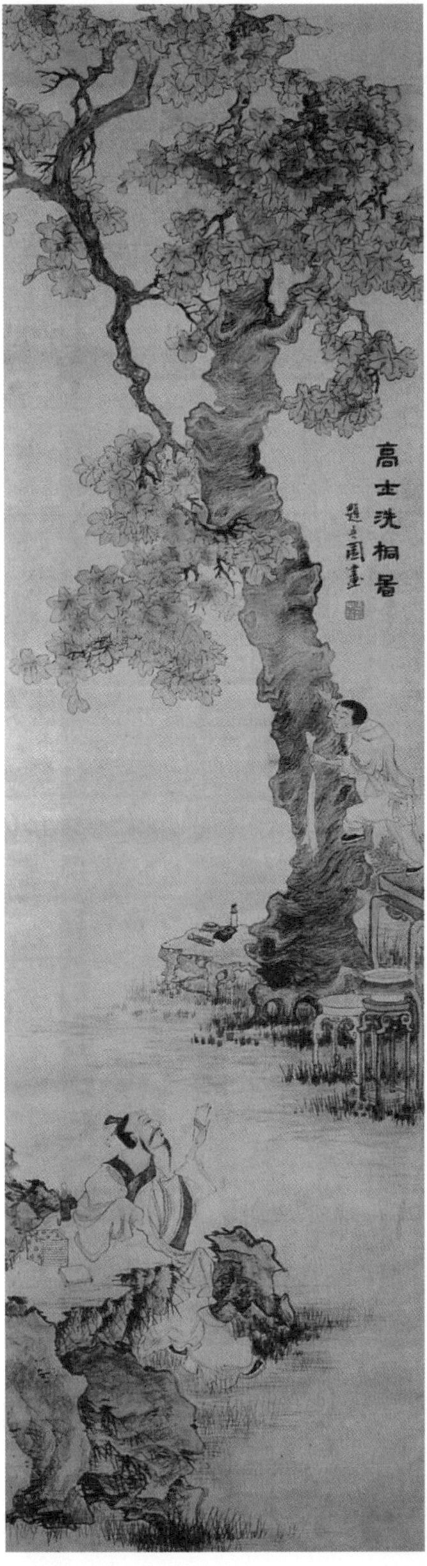
高士洗桐圖

합니다. 그리고 그의 손끝을 따라 오른쪽 나무로 시선이 옮겨지게 되죠. 참 기이한 나무로군, 이런 생각과 함께 나무 위의 한 동자를 바라보면서 비로소 알게 됩니다. 그래, 제목이 바로 이것이었군. 그러곤 무성한 나뭇가지를 살펴보며 여운을 즐기는 것으로 화면을 마무리하는 거죠.

그, 예찬이라는 전설

물론 순서를 거꾸로 따라가는 것도 가능한 일이지요. 이 경우라면 나무를 닦는 동자의 시선에 맞춰, 대체 무슨 일이지? 하며 따라가다가 그래, 참 특이한 선비님이시군, 이 정도로 이야기를 받아들이게 될 거예요. 어느 방향이든 나무를 닦아야만 하는 한 선비의 사연에 흥미가 생길 것은 분명하겠지요.

이쯤 되면 정말 이런 선비가 있었을까, 궁금하기도 한데. 이 말도 안 되는 사건의 주인공은 허구의 인물이 아닙니다. 흥미로운 일화들로 그림 속의 주인공이 된 것이지요. 바로 중국 원나라 말기에 살았던 예찬倪瓚(1301~1374)이라는 문인입니다. 물론 그 자신 또한 이름있는 화가이기도 했습니다. 간단히 이 사람의 얘기를 하고 넘어가야지 싶어요. 그림 속 일화에서도 짐작되는 바, 성격이 매우 특이했나 봅니다. 한마디로 결벽증이 도를 넘어, 이처럼 나무까지 깨끗하게 닦아야 할 정도였던 거죠.

우리 생각엔 그렇지요. 뭐 이런 까칠한 '님'이 계신가, 이거 좀 심하다 싶죠. 그런데 이건 그냥 우리끼리의 생각일 뿐이었나 봅니다. 그의 이런 행적은 오히려 고고한 선비의 상징으로 살아남으며 이렇듯 그림으로 전해지기까지 했으니. 그것도 국경을 넘어 조선하고도, 나라의 멸망을 앞에 둔 19세기 끝 무렵까지도 말입니다. 어인 일일까요?

예찬이라는 인물은 중국은 물론 조선에서도 명리名利를 초월해서 깨끗한 삶을 살다간 문인의 한 이상이었어요. 출사도 안 한 채, 그저 학문과 예술로 평생을 즐겼지요. 말년에는 그 많던 재산을 주변에 나눠준 뒤 한 척 배에 몸을 싣고 유유자적한 삶을 즐겼다고도 합니다. 갖춰야 할 것은 모두 겸비한 사람이었다고나 할까요?

말로만 들어도 근사하죠. 물론 그가 이렇게 맘 내키는 대로 살 수 있었던 건, 그의 부유함 덕이긴 할 것입니다만. 그리고 그의 이런 행동은 원명 교체기의 위험한 상황에서 유력한 세력으로 주목받기보다는 차라리 신변의 안전을 도모하겠다는 선택의 결과이기도 했겠습니다만.

어찌되었건 그의 이런저런 고사들은 그림으로 그려졌을 뿐 아니라, 그의 독특한 갈필의 필법, 단순하기 그지없는 화면 구성까지도 '예찬풍'으로 추앙받으며 화단에 큰 반향을 불러일으킵니다. 추사 김정희가 문인화의 최고 경지로 친 것이 바로 이 사람의 필묵이죠. 흔히 '원나라 사람의 필법' 이라고 그윽한 눈빛으로 이야기할 때 지목되는 그 원나라 사람이 예찬인 것입니다. 이러니 그의 이름이 지니는 자리가 어디 정도인지 가늠할 만하겠지요.

그런데 제 입장에서는 어쩐지 '그들만의 이야기' 같아서 맘에 썩 와 닿지 않는 거였어요. 그래서인가요? 자꾸 옆눈으로 비껴보게 되는 겁니다. 이런 이야기를 그려서 감상하겠다는 그 마음에 장난이라도 좀 걸고픈 마음… 이런 마음이었는데…. 이 그림, 예찬의 고사를 그린 화가의 이름 앞에서 드디어 속이 좀 시원해졌다지요. 제대로 만났군! 이런 기분 말입니다.

또 하나의 전설, 장승업

예찬의 행적을 근사한 화폭에 담아 두고두고 그 뜻을 감상하고픈 마음 간절한데… 누구에게 그림을 부탁하면 좋을까요? 그림의 주문자는 당연히 그림 속 주인공처럼 높은 신분의 누군가일 것입니다. 스스로 그림을 그리는 문인화가들을 떠올려도 좋겠지만, 19세기 말에 이르면 이미 그 정도의 실력 있는 문인화가들을 만나기 어려운 정도였으니. 결국 잘 그리는 어느 화가에게 요청하게 되겠죠.

19세기 후반, 그림을 주문하고 싶었을, 당대 최고의 기량을 가진 화가가 바로 장승업입니다. 조선 회화사 전체를 놓고 봐도 몇 손가락 안에 든다는 필력이었는데. 문제는 이 화가의 그림이 예찬이 추구했던 고상한 화풍과는 거리가 상당했다는 데 있습니다.

게다가 신분을 캐묻는 이 시대에 장승업은 그 출생도 애매한 떠돌이 고아 출신이었습니다. 오직 빛나는 재능 하나만으로 최고의 화가가 된 인물이었죠. 이러니 어땠을까요. 양반들의 눈에 비친 그는, 예찬의 삶을 그려내기엔 너무도 미천한 환쟁이였을 것입니다. 아직까지도 학문과 인품이 곧 그림의 수준이라는, 그런 생각이 기본이 되는 시대였으니까요.

하지만 장승업만큼 잘 그리는 화가가 없으니 결국 그의 붓으로 예찬의 삶이 되살아납니다. 뒤에서 수군대는 이들은 있었겠죠. 어허, 어찌 이것이 운림雲林의 모습이란 말인가. 그림이 속기로 가득하거늘!

장승업이 그 사연을 모를 리 있나요? 그런데도 아무렇지 않게 그림을 그립니다. 예찬이 누구인지 전혀 상관없다는 태도로 말이지요. 물론 호사가들은 이 대목을 또 놓치지 않겠지요. 그러니까 일자무식인 게지!

하지만 장승업은 이 또한 상관하지 않습니다. 대감들이 뭐라 하건 자기 스타일의 예찬을 그리고 있었던 겁니다. 그러면서 이렇게 묻는 것 같습니다. 그러니 이 그림, 어찌하시렵니까? 가져가시든가 아니면 그만두시든가. 그의 그림에는 그런 자신감, 혹은 비웃음이 깔려 있습니다. 무슨 상관이랴! 내 시대에는 내 스타일로 그리면 그만이지!

장승업의 그림에 대해서는 당대는 물론 지금까지도 그 평가가 심하게 엇갈리는 편입니다. 그림을 꽤 본다는 이들 가운데서도 이 독특한 화가의 이력과 화풍에 대해 좀처럼 시선을 편히 하지 못하는 경우도 있으니까요. 기품 없이 화려하기만 한 그림, 즉 저급한 대중미술일 뿐이다, 하는 쪽과. 시대의 변화를 이끌어가며 전통을 재해석한 절정의 기량이다, 하는 쪽으로 크게 나뉘게 되거든요.

그렇다면 이런 주제에 대해서는 반응이 어땠을까요? 아예 대놓고 화려하게 그릴 수 있는 화조화 같은 것도 아니니 좀 엄격한 시선으로 바라보았을까요? 예찬의 이야기라면 의당 주인공 자신의 그림처럼 까칠하면서도 담담한 수묵으로 그려내는 게 어울린다고 생각하겠지요.

꼰대 같던 대감들은 결국 어떻게 했을까요? 이 작품이 멀쩡히 전해지는 것을 보면 아마 장승업 앞에서는 잔소리를 늘어놓지 못했던 것 같습니다. 이유는 자명합니다. 장승업의 그림은… 비웃으며 외면하기에는 너무 큰 용기가 필요했으니까요. 이 정도의 아름다움이란 쉬이 내칠 수 있는 것이 아니지요. 아예 그 아름다움에 눈감기로 했다면 모를까.

결국 이 화가의 미감에 맞추어가지 않을 수 없었나 봅니다. 화려하고 돌발적인 색감으로 무장한 이 분방하면서도 유려한 필법에 자신들의 미감을 조정해가면서 말입니다.

심지어 고종 임금마저도 그의 그림을 얻기 위해 급조한 벼슬감투를 내려 그를 궁중으로 불러들이기까지 했다고 하니. 하지만 임금의 은혜에 감읍한 것도 잠시. 그 정도의 구속도 참지 못해 궁을 뛰쳐나가버린 이 화가를 용인할 수밖에 없었다고 하니. 그에게 도대체 케케묵은 잔소리 따위가 들릴 리가 있나요. 대감들의 주문사항을 듣는 듯 흘리는 듯, 그 또한 상관없이 제 그림에 열중인 화가의 모습이 떠올라 웃음이 나기도 합니다.

그냥 내 일 열심히 하는 거죠. 자꾸 실없는 소리로 옛 시절을 읊어대는 사람 앞에선, 이 화려하기 그지없는 고사의 그림을 떠올려보는 거죠. 위안을 좀 얻어가면서 말입니다. 우리의 꼰대가 아무리 까칠하기로 설마 오동나무까지 말끔히 씻어내라 하진 않을 테니. 게다가 꼰대의 레퍼토리가 아무리 옛 시절을 지루하게 거슬러 더듬는다 할지라도. 설마 국가의 존망을 앞에 두고서도 기껏 오동나무나 닦으라던 그 시절 대감들만큼이야 하겠습니까.

이렇게 그림 한 점으로 그런 잔소리쯤 가뿐하게 넘겨버리고 나면 오히려 마음에는 또 다른 여유가 생길 수도 있겠지요. 그 정도 자잘한 거슬림쯤은 듣고 흘릴 만큼 마음의 맷집도 두둑해지고 말이지요. 그래, 그래… 더 얘기해보시죠, 진심으로 이런 표정까지 지을 수 있게 될지도 모릅니다. 그러던 어느 날, 이런 고수의 향이 물씬한 그 어느 날 이후, 거짓말처럼 잔소리 같은 것도 우리 주위를 떠나버릴지도 모릅니다. 다들 알게 마련이잖아요. 고수 앞에서 이런 것 안 통한다는 사실. 그리 재미도 없다는 사실.

얘기가 좀 멀리 나가나 싶기는 한데… 아무래도 장승업의 그림이 주는 삐딱한 매력 때문이었죠. 항상 그의 그림은 뭔가 그냥 아름다운 것만도 아닌. 화려한, 그러나 묘하게 일그러진 미감으로 툭툭 엉뚱한 지점에서 파동을 일으키곤 합니다.

그림 앞에서 다시 생각해봅니다. 사연도 많은 이 푸른 오동나무. 누가 이 오동의 진정한 주인인가. 예찬인가요? 어느 대감인가요? 아니면 장승업인가요? 아무려면 어때! 나무를 닦고 있는 동자는 무심하기만 합니다. 이제 그만 되었다, 주인의 허락이 떨어지기만을 기다릴 뿐인 거죠.

그게… 견디는 방법인 거죠. 어쩌면 이 동자야말로 진짜 고수인지도 모르겠습니다. 당찮은 주인을 만나 세월을 닦으며 시절을 견디는, 아니 즐기는. 우리의 모습일지도 모르겠습니다.

•

장승업張承業. 조선 회화의 마지막 대가라 불린다. 안견, 김홍도와 함께 조선 3대 화가라 평하는 이도 있지만. 그저 유행을 따른 달콤한 그림일 뿐이라는 평을 듣기도. 고아로 떠돌며 체계적으로 그림을 배우지도 못하였으니, 그 타고난 재능을 짐작할 만하다. 스스로 김홍도를 의식하여 '오원吾園'이라는 호를 썼다고도 하는 바, 실제로 필력으로는 당대에 겨룰 화가가 없었다. 장르 또한 다양하여 산수에서 영모, 기명절지까지 두루 작품을 남겼다. 당시의 화단을 비웃듯 새로운 화풍과 분방한 색채, 현란한 필법으로 그 자신만의 회화를 완성했다. 대표작으로 「호취도豪鷲圖」「홍백매십폭병」「산수도십폭병」을 꼽을 만하다. 당당한 스케일의 거장다운 마무리다. 호 오원吾園, 1843~97년.

만만치 않다

이런 날에는 동네 뒷산에라도 오르고 볼 일입니다. 재잘재잘 새소리에 나뭇잎 찰랑이는 바람 소리. 아무 일 없는 한량처럼 태평한 마음으로 말입니다. 저쪽 키 큰 나무 아래쯤일까요. 마음속의 태평함을 알 수는 없으되, 그래도 하루의 오후는 그래 보겠노라, 누군가 몇 사람 담소라도 나누고 있겠지요.

그날도 그랬을 것입니다. 하긴 산천 유람에도 그만인 계절이니. 팔자 좋은 선비님의 소박한 나들이가 있을 법도 하지요. 그런데 무언가 작은 소란이 일어났나 봅니다. 선비님은 뵈질 않고, 어인 동자가 나귀 한 마리와 힘겨룸을 하는 중입니다. 한눈에 정황은 알 만하지요.

동자가 안간힘을 쓰며 나귀를 끌고 가려 합니다. 작은 시내를 건너야 했지요. 하지만 나귀는 못 건너겠다, 네 발에 힘을 주고 버티는 중입니다. 하여, 둘 사이에는 때 아닌 줄다리기가 시작된 것입니다. 그저 픽, 하니 웃음이 납니다.

얼른 가자니까, 나는 싫다니까

동자 입장에서는 남의 속 모른다고 귀엽게 투덜거릴 것 같습니다. 그렇기는 합니다. 나귀 위에 척하니 안장이 얹혀 있는 것을 보면, 주인을 태우러 가는 길이겠지요. 나귀를 타는 신분이니 글 읽는 어느 선비일 것입니다. 동자는 마음이 급합니다. 이렇게 지체했다가는 꾸지람을 면치 못할 테니까요.

그런데 어쩐 일인지 나귀가 말을 들어주지 않는 겁니다. 하루 이틀 같이 다닌 사이도 아닌데. 속이 상합니다. 내가 제 놈을 아껴주고, 꼴까지 제때 챙겨주느라 그리 정성을 다했건만. 괘씸한 마음과 함께 이 놈이 오늘 왜 이러지? 의아하기도 합니다만. 지금은 그런 생각을 할 틈이 없지요. 얼른 가야 하니까요. 억지로 끌어도 봅니다. 줄을 손에 둘둘 말아 쥐고 이래도 안 올 테냐, 힘을 주며 당겨보는 것이지요. 이마에는 송골송골 땀방울이 맺히는 것도 같습니다. 그렇다고 함부로 줄을 당기거나 해서도 안 되겠지요. 잘못해서 둘 중에 하나가 시내에 빠지기라도 한다면 더 큰 낭패니까요. 도대체 나귀의 속을 헤아릴 수가 없으니 동자로서는 애가 탈 뿐이지요. 아, 대체 왜 이러는 거지?

필사적이기는 나귀 쪽도 마찬가지인데. 오늘은 영 내키지 않은가 봅니다. 눈앞의 저 졸졸거리는 시내도 마음에 들지 않은 게지요. 낮고 작은 시내이긴 하지만 자칫 발이라도 헛디디면 홀랑 빠져버릴 텐데. 조금 겁이 나기도 했던 거죠.

게다가 태워야 할 선비님도 야속합니다. 오늘 나들이는 얼마나 즐기셨을꼬? 가끔씩 흥에 겨워 몸을 가누지도 못하시니, 그런 주인을 태우고 가는 게 예삿일은 아닌 게지요. 혼자서만 재미난 주인이니 속 좀 태워볼까? 그런 마음도 슬쩍 들어앉았고 말입니다. 그런데 동자는 그저 갈 길만 바쁘다고 재촉입니다. 해서, 괜한 동자에게 시비를 걸고 있는 중입니다. 나도 귀찮은 날이 있다니까!

서로 양보할 마음이 없어 보이지요? 하긴, 나귀 입장에서는 이왕 버텨본 것, 조금 더 버텨보기로 합니다. 힘으로만 친다면 어린 동자가 나귀를 억지로 끌어갈 수는 없을 테니까요. 그래도 생각보다 동자의 힘이 만만치가 않습니다. 하지만 예서 물러나긴 싱겁습니다. 동자도 제 형편이 불리함을 모르지 않는데. 그래도 빈틈을 노리며 온 힘을 다해 줄을 당겨보는 것입니다. 이러다가 해라도 질까봐 걱정이지요.

무심한 구경꾼만 하나, 둘, 셋

당사자들이야 애를 쓰고 있지만 보는 이들에게는 그저 재미있는 힘겨룸이지요. 별다른 관전 포인트랄 게 있겠습니까. 뭐, 어느 쪽이든 결론이 나겠지. 그저 숲 속의 시원한 바람이라도 쏘이는 양, 귀여운 그들을 바라보는 거죠.

그런 마음으로 한 발 멀찍이 바라보니… 화면의 배치가 어째 이런 것일까요? 물론 주인공이 동자와 나귀인 것은 분명해 보이기는 하지요. 큼직한 화면에 둘의 씨름이 돋보이기는 합니다만. 가지 꺾인 키 큰 소나무에 원산은 저리도 높이 솟아 있는 것을요. 오늘의 이 사건과는 무관한데 말이지요.

솔직히, 동자와 나귀를 화면에서 살짝 지워보면 어떤가요. 그래도 이 그림은 그림으로 그리 부족하질 않습니다. 한 폭의 산수화로 그럴싸할 정도니까요. 그저 배경으로만 두기에는 아깝다 싶습니다. 화면에서의 무게도 그렇지요. 그 자연을 배경으로, 그저 한 동자와 나귀가 슬쩍 지나가고 있다 해도 그만이겠어요.

그러고 보니 이 소나무, 제법 근사한 자태로 제 맘껏 뻗어 있습니다. 화면 전체로 치자면 중앙을 떡하니 차지하고 있는 형상이죠. 모양새도 예사롭지 않지요? 형태로 보아 이 자리를 오래도록 지켜온 노송임이 분명한데…. 동자와 나귀 쪽으로 가지를 꺾어내리며 마치 그들의 겨룸을 구경이라도 하는 듯하지요. 손자들의 놀이를 바라보는 할아버지처럼 말입니다.

그저 무심하기는 뒤쪽의 산봉우리들이 더하긴 할 테지요. 저쪽 시

▶ 김시金禔「동자견려도童子牽驢圖」

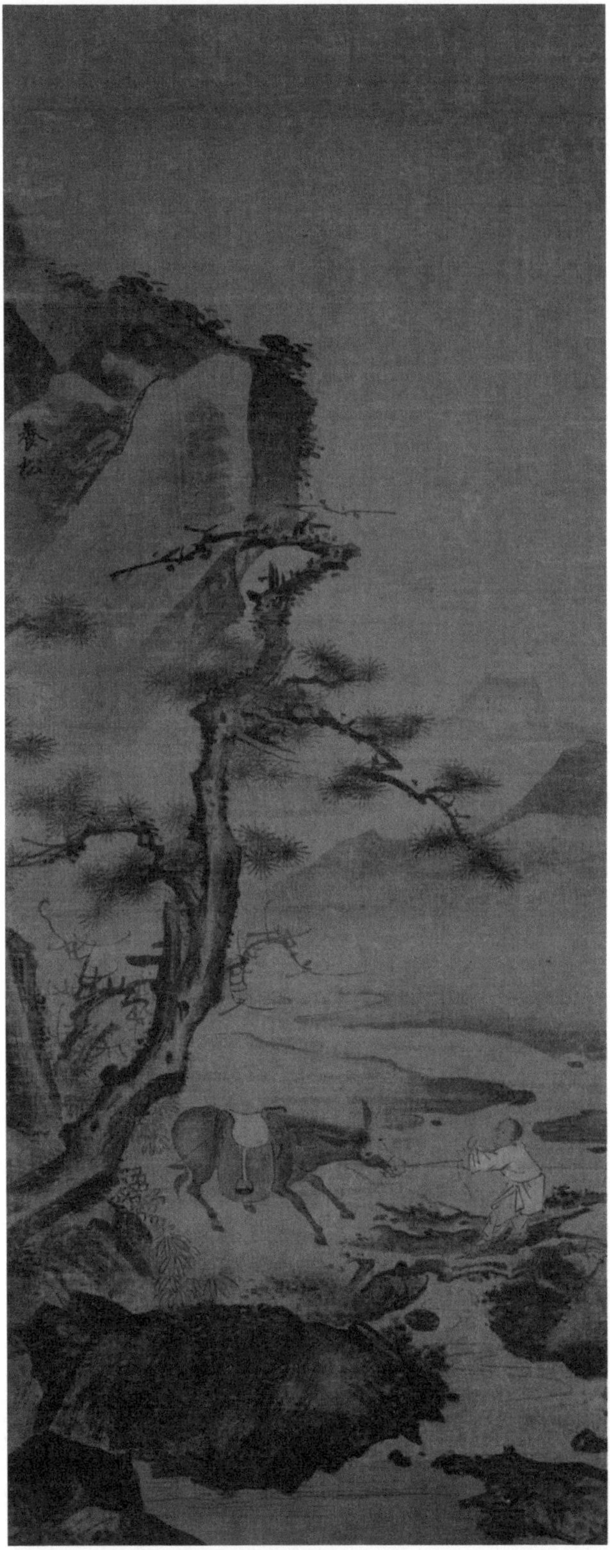

냇가에 무슨 일이 있는지. 동자가 왜 그리 애를 쓰는지. 나귀는 또 어인 일로 버팅기고 있는지. 그저 제자리에서 조용할 뿐입니다. 오늘은 소나무의 그림자가 더 멋지게 기우는구나, 멀찍이서 이런 생각쯤으로 잠잠한 것이겠지요.

그렇다면 먼 산의 옅은 먹색과 대비를 이룬, 짙은 색 바위는 무얼 하고 있을까요? 화면에서 가장 짙은 먹으로 그려진 것은 시내 아래쪽의 커다란 바위입니다. 오늘은 누가 이리 낑낑대고 있는 건가? 아까 지나간 그 아이로군. 그런데 나귀가 말을 안 듣는 게야? 그런 생각으로 지켜보고 있는지도. 나귀가 힘을 쓸 수 있는 건 아마도 이 바위가 단단히 받쳐주는 덕이기도 할 터인데. 그래도 누굴 도와주거나 할 까닭은 없나봅니다.

그러니까. 그들은 배경에서 그저, 그대로입니다. 화가는 한 폭의 산수화라 해도 좋을 그들을, 그저 배경으로 세워두었는데. 이건 또 무슨 마음인지요? 어쩌면… 화가의 마음은 이쪽에 있는 것인지도 모르겠습니다.

이런 하루의 겨룸 같은 것. 그거 별일 아닌지도 모릅니다. 동자도 나귀도, 여기서 밀리면 끝이다 용을 쓰고는 있지만 이 산수 속에서는 그저 작은 얘깃거리인 것입니다. 어제도, 그제도, 혹은 제법 먼 어느 날에도 그랬을 것입니다. 건너기 싫다고, 그래도 건너가자고… 조잘조잘 작은 다툼 소리도 있었지만. 무슨 큰일이 나거나 하지는 않았던 것이지요.

우리의 하루도 그런 건가요? 자잘한 다툼, 마음 쓰이는 힘겨움이나 갈팡질팡 우왕좌왕 같은 것. 어쩌면 큰일 아닌 것입니다. 그래도 해는 뜨고, 소나무는 태평하고, 먼 산은 여전히 저 멀리 서 있는 것을요…. 그런 말을 하고픈 것 아닐까요?

그저 배경이라 하기에는 그들에게 베푼 화가의 정성이 남다르다 싶어져서, 그럴 수도 있겠다 싶습니다. 귀엽다 지켜보든 넉넉하게 바라보든, 나름대로 곱씹는 맛이 있습니다. 무엇보다 화가의 필치가 그럴 법하고 말이지요. 해학을 제법 흐드러진 필치로 감싸안은 장면이니, 감상자로서는 볼거리가 많은 그림입니다.

아버지 때문에, 아버지 덕분에

하지만 화가의 마음을 떠올려보면 그저 편한 것만도 아닙니다. 그의 처지를 아무리 뒤적여봐도 나귀 타고 유람이나 다니는 선비의 한가로움을 온전히 누릴 수는 없겠다 싶어져서요. 그래서인가요? 삶 속의 이런 소소한 장면을 그리면서, 그렇게 즐기고 싶었다는 속마음이 더해진 것도 같습니다.

그림을 그린 김시는 16세기의 문인 가운데 필력이 확연히 눈에 띄는 화가지요. 하지만 이 사람 또한 화가로 사는 게, 불리는 게, 그리 탐탁지는 않았을 것입니다. 역시 문제는 그의 집안 때문이죠.

태생으로야 세력 쟁쟁한 명문가였지요. 하지만 정승을 지낸 아버지 김안로*가 사사되고 맙니다. 권력을 너무 심하게 탐했던 당연한 결과였지요. 중종 때의 간신으로 두고두고 시비에 오르는, 바로 그 김안로입니다. 게다가 그 사건은 김시 자신이 열네 살, 혼인을 치르던 바로 그날에 일어났으니. 그의 마음이 어땠을까요.

집안의 몰락으로 자신의 입신이 가로막히는 예가 김시만은 아닙니다만. 그것도 증조부나 조부도 아닌, 아버지였지요. 기억 속의 조상이 아니라 함께 아침을 열고 저녁을 맞은 그, 아버지 말입니다. 그것도 정승의 권력 끝에서 사약을 받은, 간신이라는 오명으로 불려야 할 아버지의 존재라니. 겨우 열네 살 나이. 아직 세상에 이름도 내보지 못한 때에 말입니다.

어쩌면 그에게 아버지란, 세상이 말하는 그런 간신배와는 다른 이미지였을 것입니다. 학문에 뛰어나 과거에서는 장원으로 급제를 한, 사 모은 그림만도 한가득에 그 안목마저 빼어났던, 자신만의 화론까지 갖추었던, 멋을 아는 지식인. 이것이 김안로의 또 다른 모습이었으니까요. 김시가 집에서 보아온 아버지의 모습은 이쪽에 가까웠을 것입니다. 사실 김시의 그림이 격조 있다, 고 말할 수 있다면. 이 또한 그 아버지가 물려준 재능과 환경 덕이기도 하겠죠.

그는 아버지가 한스러웠겠지만 그것만이 전부는 아니었겠지요. 하여, 그림을 그립니다. 여느 화가와 겨루어도 당당할 정도의 필력을

* 김안로金安老. 장원급제 후 사가독서를 거친 재사였으나. 옥사와 정쟁을 주도하며 권력을 탐하여, 그 폐가 극심하였다. 문정왕후 폐위 음모가 발각되어 사사. 1481~1537년.

갖춥니다. 문기 넘치는 산수를 즐겼던 것은 그 자신의 출신이 그러했기 때문이지요.

그리고 어느 날, 이런 그림을 그리는 자신을 발견하게 됩니다. 별것 아닌, 어느 날의 작은 이야기. 입신 따위는 꿈도 꾸지 못한 채 숨죽이며 살아야 하는 그에게. 이런 일상의 조잘거림은 부러움이었겠죠. 아니, 어쩌면 도피처였을까요? 근사한 산수를 배경으로 두른 후 즐거운 이야기 하나를 얹어냅니다.

팽팽한, 내 마음속 줄다리기

무엇을 두고 이처럼 팽팽한 줄다리기가 있었는가. 화가는 스스로를 겹쳐 보았을지도 모릅니다. 우리 또한 그림 앞에서 자신을 돌아보게 됩니다. 나를 지치게 했던, 애타게 했던 힘겨룸. 아, 세상은 역시 내 뜻대로는 안 되는 거야! 하면서 절망에 빠져 한숨을 내쉬기도 했죠. 물론 그 가운데는 지금은 멀쩡히 잊힌 채, 그런 일 있었나? 아리송한 일들도 있을 것입니다.

하나하나 떠올려봅니다. 그 수많은 줄다리기 가운데 정말 나를 힘들게 했던 것은. 오래도록, 여전히 팽팽하게 한쪽의 완승으로 끝나지 않는 것은… 내 마음과의 싸움은 아니었을까. 시내를 사이에 두고 건너야 할까, 그만둬야 할까 갈등하던. 그 마음 아니었을까.

화가도 그랬을까요? 이제 그만, 잊자. 아버지는 잊고 살아가자. 지금 내가 나일 뿐이니. 그림이나 그리면서 시나 읊으면서 사는 것도 그리 나쁜 삶은 아니잖아…. 그러면 또 하나의 소리가 마음을 휘젓겠지요. 그게 무슨 넋 빠진 소리냐. 그림을 그리는 게 어찌 내 일이 될 수 있을까보냐. 그런 화사畵師로 남겠다는 게 말이나 되는 일이더냐….

두 개의 마음은 그렇게 우리 속에서 팽팽히 마주한 채 줄을 당깁니다. 결론 같은 것, 있을 수 없습니다. 누구도 도와줄 수 없는 일, 그냥 내 마음이 정해야 할 뿐이죠. 화가도, 우리도 알고 있습니다. 그래도 두 개의 소리는 좀처럼 가라앉질 않는 거죠. 그래서 그림을 그리는 거죠. 그림을 보는 거죠. 그것, 별것 아닌지도 모릅니다. 너무 애쓰면서 팽팽하게 당기지는 말자고. 한 걸음 물러나서 바라보면 어떻겠느냐고. 그림이 그렇게 말을 걸어옵니다.

그러면서 다시 깨닫게 됩니다. 겨우 작은 시내, 겨우 나귀 한 마리. 그걸 해결 못한다고? 하지만 살다보면 또 그렇지요. 만만해 보이는 것들이, 만만치가 않습니다. 내 뜻대로만 술술 풀리는 일… 그런 게 어디 있던가요?

만만치 않아. 사는 게, 쉽지 않아…. 정말 그렇습니다. 그저 이 나이를 먹기까지도 사는 것, 정말 무엇 하나 만만한 게 없더라는 얘기지요. 쉽게 넘어가주는 것들도 없고. 슬쩍 건너뛴 자리는 꼭 표가 나게 마련입니다. 이렇게 별것 아닌 작은 시내가 문득, 내 발목을 잡기도 합니다.

나귀 끌고 여기까지 잘 왔는데. 작은 숲 속 단풍 구경도 근사했는데. 이제 저 시내 하나만 건너가면 되는데…. 동자의 모습이 내 처지와 다를 것도 없다 싶습니다. 아이에게, 내 자신에게…. 안쓰러운 마음으로 속삭여봅니다.

이런 날도 있는 거야

차라리 이렇게 해보면 어떨까. 잡고 있는 그 줄, 살짝 놓아보면…. 아마, 나귀는 네 작전 눈치채지 못했을걸. 팽팽함이 풀리는 순간, 그 순간에 말이야. 잔뜩 버티던 네 다리에 갑자기 힘이 풀리면서… 네쪽으로 저절로 움직여올지도 몰라. 당기던 줄, 살짝 풀어보는 거야. 의외로 그게, 방법이 될지도 몰라.

그것도 안 되면 어쩌냐고? 뭐, 그냥 주저앉아 있는 거지. 누가 알아? 기다리던 선비님, 예까지 슬렁슬렁 걸어나오실지. 요 녀석! 하려다가, 그냥 웃고 마실 거야. 그렇게 저녁 해를 맞으면서, 가을 단풍 속으로 같이 돌아가면 되는 거지. 이긴 사람도 진 사람도 없는 거야. 세상에 만만한 거 없다니까. 작은 시내 하나쯤, 작은 나귀 하나쯤. 내 맘대로 안 되는 날도 있는 거잖아.

진짜…? 진짜.

•

김시金禔. 최고 권력가의 아들로 태어났으나 아버지 김안로가 간신의 오명을 얻고 사사되었으니. 그것도 열네 살, 자신이 혼인하던 날의 일이었다. 결국 세상으로 나가지 못한 채, 짧지 않은 생을 그림으로 보냈다. 화가로 살기를 원한 것은 아니었겠으나 화가로서의 재능도 부족하진 않았다. 한 많은 삶이 아버지로 인한 것이었지만, 서화 안목에는 빼어났던 아버지의 수장품 속에서 저절로 안목과 필력을 기르게 된 것 또한 사실이었고. 애써 정묘함을 추구하지는 않았으나 시원함이 느껴지는 필력이다. 「한림제설도寒林霽雪圖」의 묵직한 담담함도, 「동자견려도」의 색다른 이야기도. 관조하는 화가의 시선이 남다른 작품들이다. 호 양송당養松堂, 1524~93년.

아름다운 트릭

사실 그림의 본질이 그렇지요. 어느 정도는 이런 욕망에 근거한 것입니다. 특히나 동양 그림의 주류라 할 수 있는 산수화가 시작된 시절로 거슬러보자면, 산과 물이 아름다운 어딘가로 떠나고 싶지만 그곳으로 직접 갈 수 없을 때, 그 느낌을 대신하기 위해서 산수화를 그렸다고 했으니까요.

일종의 일루전인 것이지요. 대신하기 위해, 꿈을 꾸기 위해, 소망하기 위해. 그림을 그리고, 그림 속으로 빠집니다. 어차피 그림은 그림일 뿐이라는 것 모르지는 않습니다. 그래도 하나의 게임처럼, 그림과 마주하는 약속인 것입니다. 화가와 감상자는 서로 호흡이 잘 맞아야 합니다. 아름다운 트릭에, 즐겁게 속아주어야 하니까요.

무엇을 둘러두고 싶은가요? 옛 중국의 어느 화가처럼 산수화 속에서 쉼을 얻는 것도 괜찮은 일이겠죠. 오늘은 분위기를 좀 바꿔서 이런 그림 어떨까요? 어차피 조선에서 그림을 즐긴 이들이 대략 문인들이고보면. 책으로 가득한 그림이 있습니다. '책가도冊架圖'라 부르지요.

책이 있는 풍경

이왕이면 온 벽 가득하면 좋겠지요. 근사한 일루전, 그 느낌을 원했으니까요. 그래서 이렇듯 커다란 병풍을 화면으로 택한 것입니다. 이 책가도는 아마 누군가의 서재에 딱 맞춤한 크기였나 봅니다. 4미터가 조금 넘는 길이니까 서가를 그대로 옮겨놓았을 법하지요. 방 안에 들어섰을 때, 근사한 서가로군! 하면서 기분이 시원해질 것 같습니다.

병풍이라는 게 그렇지 않은가요. '실재'라는 느낌을 주기에 이만한 형식도 없습니다. 이 책가도만 하더라도 이처럼 넉넉한 크기의 화면을 확보했으니, 그런 정도의 일루전이 가능한 것이지요. 물론, 저마다의 소망에 따라 취향에 따라 두르고픈 병풍은 다를 것입니다.

중국의 궁 안에서는 미인도 병풍, 뭐 이런 소재도 즐겼던 것 같습니다. 아마 황제의 후궁들을 그려넣었겠죠. 어쩌면 상상 속의 미인들이라 하는 편이 더 어울리기도 하겠습니다. 하지만 조선에서는 미인도 병풍 같은 것, 여간해선 자신 있게 그리라 명하기는 어려웠던가 봅니다다. 미색을 탐하는 것에 대한 경계 때문일까요?

이웃 나라들과는 달리 조선에서는 좀처럼 미인도가 그려지지 않았다는 것까지를 엮어 생각해보면. 내외의 법이 지엄하다 하여 왕비의 초상까지 마음대로 그리지 못할 정도였습니다. 무어라 단정하기는 어려우나, 대략 나라마다의 문화 차이라 해야겠지요.

어찌되었건. 상황으로 보자면 책가도는 사랑채의 전유물이었겠지요. 향기로운 꽃이나 미인이 아닌, 서책에 둘러싸인 사랑채를 상상해 보는 것도 괜찮은 기분입니다. 공부를 좋아한 것으로 유명한 정조 같은 임금이 그랬다 합니다. 도저히 책을 읽을 시간이 없을 때 책가도를 보면서 마음의 위안을 얻었다는 그런 이야기지요. 국왕이 이랬다니… 그 고사를 어찌 가벼이 흘리겠습니까.

원래 책가도라는 주제는 궁중에서 시작된 것이라 하니까요. 특히 조선 후기에 이르러 이런 유의 그림이 유행하고, 하나의 장르화로 전문 화가가 등장한 것을 보면. 적어도 이런 서가쯤은 갖춰야 한다고 생각했다는 뜻이겠죠. 한다하는 집안에서는 자녀의 공부를 독려하기 위해 주문하는 예도 많았습니다.

어쩔 수 없이 요즘의 세태를 이어 생각해보게 됩니다. 시절이 달라졌다 해도, 아무리 요즘 같은 세상이라도 말입니다. 자신의 거처를 무엇으로 채우고 있는지, 자신만의 서가가 어떤 모습인지, 아니, 그런 서가를 갖추고나 있는지.

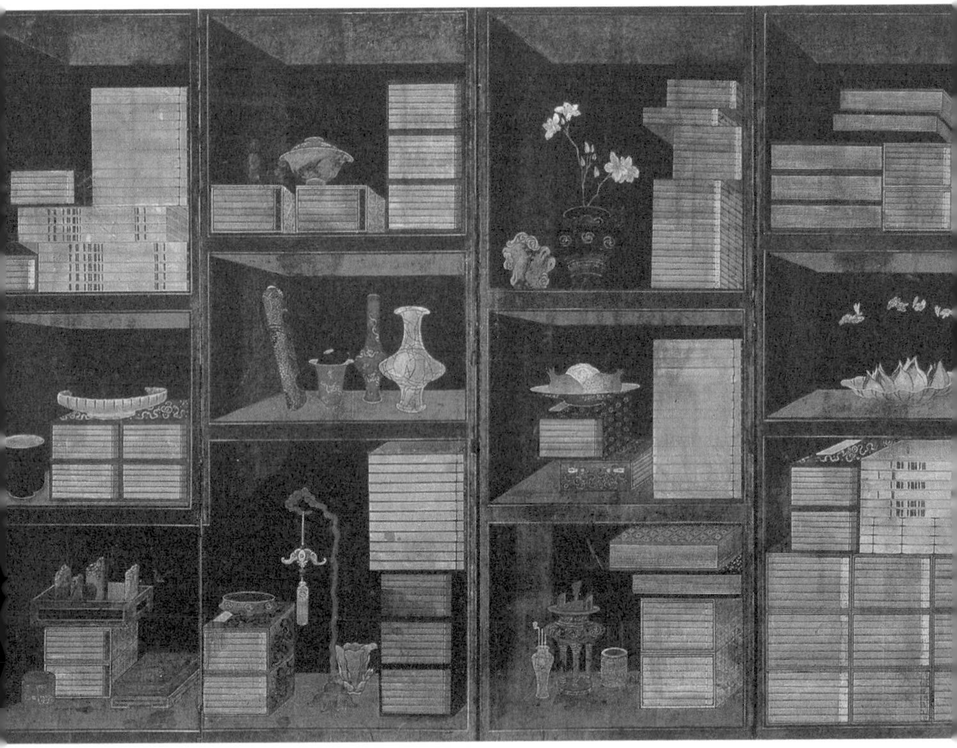

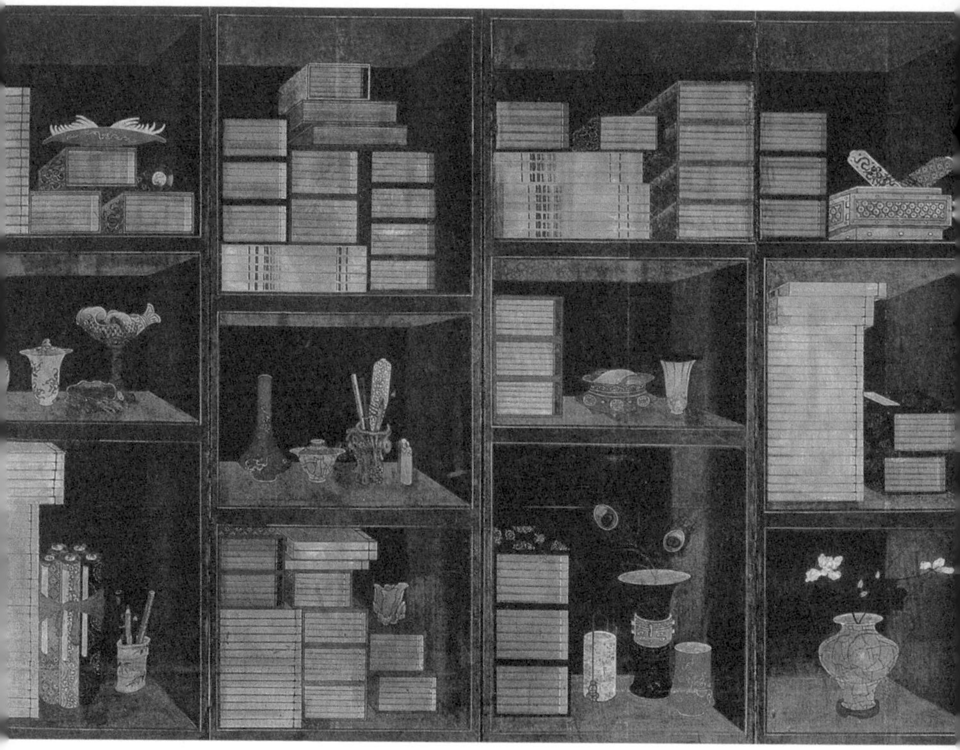

이형록李亨祿「책가문방도 8곡병冊架文房圖八曲屛」

깜짝 즐거운 트릭

다시 그림을 보기로 합니다. 일루전을 염두에 둔 것이니까, 그걸 위해서 그리기로 한 것이니까, 목적에 충실해야 하겠지요. 전하는 이야기로는 그림 앞에서 진짜 서가로 착각했다는 일화 정도는 있지요. 정말? 의심스럽긴 하지만 그리 쉬이 생각할 일은 아닙니다. 서양식 정밀화를 많이 보아온 우리의 눈에는 이 정도로 속을 리야 있겠는가 싶지만, 당시의 상황은 조금 달랐을지 모릅니다. 그림을 보고 나서 얘길 더 해봐도 좋겠어요.

이 그림을 처음 보았을 때의 느낌이 어땠는지요? 조선시대의 여느 그림과 다르다, 심지어는 이상하다고 느껴지지 않았는지요? 미술관 전시실, 옛 그림들 사이에서 한 벽면을 가득 덮고 있는 이 작품을 만나면 정말 뭔가 어색하다는 생각이 듭니다.

그림이 뭔가 잘못되어서가 아닙니다. 이 낯섦은 오히려 요즘의 것들과 매우 비슷한 데서 오는 느낌이지요. 원근법 말입니다. 그동안 보아온 조선 그림에서는 좀처럼 만날 수 없는 시점이지요. 여기에 서양식의 명암법까지 더했지요. 때는 19세기니까, 이미 화가들이 서양식 화법과도 친숙해졌을 시절입니다.

그렇다고 아무 그림에나 이런 화법을 사용한 것은 아니지요. 이렇듯 서양식 원근법이나 명암법을 처음 접했을 때 이 새로움에 제법 놀라고, 빠른 속도로 옛 기법을 밀어냈을 거라 생각되기도 하지만. 사실 회화 전체에 끼친 영향은 그렇지 않았습니다. 어차피 먹에 기댄 우리 그림에 '어울리는가'를 고민해야 했고… 그래서 이처럼 '필요한' 경우에 사용했던 것이지요. 이런 그림. 재현하기 위한, 그런 트릭이 필요한 그림. 이럴 때 말입니다.

그러니까 이 그림의 목적이 제법 진지한 '재현'에 있었다고 봐야겠죠. 옛 그림이 즐겨 이야기한 사의寫意라든가 고졸함 같은 것과는 거리가 있습니다. 그런 정신을 그리자는 것이 아니니까… 무엇보다 세밀한 묘사에 치중해야 할 것입니다. 아마, 이런 장면쯤을 상상하기도 했겠지요.

누군가 친구의 서재에 들어섭니다. 다소 어둑한 시간, 방문을 열었을 때 맞은편에 근사한 서가가 갖추어져 있습니다. 이 친구가 언제 이런 걸? 하면서 주인을 바라봅니다. 하지만 주인의 표정은 무언가 알쏭달쏭하지요. 자세히 보니… 웃음을 터뜨립니다. 그러곤 물었겠지요. 깜박 속았네. 누가 그린 것인가? 나도 한 벌 청해야겠군.

대를 이어 책가도

만약 이 친구처럼 책가도 병풍을 한 벌 청하고 싶다면, 그가 19세기에 살고 있었다면, 이형록을 추천하고 싶습니다. 그야말로 이 장르 최고의 화가였으니까요. 그의 집안은 이미 몇 대에 걸쳐 도화서 화원을 이어왔고, 역시 그 몇 대에 걸쳐 책가도로 이름을 얻었습니다. 그의 할아버지도, 아버지도 책가도에 능했다고 합니다.

한 장르를 집중해서 그리는 것이 드문 예는 아닙니다. 특히 도화서 화원들이라면 더욱 그럴 수밖에 없었는데, 책가도 또한 화원의 시험 과목 중에 하나였다고 합니다. 그 정도의 '수요'가 있었다는 뜻이겠지요. 화가 입장에서라면 책가도에 어울리는 새로운 화법을 공부해가면서, 더 똑같이 그리기 위해 고심을 하기도 했을 법합니다.

이형록은 자신의 장기를 잘 알았던 것 같습니다. 그리고 이 장르에서 이름을 남기기로 생각했겠지요. 사실 이런 그림이 절대적인 기량을 필요로 한다거나 필묵의 멋이 탁월해야 한다거나 그렇지는 않습니다. 우리가 보아온 바, 조선의 대가들이 지녔던 그런 재능과는 다소 다른 기량을 요구하게 됩니다.

화가는 먼저 병풍의 크기를 가늠해 보았겠지요. 진짜처럼 보일 만한 그 크기 말입니다. 그리고 다시 적절하게 서가를 분할하기 시작합니다. 8폭 병풍 폭 수에 맞추어 서가도 그렇게 구획을 정했지요. 그 틀까지도 섬세하게, 나무의 질감을 살려 그립니다. 혹, 병풍이 접힌 자리를 들키지 않게, 제법 깊은 색으로 틀을 만들어냅니다.

아니죠. 병풍이 접힌 그 자리는, 서가의 칸이 나뉘어져 생긴 틈처럼 보입니다. 서가의 나무 모서리가 살짝 닳은 양 희끗희끗. 전체적으로 장중한 느낌을 주는 그림이죠. 어두운 색의 서가는 깊은 공간감까지 더해줍니다. 특히 서가의 뒷면은 제법 어둡게 표현합니다. 뒤로 쑥 들어가 있다는 듯 말이지요.

실물을 닮게 그리고 싶었을 테니, 작은 부분 하나도 놓치지 않고 꼼꼼하게 그려나갑니다. 책 한 권의 표지에도, 그 옅은 문양에도 정성을 다합니다. 표지의 색채가 저마다 다른 것은 물론입니다. 서책 위를 더럽혔을 얼룩 따위도 그대로 그렸지요. 새 책만 모아놓은 것은 아닐 테니까요. 도자기 또한 세월이 만만치 않았던 걸까요? 멋스러운 빙렬氷裂까지 섬세하게 드러나 보입니다.

책가도라고는 하지만 이 그림이 지루하거나 답답해 보이지만은 않았던 것은 바로 이 부분 때문이겠지요. 책들로만 빽빽한 것은 아닙니다. 책 읽는 선비라 해서 책만 읽고 살 수는 없는 법이니까요. 이처럼 서가의 책 사이사이에 읽을거리가 아닌, 볼거리들이 제법입니다. 고동기古銅器, 고옥기古玉器로 분위기는 제법 예스러운데, 곳곳에 몇 송이 꽃들로 향기를 더했습니다.

정갈한 문방文房들도 제자리를 잡고 있지요. 얌전히 말린 두루마리 속에는 그윽한 산수들이 그려져 있을 것도 같습니다. 다양한 기물 가운데에는 불수감佛手柑까지 얌전히 놓여 있습니다. 아무리 선비라고 해도 뿌린 것만 거두며 살 수 있겠습니까. 이렇게 복을 기원하는 마음 정도는 지녀도 좋겠다는 말이겠지요.

이런 기물들 또한 서재 주인의 안목을 보여주는 것이겠죠. 이 정도는 완상玩賞할 줄 알아야 한다고 말입니다. 이 그림을 보면 옛날 선비들이 그리 심심할 시간도 없을 것 같습니다. 책 읽고 그림도 그리면서, 글씨를 쓰는가 하면 골동기 꺼내놓고 감상도 해야겠고… 좋은 다기茶器가 들어오면 지기와 함께 그윽한 차도 나누어야겠고 말입니다.

신선놀음이 따로 없다 싶습니다만, 그런데 꼭 그렇지만은 않았던 걸까요? 이런 그림을 둘러두고 싶었던 건… 그렇지 않은 현실을 달래고 싶었다는? 아니면… 하기 싫은 공부, 이렇게라도 위안받아야 했기에? 다 저마다 다른 속사정이 있었겠죠.

그건 마음의 풍경

책을 사모하는 간절함 때문이든 어느 게으른 선비의 위안이든, 그나마도 아니라면…. 이런 서가쯤은 지니고 산다는 자기 과시든. 뭐, 이 정도면 그래도 귀여운 자랑 아닌가요? 미인도 아니고 화사한 꽃밭도 아닌, 그래도 책을 둘러놓고 쉼을 얻었다니. 부러운 시절이기는 합니다.

내 눈앞에 무엇이 펼쳐지면 좋겠는지, 내 거처에 무엇을 둘러두고 싶은지. 결국 내 마음의 문제겠다 싶습니다. 어떤 꿈을 꾸고 있는가. 그건 결국 무엇을 지향하는가, 그 문제에 다름 아닐 테니까요.

어떤가요? 이런 서가 하나쯤. 일루전이라면, 어차피 아름다운 트릭이라면, 즐거운 착각이라면. 이 정도 멋스러운 그림도 괜찮겠죠. 옛 시절의 선비는 아니더라도 오랜만에 꺼내어 다시 읽어보고 싶은 책, 오래도록 바라보고 싶은 그림. 어느새 싹 틔우고 꽃 피운 수선 몇 뿌리. 소망이라 말하기엔 좀 거창하지만, 그저 어느 하루의 즐거운 꿈 같은 정도로 말입니다.

사실, 그저 맘 설레는 공간이 있다면 온통 책으로 빽빽한 어둑한 도서관을 빼놓을 수 없겠는데. 오래된 책 특유의 향 같은 것도 그곳을 여느 공간과 구분 짓는, 특별한 자리로 만들어주기도 하지요. 그냥 보고만 있어도 좋은 거죠. 누군가의 생각이 긴긴 고민을 거쳐 문자로 변해, 종이 위에 제 모습을 드러내는, 책이 만들어지는 그 광경이 떠오르면서… 그 순간을 함께 지켜본 듯 가슴 뜨거워지기도 하고 말입니다.

그런 도서관까지는 아니더라도, 아마 이 책가도의 주인은 그랬겠지요. 서책의 향 은은한, 그런 공간의 주인이 되고 싶다고. 책… 누가 읽냐? 말하는 시대 앞에서, 자신만의 서가를 갖춰야 대접 좀 받았을 그 시절이 정녕, 부럽지 않을 수 없습니다.

또 하나의 트릭

그런데 말입니다. 기껏 이형록을 추천까지 한다고 했는데…. 이 그림이 진품인지 아닌지, 화가의 서명 정도는 확인해야 하는 것 아닐까요? 하지만 이 그림의 목적은 일루전에 있다고 이야기했으니, 여느 그림처럼 화가의 서명 같은 것을 넣는다면 어색하겠지요. 이건 '그림'이 아닌 것으로, 한 번쯤은 속아주기로 약속했던 것이니까요.

그렇다고 자신을 밝히지 않는다면 이건 또 아쉬운 대목이지요. 어진御眞처럼 감히 그 이름을 적어넣어서는 안 되는 그림이 아닌 다음에야. 물론 그림에 따라서는 병풍 뒷면에 화기畵記와 함께 화가의 이름을 밝히기도 하지요. 하지만 이형록은 그림 앞면에 자신의 존재를 알립니다.

그대의 감각에 기대며 묻습니다. 화가의 이름, 어디에 있을까요? 너무 무작정 질문인가요? 힌트 하나 드릴게요. 만약 제게 어딘가에 이름을 남기라 했다면, 글을 쓰는 저로서야 책 표지 어디쯤에 슬쩍, 이름을 밝혀놓겠지요. 그는 화가입니다. 천천히 그림을 보세요. 이제, 찾으셨는지요?

•

이형록李亨祿. 책가도를 잘 그린 화가다. 조선 후기에 유행한 책가도는 도화서 취재 시험의 한 항목이기도 했을 만큼 하나의 장르를 형성하기도 했다. 흥미로운 점은 할아버지 이종현李宗賢, 아버지 이윤민李潤民 또한 책가도로 이름을 얻은 도화서 화원이었다는 사실. 이 그림의 특성상, 서양화법을 적용하며 일정한 양식을 따라 그려야 했을 테니 집안에서 자연스럽게 그 과정을 익혔을 것이다. 자신의 분야를 잘 찾고 그것에 집중함으로써 한 분야의 전문가로 자리를 잡은 것인데, 영감에 넘치는 예술가라기보다는 치밀한 장인을 떠오르게 한다. 이처럼 화원이란 대를 이을 수 있는 하나의 '직업'이기도 했다. 호 송석松石, 1808~63년 이후.

무명들을 위하여

무명無名이란 말은 슬픕니다. 이름이 없는 이들이라니. 또는 이름을 얻지 못했다는 뜻도 되겠죠. 이쪽 또한 그 서러움이 덜하질 않습니다. 사람은 죽어 이름을 남긴다지요. 이름은 자신의 흔적입니다. 삶의 기록인 것이죠. 무명으로 산다 해서 그저 쉬이 살아진 것도 아니었는데, 어쩌면 더 힘겨운 순간도 많았을 텐데 말입니다. 우리 또한 공감하는 부분이 없질 않지요.

옛 그림들 가운데는 말 그대로 이 무명 화가들의 작품이 꽤 많습니다. 신분이 미미한 화가들의 이름까지 일일이 기억하며 불러주지 못했다는, 않겠다는 의미일 것입니다. 양반이 아닌데도 우리가 그 이름을 잘 알고 있는 화가의 경우, 그 재능의 크기를 짐작해봐야 합니다. 그런 대가들 뒤로는 사실 수많은 무명의 화가들이 있었겠죠. 가슴이 찡합니다.

지난해, 저는 이 무명의 존재들에 대해 좀 오래도록 생각을 하게 되었습니다. 책을 쓰던 중이었거든요. 조선시대의 역사와 그림이 만나는 이야기로, 각 시대를 대표하는 그림 여섯 점을 골라보았는데. 그 가운데 한 그림이 바로 화가가 알려지지 않은, 이른바 '작가 미상'의 작품이었어요. 책의 구성인즉, 화가의 시점으로 풀어가자는 생각이었는데…. 그의 이름을 알 수 없으니 저로서는 난감할밖에요. 이렇게 중요한 작품인데 화가는 그 이름조차 남길 수 없었던 겁니다. 안쓰럽기도 하고 미안하기도 하고.

제가 이름을 붙여주기로 했습니다. 아예 '무명無名'이라 지었지요. 조선의 그 수많은 무명 화가들을 대표하는 이름이니, 오히려 당당한 마음으로 말입니다. '무명'은 제가 창조한 인물이기도 해서 마음에 오래도록 남아 있었더랬지요. 그런데 한 그림 앞에서 그 수많은 무명들을 만나게 되었습니다.

그림, 시대의 기록

그동안 여러 차례 이 작품을 보았으면서도, 그저 그림 속 찬란한 이들의 이름만을 기억할 뿐이었습니다. 제가 무명 화가를 마음에 담기 전까지는, 수많은 무명들의 손길을 딱히 눈여겨보지 못했던 것이지요. 제목마저 길기도 합니다. 18세기 말, 조선 도화서의 전성기에 그 소속 화원들이 온 힘을 모아 그렸을 「원행을묘정리의궤반차도」입니다.

왕실의 행사를 기념하기 위해 남긴 의궤도지요. 1795년, 정조의 그 유명한 화성華城 행차를 그린 것입니다. 길이가 무려 44미터가 넘는다니! 내용이나 그림 수준을 차치하고서라도 이 정도 길이를 그려낸다는 것만도 여간한 작업은 아니겠죠. 그림은 국왕의 행렬, 그 엄청난 장관을 담고 있습니다. 이 행사를 위해 수천 명이 동원되었다는데, 그림 속에 등장한 인물만 보아도 그렇겠다 싶어져요.

이런 그림에서 중요한 부분은 그것이지요. 기록으로서의 충실함. 기념으로서의 화려함. 과연 그렇습니다. 그림 초입부터 44미터 뒤의 마지막 한 사람까지, 그야말로 사람들의 행렬로 빽빽하지요. 국왕 정조와 자궁慈宮인 혜경궁*의 주변에는 몇 겹의 인막人幕이 둘러싸여 행렬 가운데서도 단연 눈에 띕니다. 그렇게 행렬은 길게 길게 늘어서 있습니다.

이 장대한 행차의 주인인 국왕은 오래도록 품어온 새로운 조선을 꿈꾸며, 그 땅 화성의 완공을 세상에 알리는 행차를 떠나고 있지요. 그러니 국왕의 지엄함을 온 조선에 보여야 합니다. 이것이 바로 이 긴 그림이 해야 할 이야기인 것입니다.

* 혜경궁惠慶宮. 홍봉한의 딸로, 사도세자의 빈이며 정조의 모후다. 《한중록》을 통해 영광과 절망을 오가던 자신의 삶을 고백했다. 후일 헌경왕후로 추존. 1735~1816년.

전체

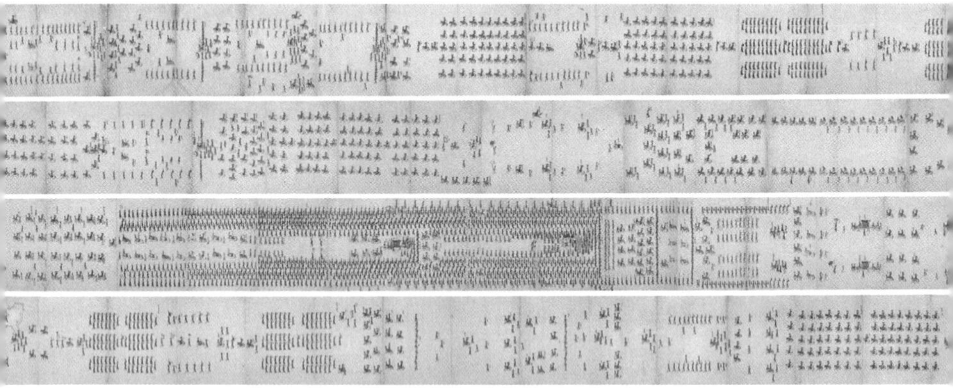

부분

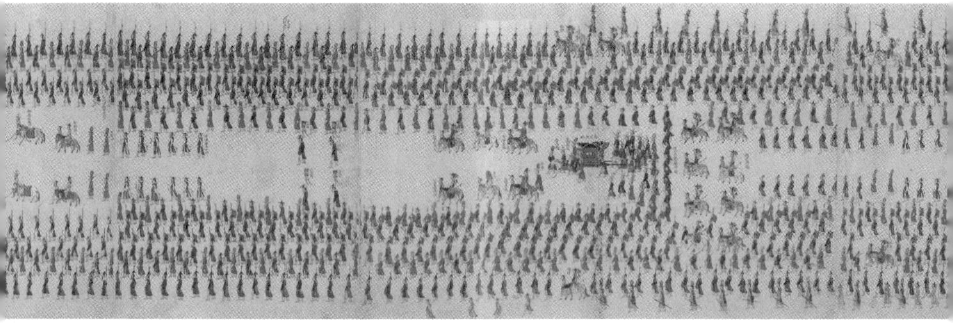

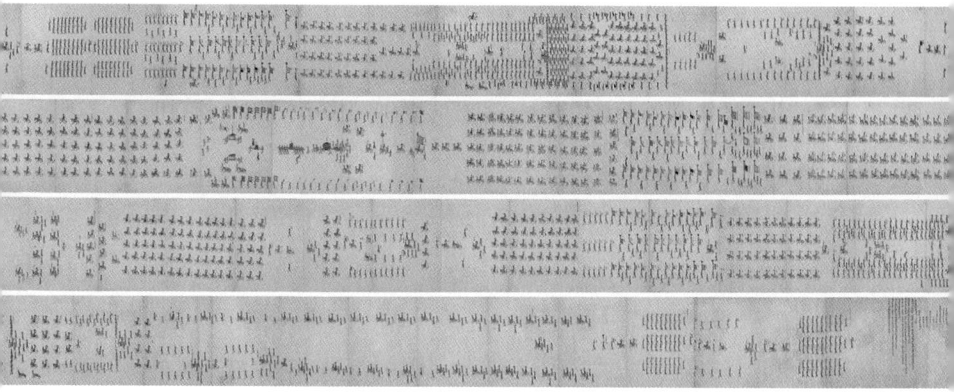

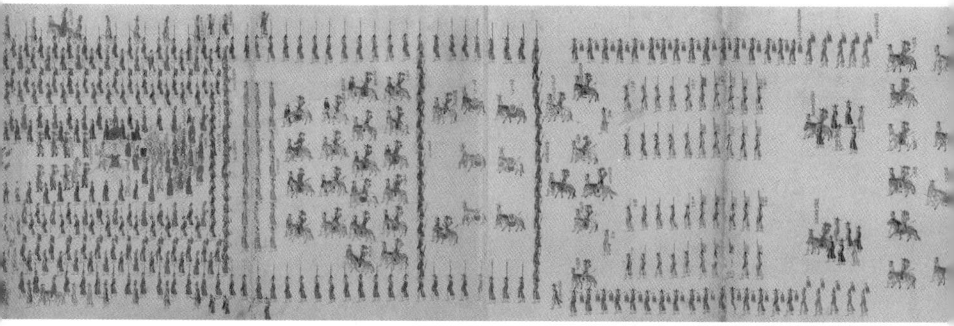

「원행을묘정리의궤반차도園行乙卯整理儀軌班次圖」

지금까지 저의 독해는 그림의 규모나 내용을 되짚으며, 이 정도 감상에서 마무리되곤 했습니다. 역사적 배경이나 그림의 수준 같은, 그것들만 가지고도 할 말이 넘치도록 많았으니까요. 미술사 영역에서 의의를 밝히든, 재미난 역사의 한 부분을 이야기하든, 더 들어가 당시 도화서 화원들의 실력을 비교해보든 말입니다.

그, 무명의 화가들

그런데 그 화원들의 이름이 대부분 '무명'이었을 거라는 생각 앞에서 어쩐지 남다른 친밀감이 들기 시작하는 겁니다. 이처럼 엄청난 행사 그림을 어느 한두 화가의 손으로 그릴 수는 없는 일이죠. 당연히 책임자를 정하고, 그의 지휘에 따라 일사불란 움직이지 않으면 안 됩니다. 게다가 그림의 성격상 시일이 지체되거나 오류가 생긴다거나 하면 정말 큰일이죠.

물론 그림에 관여한 모든 화가가 무명인 것은 아닙니다. 도화서에 소속된 화원들이라 해도 그 이름과 처지는 그야말로 천차만별. 임금이 특별히 아꼈을 한 사람에서부터 자신의 이름을 서명할 그림 한 점 변변히 남기지 못했을 화원에 이르기까지. 같은 직장에서 일한다고 같은 대우를 받는 것은 아니지요.

당시 이 의궤도에 관한 일 전체를 책임진 이는 김홍도입니다. 그를 선두로 해서, 그림을 그린 이들의 이름 몇몇이 더 기록되어 전합니다. 이인문, 김득신, 이명기 등, 우리가 익히 들어온 정조 시대의 유명 화원들입니다. 하지만 이 '유명'들만으로 그림이 완성될 수는 없습니다.

이런 의궤도 같은 그림은 작업량은 엄청나지만 그 과정은 몹시 지루했을 것입니다. 처음부터 끝까지, 그림을 그저 바라보는 우리도 자칫 인내심을 잃고 중도에 포기할 만한 정도지요. 그러니 이런 그림··· 손이 많이 필요하겠죠. 그림 숙련 정도에 따라 맡은 바 임무는 차이가 있겠으나, 무명들이 뒤를 받쳐줘야 하는 것입니다. 그렇게 하나하나 일이 나누어집니다. 유명과 무명 모두가 저마다의 역할에 충실하지 않는다면 어딘가 허술해지기 마련이겠죠.

그들은 잘해낸 것입니다. 많은 의궤도 가운데 애써 이 작품을 들여다보게 된 이유이기도 하지요. 의궤도라 해서 같은 것은 아니라는, 그 제목이 어떠하든 여느 것들과는 다른 수준으로 만들어낼 수 있다는, 그런 남다름이 있거든요.

그러니까 1795년의 이 의궤도는 그저 기록화라 하기에는 매우 잘 그린 '그림'이라는 이야기가 됩니다. 디테일 하나도 그저 넘어가지 않았다고나 할까요? 똑같이 늘어선 인물 하나, 말 한 마리도 그저 똑같이 그리지는 않겠다는 화원들의 마음가짐이 그림 속에 그대로 드러난 거죠. 당시 도화서 화원들의 실력은 유명이든 무명이든 그 평균치가 매우 높았던 것입니다.

무명 화원 입장으로 돌아가면 그런 생각이 더해집니다. 어차피 내 이름이 기록에 남지 못한다 해도, 이왕이면 말입니다. 좀 근사한 작업을 함께하면 일하는 재미는 있었겠다, 그런 마음이 들지요. 자신이 하는 일이나 시대에 대한 자부심 같은 것. 그런 일에 동참했다는, 붓을 든 자로서의 존재 의미 같은 것. 그런 것이 있지 않았을까요. 나의 땀이 그 그림 속의 한 사람을 만들었다고, 그런 생각이 모여 이 거대한 그림을 완성해낸 것이겠지요.

우리, 무명들의 나라

우리 무명 화가들의 사정은 대략 이런 정도였습니다만. 이런 사정은 그들만의 것은 아니었습니다. 바로 그림 속, 무명들이 그려낸 인물들 말입니다. 나란히 열을 맞춰 늘어서 있는 인물들을 생각해봅니다. 그들이야말로 그 시대의 무명 백성들일 테지요. 장대한 행렬에 대한 놀라움 뒤로 그런 마음들이 피어오릅니다. 그들은… 그렇게 수많은 인원이 동원되었다는 증거로서, 지존至尊의 안위를 지켜야 한다는 당위를 위해 그 자리에 선 것입니다.

의궤도는 그림의 목적이 분명하죠. 기록인 것입니다. 하여, 등장인물 하나하나에 그 직위를 적어넣습니다. 국왕이 탄 말이나 혜경궁의 가마에도 표시를 해둘 정도지요. '어좌마御座馬' '자궁가교慈宮駕轎' 이렇게 말입니다. 그림 하단에는 이번 행사가 진행된 과정과, 그 책임을 맡은 이들의 이름이 적혀 있습니다. 정녕 꼼꼼한 기록입니다. 하지만 우리는 행사에 참여했다는 수천의 이름 가운데 고작 몇

몇을 알고 있을 뿐입니다. 무명의 백성들은 그 어디에도 이름이 남아 있질 않지요.

한 발 뒤로 물러나 다시 그림을 봅니다. 어찌된 일인지 그림이 묘한 이미지로 흔들리기 시작합니다. 가까이 다가가서 보면 분명 이목구비와 옷차림까지 저마다 다른 한 사람, 한 사람이거늘. 조금만 물러나 바라보면 화면의 사방을 촘촘하게 에워싼, 그저 길게 이어진 선처럼 보일 뿐입니다. 길게 이어진 성벽처럼 보이기도 합니다.

묘한 슬픔 같은 것이 솟습니다. 사람의 벽. 벽처럼 둘러싼 사람들의 행렬. 그들에겐 무어라 붙여준 이름 또한 없으니 그저 무명의 병사들일 것입니다. 그들은 그렇게 성벽의 한 조각, 한 조각으로 자신의 존재를 이야기하는 듯합니다.

그러고 보니 그림 속의 행렬은 마치 이 성벽들이 움직이는 것 같습니다. 움직이는 성, 움직이는 성벽…. 하긴 그른 말도 아니다 싶습니다. 그 성으로 둘러싸인 채 국왕이 움직이고 있으니까요. 그가 누구인가요. 그는 곧 조선입니다. 그의 움직임은 조선의 움직임일 테니. 그를 지키고자 성벽처럼 에워싼 병사들은 조선을 지키는 성벽과 다르지 않겠지요.

백성이 만들어낸 성벽. 무엇을 지키기 위함인가요. 그들 가운데 누구 하나라도 무너지면 그 성은 조금씩 조금씩 허물어 내리는 것 아닐까요? 개체로서의 독립성을 주장하질 않는 그들이지만, 아니 그렇기에 단 하나의 흔들림이 전체의 흔들림으로 이어질 것 같습니다. 그렇겠죠. 백성이, 무명의 그들이 곧 나라인 것입니다.

행렬을 그리던 무명 화원들의 마음이라면 어떨까요. 이 똑같지만 똑같을 수 없는 인물들 하나하나를 그리면서 뭔가 찡한 공감도 있었을 테죠. 우리 또한 함께할 만한 그런 마음결일 것입니다. 한 임금의 꿈을 담은 이 그림. 그의 꿈에 동원된 수많은 이들을 떠올려봅니다. 그의 꿈을 그린 화가들도, 그의 말을 이끌었던 시종들도, 그의 꿈을 바라보던 백성들도, 모두가 무명의 우리 아니던가요.

꽃잎, 깊은 삶의 흔적

그렇지요. 무명이 그렸든, 무명이 등장했든… 의궤도는 세상을 이끌어간 유명들을 위한 것입니다. 기록의 속성 자체가 그러하니까요. 이런 순간, 쓸쓸한 마음이 들지 않는다면 제 자신에게 솔직하지 못한 것이겠죠.

하지만 쓸쓸함으로 마무리하고 싶지는 않습니다. 무명들의 기록, 그냥 보통 사람들의 기록. 굳이 역사가 기억해주지 않는다 해도 이 삶을 살아낸, 기어이 버텨낸 아름다운 흔적들이 없지 않을 것 같아서요. 먹물로 석 자 이름을 남긴 유명들과는 다른, 우리의 삶 그 자체로 말이지요. 어쩌면 그 흔적들은 우리의 삶 저 깊은 곳에 꼭꼭 새겨져 있는지도 모르겠다고. 애써 힘을 내어봅니다. 그러던 어느 날, 그 시를 만났습니다.

지난여름이었어요. 한 시인을 알게 되었습니다. 만남이라기엔 너무도 짧은 인사였죠. 그런데 겨우 몇 마디 나누는 사이 시인이 좋아져버렸습니다. 저는 무명이 주인공으로 등장하는 그 책을, 시인은 시집 《벚꽃 문신》을 서로에게 전했지요. 어쩌면 인연일까요. 시를 읽던 밤. 울었습니다.

아버지는 이십 년 넘게 목욕탕에 간 적이 없다
아들에게 등을 맡길 만도 한데
단 한 번도 내어준 적 없다
아버지의 젊은 날이
바큇자국으로 남아 있는 한
자식들에게 보여줄 수 없는 등
경운기와 사투를 벌이며
빨려 들어가는 옷자락을 얼마나 붙들었던가
논바닥에 경운기 대가리와 뒤집어졌을 때
콧구멍 벌렁거리며 밥 냄새에 까만 눈 반짝이던
삼 남매의 얼굴이 흙탕물에 뒹굴었으리라
바퀴가 등을 지나간 뒤
핏물 위에 가득했던 꽃
울지도 못하고 깨진 창문에 덧댄 비닐처럼
벌벌 떨었다
방문 틈으로 새어 나오는 앓는 소리를 들으며

개구리처럼 눈만 끔벅이다가
부엌 구석에 쪼그려 앉아 졸았다
경운기와 씨름한 살바가 붉게 물들어
아버지 등에 감겼다, 병원에 가자고
등에 손을 얹은 어머니의 눈물
뒤집어지던 꽃잎 훌러덩훌러덩
등에 새겨졌다*

이 시대 무명들의 삶, 그 지워지지 않을 아름답고 서러운 흔적들이 어찌 한 아버지만의 것이겠는지요. 그 아름다운 꽃잎, 그 눈물겨운 새겨짐이 곧 우리 삶의 흔적이겠죠. 누구도 무명일 수는 없습니다. 아니 어쩌면, 무명으로 사는 우리의 삶이 곧 시대 그 자체일지도 모르겠습니다.

저마다의 꽃잎 하나씩을 품고 사는 사람들. 의궤도 안에 늘어선 그 수많은 무명들의 모습 위로, 그들의 이름처럼 새겨졌던 그 꽃잎들. 눈부시게 날아오릅니다.

---

* 박경희, 〈벚꽃 문신〉, 2012년.

•

도화서圖畵署. 국가에 필요한 그림에 관한 모든 일을 담당한 관청이다. 조선 초에는 도화원圖畵院으로 불렸으며 성종 무렵 그 명칭이 도화서로 바뀌었다. 의궤도 등 국가 행사에 소요되는 그림과 임금의 어진과 공신초상 등을 제작하는 것이 주요한 일이었다. 소속 화가들을 화원畵員이라 하였는데, 주로 중인 출신의 화원 집안에서 대대로 화원을 배출한 예가 많다. 중국이나 일본으로 사신이 파견될 때에는 실력 있는 화원을 수행하게 함으로써, 자연스레 회화 교류가 이루어지기도 했다. 조선의 대표 화가를 크게 문인화가와 화원으로 나눌 수 있을 만큼, 조선 회화사에서 도화서가 차지하는 비중이 크다. 김홍도, 이인문 등의 대가들이 활동했던 정조대를 정점으로, 왕조 후기까지 이어지다가 갑오개혁甲午改革이 있은 다음 해인 1895년에 혁파되었다.

지존의 들국화

들국화, 라고 부르기는 하지만 이름이 좀 애매합니다. 그 폭이 너무 넓은 까닭이겠죠. 들에 피는 국화 비스무리한 꽃들을 아우르는 이름이니까요. 들에 피는 꽃. 특별히 무얼 내세운다거나 화려하지도 않은, 그저 수수한 대로, 그래서 더 마음 머무는 꽃.

여기 바위 사이 한 무리의 들국화가 피었습니다. 하지만 한 번 스쳐 지나버리기엔 그 모양새가 예사롭지 않습니다. 들국화라 하기엔 아무래도 조금 단정한 느낌 같은 것. 화면에는 화제 한 줄 적혀 있지 않습니다. 오른쪽 상단에 아담하게 자리한 인장 하나가 그린 이의 마음을 알려줄 뿐이지요.

인장에 새겨진 글자인즉, '만천명월주인옹萬川明月主人翁'. 누군가의 호임이 분명한데…. 들국화 한 무리를 그려놓고 덜렁 이런 호를 새긴 그는 누구인가요. 내용으로 보자면 아무나 쉬이 쓸 수 있는 호는 아닙니다. 온 세상을 비추는 밝은 달, 그의 주인이라 하였으니까요. 세상의 주인 된 자…. 그렇습니다. 인장의 주인이자 그림을 그린 이는 조선의 국왕, 22대 임금인 정조입니다.

그렇다면 얘기가 더 쉽지 않아 보입니다. 천하의 주인임을 스스로 밝힌, 지존至尊이 그려낸 들국화. 하필이면 들국화. 고유한 이름으로 불리기도 어려워 보이는 그 소박한 들꽃인가 말입니다.

그림을 사랑한 임금의 그림

정조는 조선 국왕 가운데서도 그림에 대한 사랑이 남다른 이로 알려져 있지요. 그 자신 또한 이처럼 직접 그림을 그리기도 했습니다. 근사한 이야기죠. 하지만 이런 군주를 만난 것이 당대 화원들에겐 좋기도 혹은 그렇지 않기도 했던가 봅니다.

문화와 예술 자체가 흥해지니 화가로서는 신이 나는 시대임이 분명합니다만, 최고 통치자의 안목이 뚜렷하다보니 아무래도 운신하기가 만만치 않았을 것입니다. 시시콜콜 그림을 평하는 데도 꽤나 열성이었고 말입니다. 군주와 그림을 놓고 입씨름할 만한… 그런 처지의 화가가 얼마나 되겠습니까. 어쨌든 그런 임금이 직접 그림을 그려낸 것입니다. 그 솜씨가 궁금한 대목이지요.

그림으로 말하자면, 그의 자리가 임금인 것을 고려하지 않더라도 꽤 그럴싸한 수준입니다. 일단 구성 자체가 제법 대담하지요. 그림을 왼쪽으로 90도 돌리고 보면 안정된 구도라 여겨질 정도인데, 그는 바위를 옆면으로, 국화를 그 위아래로 피워냄으로써 긴장감 있는 화면을 연출해냅니다. 여느 문인들의 담담한 화면과도 거리가 느껴질 정도의, 다소 멋을 부린 듯한 구성입니다.

뭐랄까요. 정조에 대해서는 여러 생각을 해보기도 했는데… 꽤나 냉정한 정치가였다고는 하지만 예술가로서의 그는 폼 잡는 일도 마다치 않는, 그런 매력이 있습니다. 어딘가 살짝 어설프지만, 그래도 그 당당함이 귀엽게 느껴진다고나 할까요? 장르는 의당 아마추어 화가에게 적당한 국화나 매화 같은 정도인데, 그런 담담한 소재들을 다소 파격적인 구성으로 넘어선다는 느낌입니다.

이 그림만 보더라도 바위가 굴러떨어질까, 긴장하면서 마주하게 됩니다. 그런데도 그 바위에 기대어 국화 몇 송이가 자리를 잡았더란 말이지요. 제법 아슬아슬한 맛이 있습니다. 그러면서도 바위를 중심으로 한 상하의 대칭 구도를 포기하지는 않습니다. 그의 성정에 기인한 것이겠죠. 어쩌면 아직은 그것에서마저 자유로워질 정도의 화가는 아닌 까닭이기도 하겠지요. 그렇다고 여느 국왕이나 왕자들마냥 얌전하기만 한 그림은 답답하다는, 그만의 색채가 보입니다.

구도의 파격에 비하면 붓의 놀림은 꽤 단정한 솜씨입니다. 먹의 농담을 구사한 정도로 보자면 필묵에 익숙한 편인데도, 그래도 여느 화원처럼 마구 흥을 뿌려대기는 무리였다는 거겠지요. 그런데, 아니 그래서겠죠. 그림이 매력 있습니다.

이 정도가 임금이 그릴 수 있는 그림이어야 한다고. 마음의 흥을 따라 붓을 들었으면 되었지 그림으로 일가를 이루겠다는 건 아니지 않겠느냐고. 그래서인가요. 솟아오른 꽃송이 위로 한 마리 풀벌레를 앉혔습니다. 심심한 거, 이렇게 좀 날려 보내보겠다는 뜻일까요. 짙은 먹으로는 잎새를 표현하고, 꽃송이는 옅은 먹으로 차분하게 하나하나 그려나갑니다. 채 피어나지 않은 봉오리 몇 개를 더하는 것도 잊지 않습니다.

이런 장면쯤도 상상해봅니다. 정조가 김홍도를 총애한 것은 알려진 바와 같은데, 가끔씩 그림을 지도받는 순간들도 없지는 않았을 테죠. 이 그림 한 점 그려놓고, 어쩌면 조금 설레듯 뽐내는 마음으로 김홍도의 화평을 기대해보았는지도 모르지요. 어떠한가, 단원. 나의 그림도 이 정도면 볼 만하지 아니하냐? 하는 표정으로.

온 세상의 주인 된 자

화면이 전체적으로 느슨하지는 않지만 그렇다고 화제 한 줄 적어넣지 못할 만큼 빽빽한 것도 아닙니다. 아마 오른쪽 상단쯤에 그럴싸한 시구 하나 더해지는 것이 일반적인 구성일 텐데. 그는 굳이 화제를 적어 넣지 않았습니다. 그러곤 인장 하나만을 덜렁 찍어놓았죠.

인장에 새겨진 자호自號 안에 그의 마음이 있겠지요. 지향점이라 할까요? 어떻게 살아야 할 것인가, 에 대한 다짐 같은 것 말입니다. 무릇 '호'를 짓는다는 마음은 무엇인가요. 한 '생명체'로 태어나 세상과 만나면서 누군가에게 얻게 된 그 '이름'과는 달리, 호는 '인간'으로서의 삶의 방향을 담아낸 것 아니던가요.

흔히 존경의 마음으로 선인의 호를 이어받기도 하려니와, 애완하는 무언가의 이름을 호에 담기도 하고, 내 삶의 색채를 따라 부르기도 하지요. 옛사람들의 호가 비슷하거나 아예 같은 것이 많은 까닭도 이 때문입니다.

'만천명월주인'이라 말했을 때, 그는 세상의 주인이 되었다는, 아니, 제대로 되겠다는 의지를 표명한 것이겠지요. 물론 이 용어에 담긴 철학적 의미들을 풀어내자면 다시 수많은 해석들 사이를 걸어야겠습니다만. 우리는 한 국왕의, 들국화를 그리는 상황에 집중해보기로 합니다.

들국화를 그리면서, 자신의 호를 꾸욱 눌러 찍었을 마음을 생각해봅니다. 하필이면 들국화였던 까닭은 무엇이었는지, 따뜻한 눈길로 읽자면 이런 정도가 되겠지요. 이렇듯 바위틈 사이로 힘겹게 피어난

▶ 정조正祖 「야국野菊」

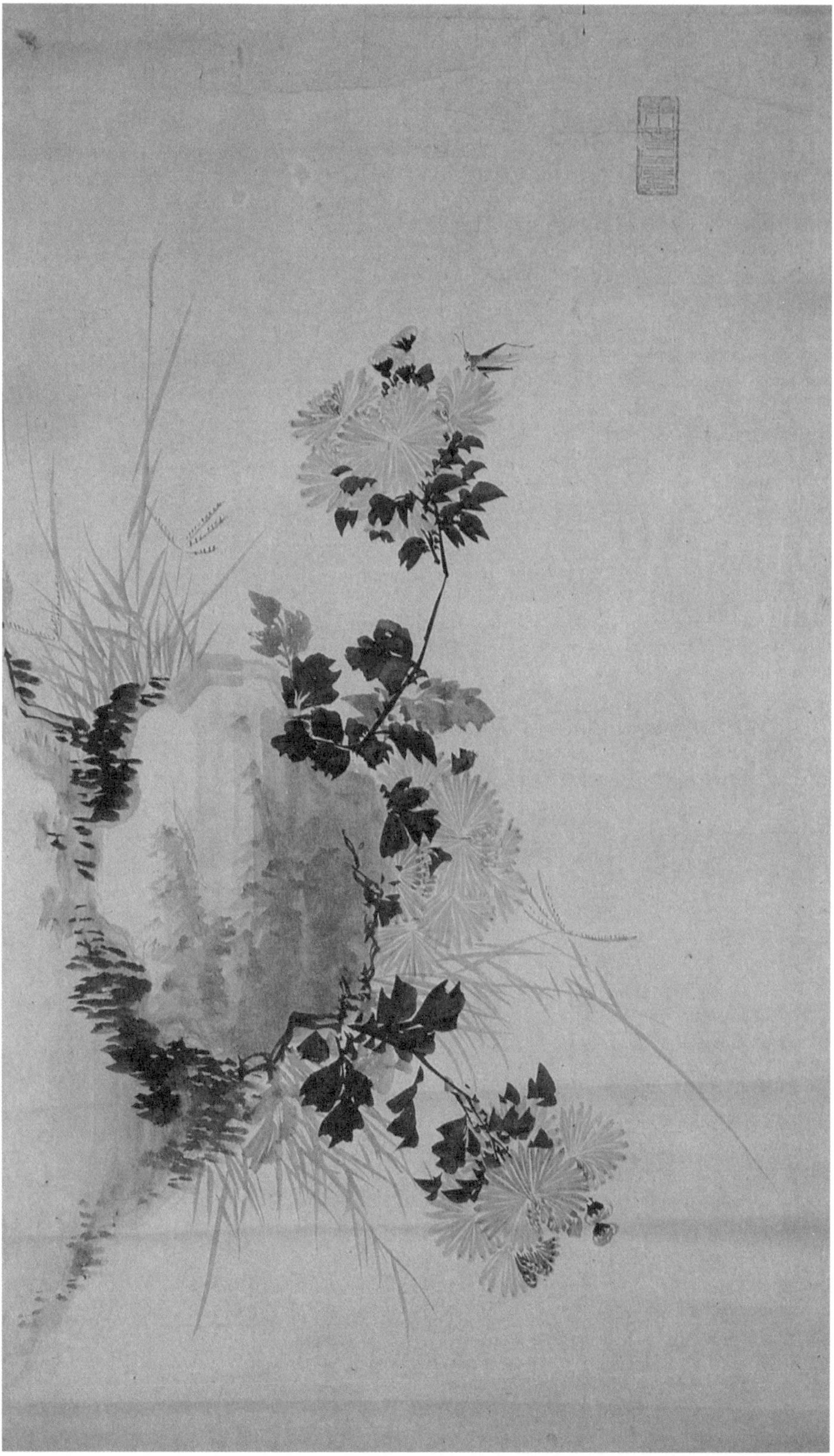

들국화의 마음을 어찌 모르겠는가. 이들이야말로 나의 백성이 아닌가. 좀 삐딱한 시선을 보태자면 이런 목소리가 들립니다. 조선 천지, 들에 핀 꽃 한 송이도 짐의 소유가 아닌 것이 없느니라. 그래도 따뜻한 쪽으로 읽어보고 싶습니다. 아무래도 그림의 색채가 이쪽에 가깝게 느껴지니까요.

모르긴 해도 임금의 마음은 그랬을 것도 같습니다. 어느 날, 들에 핀 국화가 그리워지기에 기분을 따라 붓을 적셔봅니다. 차분한 마음으로 화면을 채우고, 다 된 그림을 조용히 바라봅니다. 오히려 그제야 깨달았는지도 모릅니다. 그 꽃의 소슬함이 여느 화려한 꽃들의 자태와 닮지 않았음을. 그저 제자리에서 뿌리를 내린 채, 꽃인 양 풀인 양 가을을 밝혔다 사라지는 그 꽃들이 바로 조선의 백성들, 그 모습이었음을 느끼게 되었겠지요.

어떤 화제를 더하자니 그건 또 흥이 나질 않습니다. 하여 그냥 호를 새긴 인장 하나만 찍어내기로 합니다. 하고픈 말, 그것으로 충분하니까요. 좀 심심한 듯, 하지만 답답하지 않은 화면이 들국화의 느낌과도 꼭 닮아 있으니. 그림으로 보아도 나쁘지 않다 싶습니다.

들국화는 묻고 있다

정조라는 임금의 이미지는 사실 이런 정도였죠. 어쩌면 세상을 제대로 만난, 하지만 어쩌면 아주 제대로는 만나지 못했던, 미완의 천재 같은 느낌입니다. 그를 둘러싼 수많은 이야기들, 이런저런 평가들은 어느 정도는 사실이고 어느 정도는 과장이겠죠. 하지만 그가 한 국가를 경영할 정도의 능력, 이라는 면에서는 여느 국왕과 겨루어도 당당할 수 있을 것 같습니다.

그래서 어쩐지 조금은 안쓰러운 마음으로 읽게 되는 것이 그의 시대입니다. 채 이루지 못한 꿈을 안고, 자신의 나라를 어린 세자에게 맡긴 채 세상과 이별해야 했던 그 모습 때문이기도 하고. 그리고 그가 떠난 이후 조선이 걸어간 길을 생각하자니… 그 암담한 역사의 장면들이 떠오른 까닭이기도 합니다.

삶의 목표를 향해 나아가는 한 인간의 모습으로 그를, 그의 그림을 다시 생각해봅니다. 그에게 들국화는 무엇인가요. 그것 자체가 목표였을지도 모르겠다는 해석은, 해석이라기엔 너무 낭만적인 감상이다 싶지만. 그런 생각의 조각들이 여전히 내 안에 떠도는 건 어찌할 수 없는 일입니다.

어떻게 살 것인가. 그것이 자만이었든 자부심이었든, 그는 자신이 가진 권력에 대해 최선을 다했던 사람 아니었을까요. 어떤 임금으로 살아갈 것이냐, 는 들국화의 물음을 의식했을 것입니다. 그리고 다짐이 있었을 테지요. 그의 길지 않은 인생. 임금으로, 한 인간으로 행복했고 고단했을 시간들을 돌이켜보자면. 그는 자신이 다짐했던 삶에 충실하고자 했던 사람이었으리라, 그런 생각입니다.

무얼 하며 살 것인가, 에 대한 갈등을 넘어 어떻게 살아야 할 것인가, 에 대한 고민이 더 큰 자리를 차지하기 시작했다면. 아마 그 무렵

쯤이 진짜 어른이 되기 시작하는 때일지도 모르겠다고, 그저 혼자 생각으로 고개를 끄덕여봅니다.

세상의 주인이 아니라 해도 스스로의 주인 노릇에 충실해야겠다는 막연한 생각 앞에서, 어떻게 살 것인가… 그런 다짐 하나쯤, 자신이 생각한 색채 하나쯤, 방향 하나쯤, 어찌 없겠습니까. 다만 쉬이 흘리고 다니기엔 무겁다 싶어 깊숙이 넣어둔 채 짐짓 또 하루를 맞는 것이겠죠.

자호 하나 가지지 못하는 요즘의 삶이 좀 팍팍한가 싶기도 한데. 사실 제게 불쑥 호 하나가 들이밀어진 날이 있었습니다. 온 천하의 주인이라는 누군가의 거창한 호를 이야기하면서, 어째 마음 한구석이 자꾸 신경 쓰이는 건 아마 이것 때문이었나 봅니다.

어떻게 살 것인가

선생님 한 분이 계십니다. 좀처럼 마음에 드는 성과를 내지 못하는 제자가, 나이도 적지 않은데 여전히 제멋대로 좌충우돌 중인 그런 제자가 걱정스러웠는지. 아니면 속으로 화가 좀 나셨는지도 모르겠습니다. 나이가 들면 태어난 곳을 따라 호를 짓는 것이 좋지, 라시며 '문농文農'이라는 호를 주셨습니다.

글로 농사를 짓듯이 살아라… 그런 말씀이신데. 농사짓듯이 글을 쓴다… 하지만 농사를 짓는다는 건 아무나 할 수 일은 아니다 싶습니다. 묵묵한 꾸준함과 때를 읽는 눈, 때 아닌 천재天災를 견뎌내는 지혜 같은 것도 필요하겠지요. 담긴 뜻이 무거워, 마냥 즐거이 부르질 못하는 중이었습니다.

문文이 방향을 담았다면 농農은 방법을 말하는 것이겠지요. 무엇을 하며 살 것인가. 어떻게 살 것인가. 문도 버거워 죽겠는데 거기에 더해 농이라니요. 선생님이 뜻하신 문이 내가 가고자 하는 문의 길과 얼마나 비슷한지 어떤지, 그 또한 자신이 없는 일이기도 했습니다.

물론 스승께서야 무어 그리 무거운 뜻으로 말씀하셨겠습니까. 그저 어느 저녁의 흥으로 던진 얘기셨겠지만, 켕기는 구석이 없지 않은 제자의 마음이 그렇더라는 얘기입니다. 농부의 자질을 논하기엔 아득하니, 차라리 농부의 마음을 따라보면 어떨까 싶어집니다. 농사를 짓는 마음이란 어떤 걸까요? 너무 잘하려고 종종걸음 치는 건 오히려 농사의 본질과는 그리 어울리지 않는다 싶습니다. 한 해 농사가 시들하면 다음 해엔 뭔 묘책이 생기기도 하려니… 그런 배포도 있어야겠고 말입니다. 내 멋대로 생각해봅니다. 그냥 편히 받아들이기로 합니다. 세상의 주인 된 자처럼 무거운 책무도 없는, 그저 화면 속 한 송이 들국화가 내 처지이니 말입니다.

이런 상황이니. 내게 불쑥 나라 하나를 경영해보라며 맡겨주신 할아버지가 없는 것도 큰 다행이다 싶습니다만. 정조로 보자면 그런 무게, 감당해주겠다는 의지로 충만해 보입니다. '만천명월주인'이라는 호가 삶의 방향을 담았다면, 이 들국화 그림은 방법을 얘기하는 것 아닐까요? 주인으로 살겠다. 어떻게? 이런 들국화를 바라보는 눈으로.

그의 이른 죽음이 아니었다면…. 모르겠습니다. 조선의 들국화들이 견뎌야 할 무게가 그래도 조금쯤은 덜어졌을까요? 어차피 백성들의 곤궁함이란 그리 다를 것 없었겠지만. 그래도 말입니다. 그래도 한 발쯤은 나아가는 시대가 있을 수 있는 것 아닐까. 아직 다 버리지 못한 긍정의 힘을 부추겨 생각도 해봅니다.

봄이 오면, 그러면

올해 작물은 뭘로 좀 해보나… 이건 어떨까? 아니야, 저쪽이 낫지 않을까? 올해는 하늘이 비도 제때 좀 뿌려주고, 날씨도 때를 맞춰주면 좋을 텐데…. 아직 제대로 흙이라곤 만져보지도 못한 초짜 농부는 생각만 이리 많습니다.

아직 봄이 올 기미가 보이지 않습니다. 봄이 되면 그때 슬슬 움직여봐야겠다고. 애써 계절에 짐을 떠넘깁니다. 그저 동녘 하늘이나 힐끗거리면서, 오늘도 아직이로군, 머뭇거리는 봄이 조금 고맙기까지 합니다. 그래도… 봄은 올 것입니다. 부풀어오르는 붉은 흙 사이로 몽실몽실하게. 기어이 농사의 계절은 시작될 것입니다.

•

정조正祖. 조선 22대 국왕이다. 조선의 중흥을 꿈꾼 개혁군주로, 그림은 물론 글씨와 시문에 뛰어난 예인이기도 했다. 특히 그림을 좋아해 화원들을 적극 후원하고 아낀 것으로 유명한데, 안목이 남달라 화원들의 그림을 일일이 평가하기도 했다고. 그의 치세에 도화서 화원의 품격이 달라졌음 또한 그럴 법한 일이었다. 스스로 여러 점의 그림을 남겼으니, 직접 그림을 그렸다는 조선의 여러 국왕과 왕자들 가운데 단연 발군이라 할 만하다. 수묵으로 그려낸 사군자류의 작품들이지만, 긴장감 넘치는 구도며 먹의 사용 등에서는 국왕의 자리 뒤에 감춰둔 예술가의 모습이 느껴진다. 「야국」 「파초」 「묵매」 등이 전해진다. 호 홍재弘齋, 휘 산祘, 1752~1800년, 재위 1776~1800년.

늪에 빠진 난

중학교 입학 무렵이었어요, 운현궁*에 대해 알게 된 것은. 운현궁… 이름이 주는 신비한 느낌에 홀려 그 주인에 대한 궁금증으로 소설 한 권을 골라들었습니다. 그러곤 묘한 실망감으로 기운이 빠져버렸지요. 작가의 이름이 무색하게 소설은 소설대로 별로였는데, 오직 이름이 지닌 매력 때문에 책을 들게 만들었던 운현궁마저 그 궁의 주인과는 어울리지 않는다 싶어서요. 열네 살의 감성으로는 흥선

* 운현궁雲峴宮. 이하응의 집으로 고종의 잠저潛邸다. 대원군 집권 시, 궁궐과 직접 통하는 문을 내었을 정도로, 국왕을 대신한, 대원군의 권력을 상징하는 이름이었다.

대원군興宣大院君이라는 인물과 운현궁이라는 느낌이 좀처럼 산뜻한 이미지로 들어맞질 않았던 거죠.

그리고 몇십 년이 흐른 뒤, 다시금 느끼게 된 이 묘한 이질감. 이번에는 궁의 주인이 아닌 한 화가의 자리에서 이하응은 다시 나를 곤혹스럽게 합니다. 그에 대해, 그의 삶에 대해 좀더 많이 알게 되었으니, 상상 속의 이미지 운운하는 때는 한참을 지난 거죠. 그래서 의아합니다. 도대체 이런 그림과 권력자 이하응이라는 조합은 좀처럼 각이 나오질 않는 것을요. 화가와 그림. 그 관계가 대략 어떠해야 한다는 생각이 여전히 남아 있기 때문인지도 모릅니다. 아직 결론이 잘 나질 않습니다. 그림을 좀더 봐야 할 것 같지요.

석파란의 주인으로

'괴석묵란'이라는 제목처럼, 그림에는 괴석과 난이 나란합니다. 난이라는 소재가 주는 이미지를 제법 뛰어넘었다 싶은, 자유로운 구성이지요. 전체적인 배치는 시원하면서도 아기자기한 맛이 있습니다.

그런데 화면의 주인공인 난을 보니, 흔히 생각하는 고결함 운운하기에는 어딘가 껄끄럽지요. 오래도록 바라보고 있으면 다소 부담스러울 정도의 나긋함입니다. 매우 잘 그렸으나 심기가 편치 않은. 그러면서도 한 번쯤 다시 돌아보고 싶은, 묘한 붓의 느낌입니다.

먹으로 봐도 그렇습니다. 풍부한 농담의 강약을 제대로 살려낸 먹이고 보면, 수련의 시간도 그러하려니와 타고난 재능 또한 만만치 않왔다 싶습니다. 대원군으로서의 대접이 아니라 그저 그림만 내놓았을 때도 쏙 하고 눈에 들 정도의 솜씨지요.

이런 난은 그림 자체로 그저 낙낙하게 감상하면 그만입니다. 그런데 그림이 이하응이라는 인물과 겹치면서 곤혹스러움이 새삼스러워진 것이지요. 예전의 그 느낌. 이 인물을 둘러싼, 도저히 어울릴 것 같지 않은 이미지들이 다시 모였다 흩어지면서. 역사 속의 한 권력가와 한없이 나른한 그림 사이에서 무어라 결론을 못 내리고 서성이기 시작합니다.

물기 가득 품어 촉촉한, 심지어 달짝지근할 정도의 난이었으니. 그린 이의 삶과 나란히 이어 생각하기가 어려워진 겁니다. 이 정도의 난엽이면 그나마 젊은 시절의 현란한 비수肥瘦를 많이 덜어낸 것이라고들 하지만, 그래도 그의 난은 여전히 현란합니다. 화가 자신이 이런 비수를 '즐겼다'는 말이겠죠. 차분하고 여유로운 성정은 아니었겠지요.

처음엔 그림 앞에서 그리 생각했습니다. 그가 권력에 대한 마음을 접고 그저 난으로 한생을 보내기로 한 것은 아닐까. 한 시대를 대표할 만한 난이었으니까요. 그의 호를 따라 석파란石坡蘭으로 부르기도 했을 만큼 일가를 이룬 화가이기도 했습니다. 그림을 보면 이름에 값한다는 생각이 들지요.

▶ 이하응李昰應 「괴석묵란도怪石墨蘭圖」

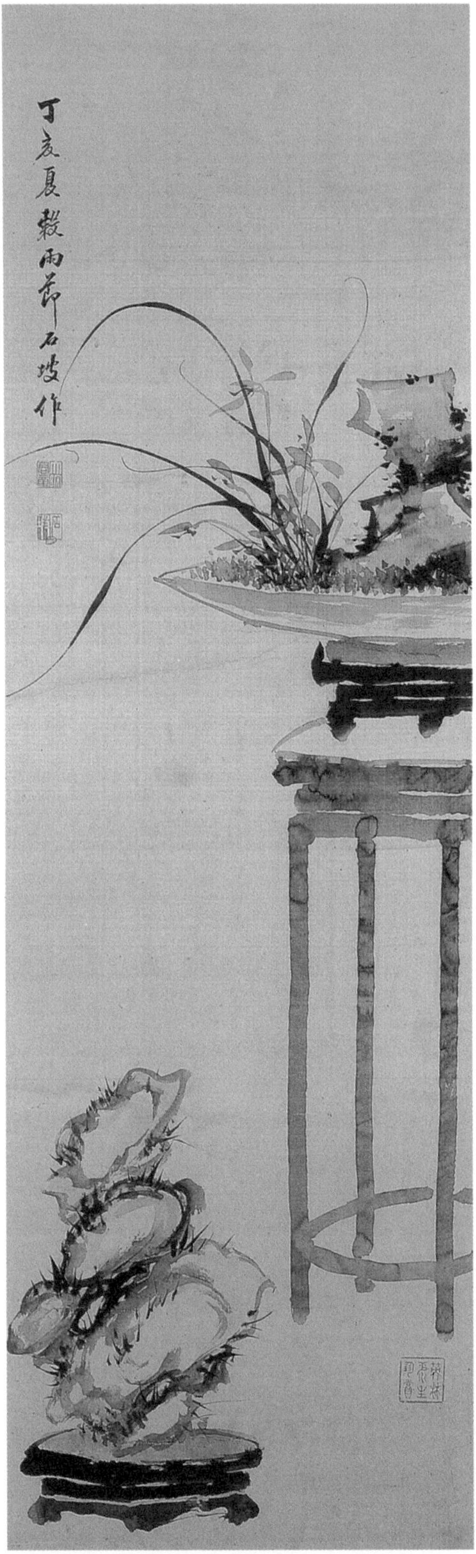
丁亥夏穀雨節石坡作

그림을 그리던 정해년丁亥年 1887년, 그의 상황은 이제 그럴 만한 시절로 접어든 것인지도 모릅니다. 그는 긴긴 시간을 이처럼 난으로 채워나가고 있었던 것인지도. 사실, 사군자의 진정한 효용은 여기에 있다 해도 그른 말이 아닙니다. 기다림을 지탱해주는 것. 그렇다면 석파가 기다린 것은 무엇일까요? 아니, 기다릴 무엇이 아직 남아 있는 걸까요?

길고 긴 기다림 속에서

생각해보면 석파의 난은 시작부터가 그랬지요. 기다림에서 피어난 것입니다. 기다리기 위해, 그 기다림을 조용히 다독이기 위해 그는 난을 치기 시작했으니까요. 아직 임금의 아버지로, 권력 위의 진짜 권력으로 군림하기 이전. 오직 숨죽인 야망만으로 자신을 지탱하던 시절이었습니다. 그 시절의 난은 그를 지켜주는, 어쩌면 숨겨주는 친구였던 것입니다.

사실 이하응만이 그랬던 것도 아닙니다. 조선의 모모 한다는 이들의 삶에서 난은, 이처럼 기다림의 시간을 지켜주는 벗이었던 때가 많았지요. 우리가 알고 있는 긴 유배 중의 그림들을 보아도 그렇습니다.

무엇보다도 석파 자신에게 난을 가르친 김정희의 그림들이 그렇습니다. 그의 그림을 보면 어떤가요? 버티고 버티다가 결국 뜨거운 내면을 고백하고야 마는 것 같습니다. 「불이선란」*은 그런 느낌이었습니다. 이제 추사도 결국 제 속마음을 이렇게 드러내는구나 싶었죠. 노근란露根蘭으로 유명한 민영익** 같은 이는 또 어떻습니까. 내 마음 이런 상태야, 라고 솔직하게 말하고 있죠.

이하응 또한 기다림의 시간을 난으로 견디며 드디어 최고 권력자로 군림하게 됩니다. 하지만 겨우 10년. 다시 권력 바깥으로 밀려나지요. 1887년이면 그 힘겨운 시절 한가운데입니다. 그런데도 말입니다. 이 괴석묵란에서는 좀처럼 그런 느낌이 전해지질 않습니다. 그저 한가롭게만 보입니다.

그림을 그리며 추위를 견딘다, 때를 기다린다… 이런 심정이라면 어떤 결기랄까요, 혹은 초연함이나 스산함이라도 스며 있어야 할 것 같은데. 그의 난에서는 그런 향이 느껴지질 않습니다. 세상 근심 따위도 아랑곳없다는 듯, 그렇습니다. 난을 치면서 세상에 대한 울분쯤은 보였을 법도 한데 말입니다.

그럴 수 있겠지요. 그의 처지는 여느 한사寒士와는 달랐으니까요. 국왕의 결단을 기다리는 유배지의 어느 신하도 아니었고, 세상이 다시 제자리로 돌아오길 기다리는 어느 지사도 아니었죠. 그는, 그 자

---

* 「불이선란不二禪蘭」. 선과 난은 하나의 경지라는 제목처럼, 그저 한 폭의 난이라 할 수는 없겠다. 예술가로서의 김정희. 본래의 모습은 이런 것이었을까. 김정희의 말년 작이자 대표작이기도 하다.

** 민영익閔泳翊. 호는 운미芸楣. 민씨 정권의 중심으로 권력을 한껏 누린 정치가. 묵죽과 묵란에 일가를 이루기도 했으니. 사군자라 해서 군자의 삶을 담는 것은 아니었다. 1860~1914년.

신이 권력이어야 했으므로. 이들과는 그 기다림의 색채가 다를 수밖에 없을 것입니다. 하여, 그의 난은 여느 기다림의 그림들과는 출발지가 다른 것이지요.

그래서 이 사람, 진짜 그 마음속이 무겁게 느껴집니다. 한갓 그림 따위에 자신의 처지를 기대지 않겠다는 뜻일까요.

그 여름의 운현궁

그림을 그리던 정해년 여름, 운현궁에 칩거해 있던 그의 마음으로 돌아가 봅니다. 시대가 시대인지라 당대의 그 누가 굴곡 없는 삶 속에서 유유자적했겠습니까만, 그래도 그만큼 심한 부침을 겪은 이도 흔치 않지요.

어차피 유폐와 다를 바 없는 처지이니, 그는 정말 영원히 운현궁으로 들어앉겠다는 마음은 아니었을까요? 내면으로만 침잠하겠다고. 이렇게 난이나 치면서 말입니다. 그의 난에서 풍기는 이 한가로움, 아니 한가롭다 못해 나긋나긋한 지루함을 읽으며 그럴지도 모르겠다고 생각에 잠겨봅니다.

하지만 역사는 그렇지 않다고 이야기합니다. 그는 아직 권력을 놓을 마음이 없었지요. 권력에서 밀려났을 뿐입니다. 어느 정도까지 그 말 많은 사건들에 연관되었는지 확실치 않습니다만. 다시 기회가 주어진다면 거절할 마음이 아니었음은 분명해 보입니다. 아니, 적극적으로 재기를 도모했다고 보는 편이 사실에 가깝겠죠.

그래서 말입니다. 그의 난은 무언가를 감추고 있는 거야, 라고 또 고개를 끄덕여봅니다. 그런데 말입니다. 그것마저도 아닐지 모르겠다는 생각이 들기 시작합니다. 그의 기다림은 그 자신에게는 정녕 기다림이었던 것이지요.

그의 기다림은, 그의 욕망은… 아직은 묻힐 수 없다고 때를 기다리는 중입니다. 역사의 결말을 알고 있는 우리로서야 그의 기다림이 얼마나 허망한 일인가, 스산한 눈길로 바라보게 되지만. 그 한가운데 서 있던 그 자신은 알지 못했겠죠. 여전히 난엽을 고르며, 붓을 고르며 그 열망을 가라앉힐 수 없었던 것입니다. 임금의 권력은 자신으로 인해 완전해진다고. 이미 육십대에 들어서고도 한참을 지낸 그였으나, 사십대, 나라의 권력을 쥐었던 그 시절의 뜨거움만은 여전했던 것이지요. 아니, 어쩌면 회한과 서러움, 복수의 염이 더해져 있었을 테니.

그의 난에서 결기도, 지독한 한도 느껴지지 않았던 까닭은 아마 그래서일 것입니다. 그는 아직 자신의 처지를 '한恨'으로 마무리할 생각이 아니었습니다. 기다림의 중간에 서 있을 뿐이었죠.

욕망은 늪이 되어

이 길고 질긴 권력에의 욕망, 그 기다림이라니…. 기다림은 그 자체로 하나의 목적일 수 있겠지요. 하지만 하염없는 그 시간이 깊어질 때,

그것은 어느새 거대한 늪이 되어버립니다. 시간이 흐른다 해도, 어쩌면 시간이 흘러갈수록 욕망은 더 단단하게, 치밀하게 응축되고. 그러곤 기어이 깊은 한의 늪으로 변해버립니다.

그랬던 것 같습니다. 그는 늪에 빠진 것인지도 모릅니다. 한참을 지난 후에야, 결국 권력의 마지막 불씨마저 사그라졌을 때 그 자신도 알게 되지 않았을까요. 이 맹목의 기다림이 결국, 스스로를 늪에 빠뜨린 것이었다고. 하지만 늪에 빠진 이, 스스로의 힘으로 빠져나올 수는 없었던 거죠. 그의 난도, 주인의 이 맹목을 어쩌지 못한 채 그저 늪 한가운데 묵묵할 뿐입니다.

그런 생각을 해봅니다. 그가 권력을 뒤흔드는 대원군이 아니었다면, 난을 치는 한 사내로, 석파란의 주인으로 차라리 행복했을까요? 그가 난을 치는 까닭도 군자의 수련을 따르고자 함은 아니었을 테니. 오히려 그는 예술적인 기질이 매우 강한 사람이니 말입니다.

하지만 만약 그가 임금의 아버지로 한 시대의 권력을 품었던, 그리고 잃어버린 권력을 끝없이 그리워했던 대원군이 아니었다면. 어쩌면 그의 난은 이런 모습이 아니었을지도 모릅니다. 아니, 난을 치며 무언가를 기다리는 그런 모습 자체도 그의 삶에서 만나지 못했을지 모르지요.

그의 난은 기다림으로 피어난 것이니까요. 이미 돌아올 수 없는 사랑이었는데도… 한 올의 기대감으로 지탱하듯 그는 기다림의 시간을 난으로 견디어본 것입니다. 사실 1887년의 석파는 권력자로 돌아오기엔 이미 힘에 부친 상황이었지요. 시대는 더 이상 그의 편은 아니었습니다.

권력을 사이에 두고 아들과도 세상과도 화해하지 못한 채, 오랜 정적이었던 며느리보다 더 오래 살아 남았지만. 그 이후의 삶이 정해년 여름과 달라진 것은 없었습니다. 늪처럼 깊은 기다림 속에서 그저 기다렸을 뿐입니다.

그럴 때 없었나요? 도대체 앞으로 나아갈 길이 보이질 않습니다. 돌아봅니다. 하지만 돌아갈 길마저 뒤엉켜버려, 차라리 누가 이 질긴 욕망의 숨결을 멈추어주었으면 싶었던. 그런 누군가가 있었으면. 헛된 희망 따위는 이제 버리라고, 더 이상 기다리지 말라고 말해주는 누군가 말입니다. 하지만 여전히 대원군의 이름으로 시퍼렇던 석파였으니, 감히 그의 마음을 돌이킬 진심 어린 벗을 가지지는 못했던 것 같습니다.

생각해보면 석파만의 문제는 아니겠죠. 권력에 대해 아는 것도, 경험해본 것도 없는 우리 같은 이들은 도저히 이해할 수 없다 말하지만. 권력이니 야망이니 하는 말이 너무 거창하다면 그저 욕망이라고 얘기해볼까요. 근본은 다르지 않을 테니까요. 우리 속의 욕망들, 너무 오래 사로잡힌 욕망이 어느새 빠져나갈 수 없는 깊은 늪이 되어버리고. 삶 자체를 끌어내리려는 그 늪 속에서, 그래도 벗어나려 발버둥치고 있음을 한 번쯤, 두 번쯤 겪은 적 없었던가요.

긍정의 기대가 아니라 집착 어린 욕망, 그 깊은 늪에 빠져버렸다고 느꼈을 때 말입니다. 그의 난을 바라보면서 생각합니다. 이 늪에서 벗어날 수 있을까… 난의 주인은 멈출 수 없었던 곳에서, 혹 우리는 멈추어 숨을 고르며 자신을 살펴볼 수 있을까….

어쩌면 그의 난이 주인에게 하고픈 말이 이것인지도 모릅니다. 이제 그 욕망의 늪에서 나를 놓아달라고. 그저 어느 바위틈 향기로운 꽃으로 피워달라고.

이런 난, 저런 난들

마음이 평탄하지 않은 날, 문장이 고르게 흐르지 못하는 건 일반적인 경험이지만. 그렇다고 햇살 화사한 날들마다 문장 속에서 꽃바람이 흩날리지는 않는 것인데. 그러면서도 자꾸 그런 일반론으로 그림을 마주하게 됩니다.

편협한 생각입니다만, 하지만 그것이 진심이든 혹 반어든, 그림에 어찌 그 사람이 담기지 않겠는지요. 때론 그렇겠지요. 하지만 때론 그렇지 않겠죠. 이렇게 헷갈리게 만드는 그림을 하나, 또 하나씩 만나면서. 그림에 대한 내 생각을 하나씩 무너뜨려갑니다.

아름다운 건 아름다운 것입니다. 화가의 이력 같은 것, 그림이 사람과 닮았다는 통념 같은 것. 그런 생각도 잠시 놓아두고 싶습니다. 그가 피워낸 난들은 아름답습니다. 비록 늪 속에서 피워낸 것일지라도, 오히려 그 늪의 묘한 색을 더한 듯 아름답기만 합니다. 그린 이의 상황이 어떠했든, 짐짓 난은 무심한 표정입니다.

그런데 하필이면 이런 난이었을까요. 얌전히 분에 담겨 사랑채 한

켠에 놓여 있을 한 뿌리의 난. 바위틈 사이 꼿꼿하던 뿌리의 힘 같은 것. 이제 무슨 소용이란 말입니까. 제자리를 떠난, 괴석의 형상으로 분 위에 나란히 옮겨진, 그 돌과 함께. 그러면서도 그 흐드러진 잎의 율동은 가라앉질 않습니다. 난은… 알고 있을까요. 자신이 뿌리내린 곳이 이제, 더 이상, 그 아스라한 절벽이 아니라는 사실을.

화가가 의도하지는 않았겠지요. 그저 이런저런 난을 그리다보니 이처럼 분 위에 담긴 한 뿌리 난을 내놓은 것이겠지요. 하지만 보는 이의 마음이 또 그렇지가 않더란 말이지요. 늪에 빠진 난. 그저 작은 분에 담겨 있는 난. 이런 난, 저런 난들.

•

이하응李昰應. 임금의 아버지로, 조선의 마지막 권력을 다투던 대원군. '석파란'으로 불리는 독특한 난 그림을 완성한 화가이기도 하다. 한미한 종친 시절 김정희에게 난을 배우기 시작하였는데, 스승의 난과는 사뭇 다른 자신의 경지를 이루어내었으니. 비수의 변화가 두드러진, 그야말로 현란한 난으로 조선 말 묵란의 한 유행을 주도하기도 했다. 화면 또한 안정감보다는 긴장감 넘치는 구성으로, 화려한 난을 더욱 강조하는 모양새다. 그의 성정 때문이었을까. 그의 시대가 그러했던 까닭일까. 사군자로서의 존재 이유를 묻기엔 아슬아슬한, 농염하도록 흐드러진 난이다. 호 석파石坡, 1820~98년.

두 개의 대나무

대숲에는 특별한 무언가가 있습니다. 대, 숲, 이라 발음할 때의 소리부터가 벌써 이 공간을 특별하게 만들어줍니다. 하늘 한 자락 보이지 않을 듯 빽빽한 대숲에서 바람이라도 불라치면, 비라도 내릴 지경이면. 마음은 그야말로 갈피를 잡지 못합니다. 담양에 가면 대나무 생각을 하게 됩니다. 아니, 대나무 생각이 나서 담양으로 향하는 것인지도 모릅니다.

그것도 이 원림園林, 소쇄한 바람 소리 그윽한 곳에서 만나는 하루는 온통 어둑한 그늘 속에서 마냥 생각 속으로 젖어들게 합니다. 어느 정도는 김훈의 글 때문인 것도 같습니다. 그의 글 속에서 좀처럼 빠져나오지 못했던 것은 〈낙원의 치욕〉에 옮겨진 소쇄원의 이미지가 제 느낌과 너무나 닮아서 놀란 까닭이기도 했지요. 사화士禍의 현장에서 벗어나 자신의 원림 속에 은거해야 했던 선비의, 그 공간의 스산함 말입니다.

이미지는 연이어 담양 수북 땅의 대숲으로 이어집니다. 그는 〈악기의 숲, 무기의 숲〉이라, 대나무를 바라보는 사람들의 상반된 시선을 말하죠. 그런데 두 편의 글은 항상 하나의 이미지로 저를 바라봅니다. 선비의 은거, 그리고 대나무가 환기하는 닮음 때문일 것입니다.

다만 쾌적한 대숲일 뿐이다

이렇게 수북의 대숲은 소쇄원 입구의 그 대나무와 겹치기 시작합니다. 댓잎 사각대는 소리에서 때론 맑게 때론 쟁쟁하게, 퉁소 소리와 죽창 소리가 울리기도 합니다. 그 모습까지 보이는 것도 같습니다.

> 인간의 시선이 대나무 속 빔에 가 닿았을 때 인간은 거기에 구멍을 뚫어 피리를 만든다…. 그러나 인간의 시선이 대나무의 단단함에 가 닿았을 때 인간은 대나무의 한쪽 끝을 예각으로 잘라내 죽창을 만든다…. 악기와 무기 사이에서 아직은 악기도 아니고 무기도 아닌 대나무들은 인간의 마을을 둘러싸고 다만 수직으로 곧곧히 서서 숲을 이룬다. 그 숲은 악기의 숲일 수도 있고 무기의

숲일 수도 있지만, 인간의 마을을 에워싼 그 숲에 바람이 잠들어 이제 숲은 다만 쾌적한 대숲일 뿐이다.*

작가의 말이 옳습니다. 그들은 다만 꼿꼿이 서서 숲을 이룰 뿐입니다. 바람이 잠들면 다만 쾌적한 대숲일 뿐이겠죠. 그럴 것입니다. 이제 악기니 무기니, 그런 커다란 이야기마저 잃은 인간의 마을에서 우리는 그저 대숲의 작은 쾌적함에 홍겨운지도 모릅니다. 이 시대의 모습인 것입니다.

그래서인가 봅니다. 그 바람의 마지막 시대, 마음속 바람을 잠재우지 못한 그 남자의 대나무가 생각났습니다. 그의 대나무라 하여 그 긴 세월 주구장창 이어진 묵죽墨竹들과 동떨어진 것은 아닙니다. 묵죽이라면 붓 좀 잡아본 화가치고 남기지 않은 이가 없었지요. 그만큼 옛사람들의 정신과 친숙했다는 뜻일 터이고, 달리 보자면 누구나 어느 정도는 그릴 만한 장르라는 말도 되겠지요. 그래서 어렵습니다. 고만고만한 대나무 가운데 이 그림은 누구의 것이란 말입니까. 무엇이 다르다는 말인가요.

군자의 삶을 표방하는 대나무이니, 그린 이의 삶이 그와 같았다면, 같을 수 있었다면. 이야말로 진짜 대나무 그림일 수도 있겠다고… 그의 삶을 떠올리게 됩니다. 악기의 운율을 지녔으면서도, 결국 무기의 길을 걷기로 했죠. 독립운동으로 한생을 보낸 김진우의 「묵죽」입니다.

---

* 김훈, 〈악기의 숲, 무기의 숲〉, 《풍경과 상처》, 1993년.

소簫보다 뜨겁고 창槍보다 차가운, 음音보다 유려하고 검劍보다 날카로운. 그의 묵죽을 만나면서 저의 대나무 생각은 다른 길을 걷기 시작했습니다. 언어 속의 대나무가 아닌, 실천 속의 대나무를 알게 된 것입니다. 그것도 시린 아름다움까지 간직한 그림이었으니. 그 댓잎 끝에 마음을 베인 듯, 한동안을 어쩌지 못했지요.

1933년 가을에 그려진 「묵죽」 앞에 서면 흔히 생각하는 대나무 그림이 아니어서 조금 놀라게 됩니다. 의아하다고 말할 수도 있죠. 이런 형상이라니… 대나무라 부르기에도 멋쩍은 줄기와 잎. 애써 변형을 의도하지 않았다면 태어날 수 없는 모습입니다.

긴 화면 위론 정말 길쭉한 대나무 한 줄기가 솟아 있습니다. 대 줄기의 마디가 아니었다면 대라고 느끼지 못했을 정도로, 가늘게 치솟은 모양새지요. 마디는 끊어질 듯 아슬아슬 이어지며 화면 끝까지 뻗어 있습니다. 그리고 댓잎이라 하기엔 너무 각진 잎들이 달려 있죠. 붓끝을 애써 꺾어 그 삐침을 감춘 채입니다.

짙게 솟은 줄기 뒤로는 담묵淡墨의 줄기 하나가 서로 엇갈리는 구도로 그려져 있습니다. 색은 옅을지언정 모양만큼은 다르지 않습니다. 화면의 아래쪽으로는 댓잎이 좀더 풍성하게 그려져 이 가늘고 긴 주인공의 화면을 그나마 안정감 있게 받쳐주는 형상이지요.

무언가 할 얘기가 더 있을 것 같지만, 화면의 감상이 더 나아가질 않습니다. 이 독특한 필법에 대해서는 그림의 이야기만으로는 부족한 것일까요? 화제를 보면 도움이 될지도 모르겠다 싶습니다.

> 창을 열자 용 그림자 나뉨에,
> 연못에 이르러 봉황이 날기를 기다린다.*

당 태종이 지은 것을 화제로 삼은 것이라 합니다만, 흥미로운 점은 그가 시의 앞구절은 생략하고 뒷구절만을 적었다는 것이죠. 나란히 읽으면 이런 내용입니다.

> 곧은 가지는 굽은 섬돌을 가리고, 푸른 잎은 찬 서리를 뚫는구나.
> 창을 열자 용 그림자 나뉨에, 연못에 이르러 봉황이 날기를 기다린다.**

무엇 때문일까요? 김진우가 굳이 앞구절을 떼어버린 까닭은. 아마 필요가 없겠다 생각했던 것이겠죠. 찬 서리를 뚫는 그 대나무는 이미 자신이 그려넣었으니까요. 그림이 절반을, 그리고 남은 시구가 절반을 나누어 맡게 된 것입니다.

▶ 김진우金振宇 「묵죽墨竹」(1933년)

---

* 拂牖分龍影, 臨池待鳳翔.

** 貞條障曲砌, 翠葉貫寒霜. 拂牖分龍影, 臨池待鳳翔.
화제의 우리말 해석은 『간송문화』 제80호를 따랐다.

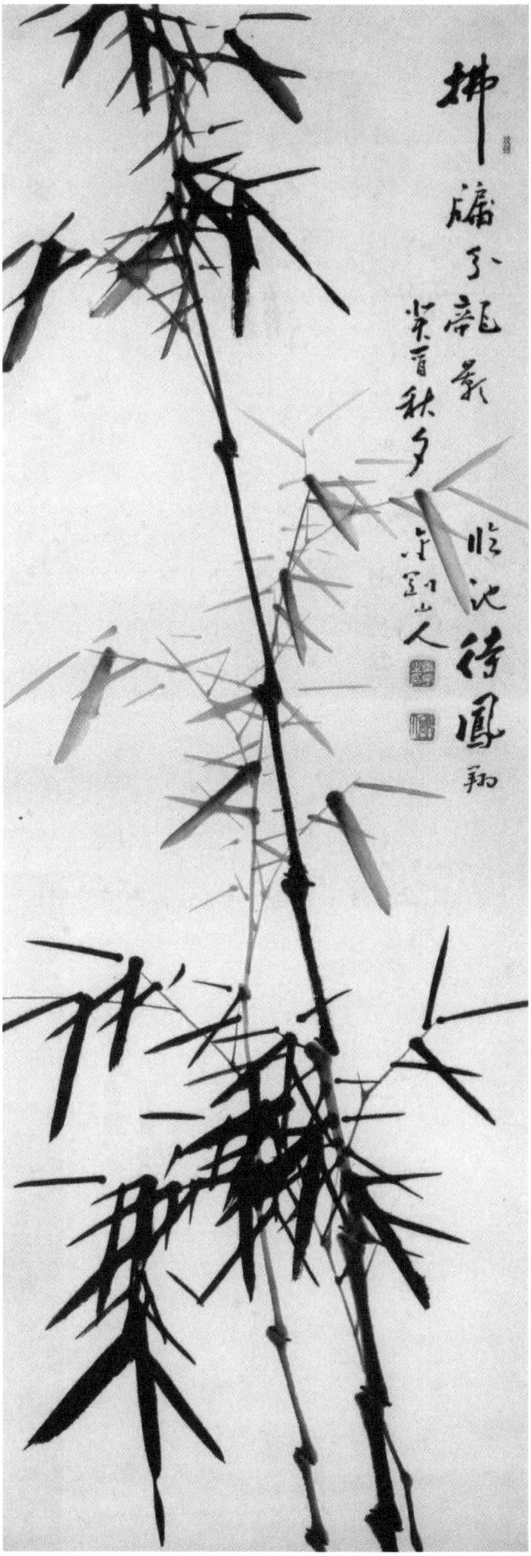

그의 마음이 보이는 듯하지요. 그러니까 그는 자신의 대나무가 굽은 섬돌을 가리고 찬 서리를 뚫는 기상을 지니겠다고 말하는 것입니다. 하여, 이런 그의 댓잎에 대해 창죽槍竹이라 평한 이도 있었습니다. 아무래도 이 사람, 사연이 단단히 있기는 할 것입니다.

따뜻한 꿈이 있었다

그의 묵죽이 더욱 의아한 것은 그가 십여 년 전에 그린 또 다른 묵죽의 모습 때문입니다. 그의 댓잎이 처음부터 이렇게 바짝 마른 채 창끝처럼 아슬했던 것은 아니니까요. 1919년, 기미년 초여름에 그렸다는 한 폭의 묵죽은 전혀 다른, 누가 봐도 한눈에 대나무임을 알 수 있는 작품입니다.

댓잎은 여느 댓잎들처럼 붓끝의 모양새를 그대로 살리고 있습니다. 물론 기세가 남다르기는 하지요. 그저 여기로 즐겼을 실력이 이 정도니까 아름다운 묵죽을 그리기로 마음먹었다면, 화가로 살아가기로 했다면, 그림의 앞길도 꽤나 기대해볼 수 있겠다 싶습니다. 시원한 구성이며 넘치는 힘, 먹의 농담까지. 다 좋았습니다.

그림만으로 보자면 그의 대나무가 어떤 길을 걷게 될지, 아직은 장담하기 어렵습니다. 바람을 베듯 때론 날카롭게, 하지만 때론 흐드러진 이런 댓잎은 그의 것만은 아니었습니다. 묵죽으로 유명한 민영익

▶ 김진우金振宇「묵죽墨竹」(1919년)

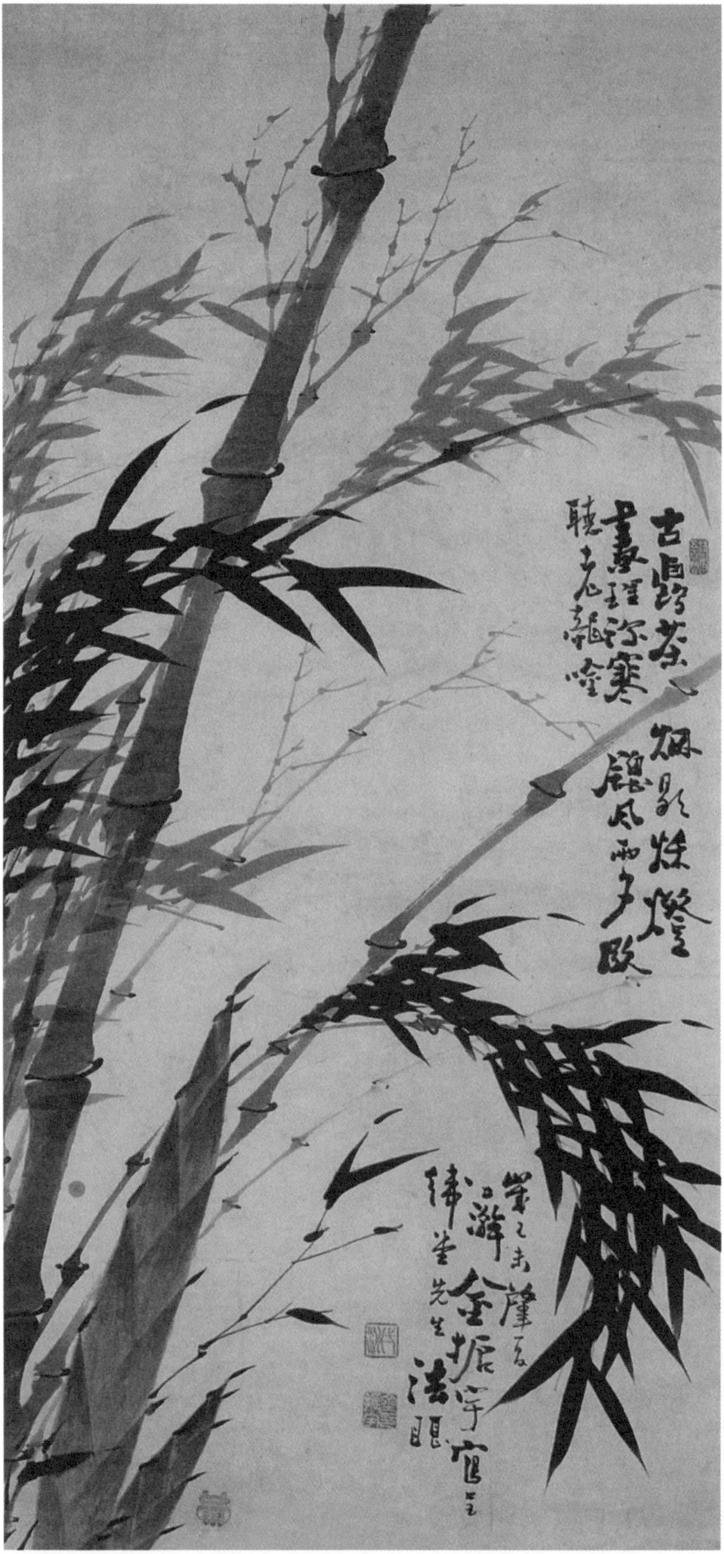

이나 김규진*도 멋스러운 댓잎으로 한 시대의 대가로 떠올랐었지요.

그래서 이 작품을 보면 마음에 아련함이 감돕니다. 예술을 한가로이 말할 수 있는 것도, 누구에게나 주어진 여유는 아니었구나. 아니, 그의 시대에도 예술 속에서만 유유자적하던 이들이 어찌 없었겠습니까마는. 다시 험난한, 끝도 보이지 않을 길로 자신을 내몰아야 하는 올곧은 정신들에겐 그런 여유마저도 사치처럼 느껴졌을지도 모르지요. 그는 그 운명을 따르기로 했던 것입니다.

이 대나무가 더 무성한 잎을 달게 될지, 더 두툼한 줄기로 굳건할 수 있을지, 죽순이 쑥쑥 자라 무성한 대숲을 이룰 수 있으려는지… 아직은 누구도 말할 수 없었습니다. 아마 이 그림을 그린 후 자신의 운명을 따라 국경을 건너야 했던 그림의 주인조차 알지 못했을 것입니다.

기미년, 김진우에겐 따뜻한 꿈이 있었을 것입니다. 그의 댓잎은 진한 먹으로 무성하고, 바람에 날릴지언정 그렇게 뾰족한 칼끝으로 변하지는 않았는걸요. 건강하면서도 힘이 넘치는 화면 그대로 그 또한 그랬을 것입니다. 3·1운동의 함성 속에서 그는 독립의 꿈이 그저 꿈만은 아닐 거라 부풀기도 했을 것입니다.

하여 상하이 임시정부를 향해 국경을 넘었겠지요. 나이 서른일곱이었습니다. 그렇다 해서 나라를 위한 그의 월경越境이 처음은 아닙니다

---

* 김규진金圭鎭. 호는 해강海岡. 청에서 그림을, 일본에서 사진을 익혔다. 영친왕의 서법 스승이자, 서화연구회 활동까지, 그야말로 시대의 흐름을 잘 탔던 화가다. 1868~1933년.

다. 이미 십대의 나이에 의병장 유인석* 문하로 들어가 항일운동을 해 오던 그였으니까요. 그렇게 젊음을 나라 앞에 내어놓았던 것입니다. 유독 묵죽을 사랑한 것도 그 절개를 아꼈기 때문이라, 진심으로 말할 수 있을 듯합니다.

아름다움마저 버려야 한다

그 나이에 이르기까지도 자신이 아닌, 나라를 위해 한 몸을 내어놓았으니. 기미년 독립운동 이후 다시 자신에게 주어진 길을 받아들인 것이겠죠. 그는 국경을 넘어 상하이로 들어갔으나 2년 후 또 다른 임무를 지고 돌아오는 길, 결국 국경 언저리에서 체포되고 맙니다. 그를 기다리고 있는 곳은 차가운 감옥. 하지만 그것은 지사志士의 숙명인 것입니다.

감옥이라 해서 바깥세상과 다를 것 없다 생각했겠지요. 결국 이 땅 곳곳이 일제 치하의 감옥인 것을요. 그는 그곳에서 다시 대를 치기 시작합니다. 차가운 감옥 바닥 위에 맹물 적신 손가락으로 끊임없이 대를 칩니다. '친다'는 말 그대로, 이렇게 그의 대는 주인의 마음을 닮아가기 시작합니다.

몇 해의 옥살이 끝에 세상으로 돌아왔으나 그렇다고 자유가 주어

* 유인석柳麟錫. 호는 의암毅菴. 위청척사의 거두 이항로의 제자. 항일 의병장으로 활동하다가 조국의 독립을 보지 못한 채 러시아에서 운명하였다. 군자란, 혼자만의 수양에 안주할 수는 없을 거라는. 진정한 실천의 문제에 대한 답이겠다. 1842 ~1915년.

질 수는 없는 일입니다. 세월이 흐릅니다. 1년이, 5년이, 그리고 10년이 더 흘렀으나 이 땅에 봄이 오지는 않습니다. 지천명, 오십을 맞을 때까지 김진우의 주변은 달라진 것이 없습니다. 그 지루하고도 차가운 시간을 대를 치며 견뎌냅니다. 그는… 기다립니다. 변절자가 어떤 이들인가요. 이 기약 없는 기다림에 실패한 이름들이겠죠.

그리고 점차 점차 그의 댓잎은 예전의 율동감을 벗어던지기 시작합니다. 기름기도, 화려함도, 그리고 아름다움마저도 포기하기로 합니다. 댓잎은 일제를 향해 꽂히는 창검마냥 날카로운 금속성을 띠고 있습니다. 무성한 댓잎으로 화면을 풍성하게 단장하는 것도 그만둡니다. 농담을 베풀어 아름답던 대의 줄기도 면面을 버리고 선線만으로 정리해버립니다.

다시 지천명의 묵죽을 봅니다. 눈물이 납니다. 창끝처럼 날카롭게, 시리게 벼려진 댓잎들. 가늘지만 단단하게 솟아오른 줄기들. 육기肉氣와 온기溫氣를 모두 던져버린, 바짝 응축된 한 지사의 정신이 그 화폭 속에 오롯합니다.

묵죽을 치던 그 수많은 이름 가운데 정녕 자신의 대나무가 삶이라 말할 수 있는 이가 얼마가 될까요…. 김진우의 댓잎은 자신이 곧 대나무를 꿈꾸었다, 그리 말하는 듯하지요. 세상을 향해, 아니 어쩌면 자신의 마음을 벼리고자 그의 댓잎은 저리도 날카로운 것이었는지도 모릅니다.

그리고 1945년, 드디어 새로운 세상이 열렸습니다. 그의 대나무도 새 시대를 맞을 것입니다. 하지만… 조국은 봄을 얻었으나 그에게 따뜻한 삶으로 보답하지는 않았습니다. 심지어 좌와 우가 대립하는 정치적 혼란 속에서, 그에게는 광복의 조국에서마저 다시 수감되는 어이없는 불행이 기다립니다. 꼿꼿함이란, 그렇지 못한 이들에겐 견디기 힘든 불편함이었다는 말이겠지요. 그리고 1950년 12월. 이 푸른 대나무가 옥중에서 숨을 거둡니다. 추위로 몸이 꽁꽁 얼어붙은 채로 말입니다.

잠든 바람을 흔들다

그림이 인품을 보여주는 것이라는 말, 어느 정도는 말장난이라 생각합니다. 현란한 수사로야 무얼 못하겠는지요. 하지만 그럴 수 있다면, 그럴 수 있는 그림은 사군자가 어울릴 것이고, 그 한 사람을 꼽는다면 김진우 같은 인물이겠다 싶습니다. 왕조의 그 어느 군자도 도달하지 못했던 경지에 망국의 한 사내가 감히 그 바람을 자신의 삶으로 받아들인 것입니다. 묵죽으로 한생을 보여줄 수 있는 것은 그의 삶 또한 대나무의 그 창창한 기운을 잃지 않은 까닭이겠지요.

비를 맞으면 우죽雨竹, 눈을 맞으면 설죽雪竹이 되지요. 바람 속에 흩날리는 풍죽風竹은 어떤가요. 시련이 있어 대나무가 아름답다 쉬이 말하는 건, 어쩌면 내가 그 대나무가 아니기 때문인지도 모릅니다.

무엇으로 나의 삶을 보여줄 것인가. 그의 댓잎에 찔린 마음은 한없이 부끄럽습니다. 부끄러움에서 다짐을 시작하기로 합니다. 바람이 잠들어버린 인간의 마음에서 그 잠든 바람을 조금씩 흔들어보기로 합니다.

소쇄원에서 상념에 젖던 그날은 비가 많이도 내렸습니다. 대숲에 내리는 비…. 소리도 향기도 형상마저도 아름답지요. 그래도 비, 그의 대나무 위로는 너무 차갑게 쏟아지지 않았으면 좋겠습니다. 그 시린 겨울, 옥중에서 차갑게 식어간 그의 뜨거운 마음 위로는… 내리지 않았으면 좋겠습니다. 그 마지막 날에도 그는 대를 쳤을지 모릅니다. 차가운 돌바닥 위에 빈 손가락으로 하나씩 하나씩 창끝을 벼리고 있었을지도 모릅니다.

•

김진우金振宇. 의병장 유인석 문하에서 항일운동을 함께하며, 조국의 독립을 위해 싸운 지사였다. 꼿꼿한 절개를 다지듯 묵죽에 마음을 두었다. 감옥 안에서 익혔다는, 창검처럼 날카로운 특유의 대 그림으로 화가로서도 일가를 이루었다. 그림을 팔아 독립운동 자금을 대기도 했다는 일화처럼, 그의 대나무는 그의 삶 그대로였다. 독립운동과 투옥 속에서 일제강점기를 꿋꿋하게 견딘 그였으나, 오히려 조국이 광복을 맞은 후에 억울한 죽음을 맞았으니. 6·25 때 '미도강파未渡江派'로 분류되어 서대문형무소에 수감된 채 명을 달리했다. 평생을 조국의 독립을 위해 바쳤으나, 자신의 예술마저도 항일의 의지로 벼린 것이었으나. 독립된 조국에서 이런 죽음을 맞이할 줄, 그 자신은 짐작이나 했을까. 호 일주一洲, 1883~1950년.

아무 일도 없었다더라

책이라면, 제목에 많이 끌리는 편입니다. 가끔은 제목밖에 볼 게 없어서 낭패이긴 하지만 말입니다. 숨 막히는 제목에 충실한 본문까지 더해져, 이 제목이 최고다… 며 순위를 꼽아보기도 하죠. 그 가운데 하나가 바로 이 책이었지요.

두근거리는 소리가 심한 걸 보니 제대로 고른 것 같습니다. 《1587, 만력 15년 아무 일도 없었던 해》*. 그리고 첫 장을 읽으며 예감했더랬

* 원제《1587, A Year of No Significance : The Ming Dynasty in Decline》. 1981년작. 그해, 1587년의 황제와 수보, 관료와 장군, 그리고 사상가의 삶을 절묘하게 엮어가면서. 독특한 시선으로 명 왕조 멸망의 실마리를 촘촘히 파헤친 역사서다.

지요. 당분간 적수가 없겠군! 제목의 아름다움에 걸맞은, 담백한 문장에 이 단단한 내용이라니요. 문제의 첫 장은 이렇게 시작합니다.

만력 15년, 간지로는 정해년이다

> 1587년 중국에서는 명나라 만력萬曆 15년, 간지로는 정해년丁亥年이다. 당시 세상은 평안하여 한 해 내내 특기할 만한 큰 사건은 아무것도 없었다. 그해는 기후가 좀 불순하여 여름에 북경에 비가 적게 왔고 5, 6월에는 질병이 만연했으며, 산동지방에서는 가뭄으로 고생을 했으나 남직예에서는 오히려 비가 많이 와서 홍수를 당하였고, 가을에 이르러 산서지방에서는 지진이 발생하는 등의 사건이 있었다. 그렇다 하더라도 이런 사소한 재해는 명의 넓은 영토를 고려해보았을 때 해마다 피하기 어려운 일들이었다. 작은 사건이 큰 재난으로 비화되지 않는 한 대국적 차원에서는 아무런 문제가 되지 않았다. 결국 역사상 만력 15년, 즉 1587년은 실로 평범한 한 해였다.

제목의 이유인즉, 그 수많은 일이 일어났으나 그것쯤은 아무 문제가 되지 않았던 해, 그래서 평안하고 평범한 해. 역사가 레이 황Ray Huang(黃仁宇)은 이렇게 문제를 제기합니다. 그의 책은 이 거대한 왕조가 멸망해간 실마리들을 찾아 엮는, 근사한 하나의 퍼즐입니다.

그의 어조와 논조를 따라가면서 우리 역사와 겹쳐 읽게 되는 건 어쩔 수 없는 일입니다. 역사의 보편성에 대한 문제가 아니라 해도, 명나라의 역사 자체가 조선의 그것과 무관할 수는 없으니 말입니다. 게다가 만력제라 하면, 매우 낯익은 황제이기도 하지요. 재위 기간이 길었던 까닭도 있겠으나, 그것만은 아닙니다.

건국 이후 조선의 결정적인 위기라 할 수 있는 임진왜란, 그때 제위를 지키던 황제입니다. 그 아무 일도 없었다는 1587년만 해도, 조선도 겉으로는 아무 일 없어 보였는지 모릅니다. 이미 바다 건너 일본의 상황은 그렇지 않았는데도, 만력 15년의 조선은 통치자의 무능 또한 명과 견주어 만만치 않은 선조 20년을 맞고 있었습니다.

책을 읽으며 시대로 보나 상황으로 보나 어쩔 수 없이 임진왜란이 떠오른 거였지요. 게다가 그림 한 점까지 이런 답답한 상황을 더 부각시켜줍니다. 먼저 그림을 만나볼까요? 긴 두루마리를 펼쳐가며 보아야 합니다.

주자의 정신을 새기는 마음으로

4미터의 길이니까, 기록용 그림이 아닌 다음에야 꽤나 긴 편입니다. 조선 그림 가운데는 이처럼 여러 차례 펴고 말기를 반복하며 보아야 하는 긴 두루마리 그림이 그리 많지 않습니다. 두루마리라 해도 두어 번 나누어 볼 정도의 길이지요. 오히려 그림 뒤로 이어진 발문이 더 길게 이어진 예가 많습니다.

언뜻 보기에는 산수화 같습니다. 예스런 느낌이 물씬한 봉우리가 불쑥불쑥 솟아나 있지요. 이처럼 굽이굽이 절경을 보여주자면 이렇게 긴 화면이 필요했겠다 싶습니다. 그런데 봉우리들의 모습이 예사롭지가 않습니다. 다소 기괴하다는 느낌이 들 정도지요. 산수화라 해서 모두 실경을 그리지는 않을 테니 그럴 수도 있겠습니다만, 그래도 그 분위기 자체가 독특합니다.

게다가 감상을 위해, 그러니까 산수의 아름다움을 즐기기 위해 그렸다고 보기에는 툭툭 걸리는 대목들이 있습니다. 바로 이런 부분들 말입니다. 그림의 제일 첫 부분을 자세히 들여다볼까요. 이 기이한 산속에 집 한 채가 거하게 자리를 잡았습니다. 어느 선비가 은거하는, 그런 아담한 거처가 아님은 분명하지요. 반듯하게 구획된 공간에 건물들도 엄숙하기만 합니다.

이상한 생각은 그 건물 뒤로 우뚝한 바위들을 보면 더해집니다. 바위 하나하나마다 동굴이 뚫려 있는가 했더니, 그 동굴 안에는 이게 어인 일입니까. 사람이 앉아 있는가 하면 가득 쌓인 서책들, 그리고 한 마리 학. 이 정도 되면 이유가 있는 그림이겠다 싶습니다. 그저 한가로이 즐기고픈 산수화는 아니라는 말이겠지요.

그림의 제목이 답이 될 것입니다. 사실 이 그림은 제목 그대로가 주제이자 그 존재 이유입니다. '무이구곡도'라 했으니, 배경은 우리가 짐작하는 그대로지요. 주자朱子가 정사를 지어놓고 학문을 펼쳤다는 곳이 바로 무이산武夷山 아니던가요. 그 아홉 굽이를 그림으로 남긴 것입니다. 이렇게 그림을 그려 펼쳐 보면서 그의 삶과 학문을 따르겠다는 마음이지요.

사실 무이구곡도는 중국은 물론 조선에서도 매우 사랑받는 그림이었습니다. 중국의 원본을 구해와 모사를 한 것은 물론이었지요. 이 그림을 소장하는 것이 당시 글 좀 읽는다는 문인들의 조촐한 소망이기도 했습니다. 그림은 곧 주자의 정신을 재현한 것이니까요.

아홉 굽이를 그려야 하니 긴 두루마리가 어울렸을 것입니다. 첫 장면에서 본 큰 건물은 충우관沖佑觀, 그 위의 바위들은 서선암徐仙岩, 선학암仙鶴岩이라 불립니다. 그러니까 바위의 이름들을 이처럼 시각화해서 풀어낸 것이지요. 이 그림 또한 도상 자체는 중국의 것을 따랐겠지요. 이러한 독특한 도상들을 통해 그림은 여느 산수화가 아니라, 무이구곡도로 탄생하는 것입니다.

주자의 정신을 새기면서, 긴 두루마리를 한 굽이씩 천천히 펼쳐 보았을 것입니다. 아홉 굽이가 모두 끝나도록 말이지요. 이것이 주자학이 절정에 달했던 조선에서 문인들이 주자를 추앙하는 방식이었습니다. 일종의 '그림 성지순례' 같은 느낌입니다.

그러고 보면 그림이 했던 일이 그저 아름다움을 재현하자는 것만이 아님은 분명하지요. 사실, 그림의 역사로 보자면, 아름다움의 재현이란 그리 오래된 목적은 아니었을 정도니까요. 현대의 우리가 생각하는 작품들과는 다른 그림들이 참 많이도 있는 셈이지요. 바로 무이구곡도 같은 그림이 그렇습니다. 그림 보는 지평을 넓혀주는 작품이니, 그 가치 또한 결코 가볍지 않겠다 싶습니다.

하지만 이 작품을 얘기하는 이유는 좋아서가 아니라, 좋아할 수 없어서입니다. 그렇지만 그냥 무시한 채 밀어두기에는 그림으로서 가진 것이 너무 많아서. 그래도 편히 볼 수는 없기에 아예 내놓고 마음을 털어내기로 한 것입니다. 그런 마음이죠. 배경만 쏙 빼놓고 보면 감상거리가 적지 않습니다만, 문제의 그 배경을 얹어보면 어쩔 수 없이 옆으로 비껴 보게 되더라는 것이지요.

전란 속에서도 무이산을 거닐지니

마음의 불편함은 그림의 주제 때문이 아니라, 그림이 그려진 상황 때문입니다. 긴 두루마리 끝부분에 화가는 작품의 제작 시기를 밝혀놓습니다. '만력 20년 임진萬曆二十年 壬辰'. 이때부터 뭔가 혼란스러워지기 시작합니다. 만력 20년 임진? 만력 20년이라면, 그러니까 임진왜란이 일어난 그 임진년을 말하는 것이지요. 아무 일도 없었다는 만력 15년의 5년 후. 조선은 전란에 휩싸인 상태였습니다. 그런데 이처럼 정성을 다한, 단정한 필치의 무이구곡도가 어찌 그려진 것일까요? 게다가 그림을 그린 이성길은 화원도 아닌 문인이었습니다.

오히려 그림이 아주 간략했다거나 뭐 그랬다면 그냥저냥 넘겨졌을지도 모릅니다만. 이 정도로 비단 위에 공을 들여가며 그렸다는 것은 그림에 들인 시간과 마음이 여간하지 않았다는 뜻이겠죠. 사실 남겨진 무이구곡도 가운데 이 정도 수준이 없을 정도니까요. 장면 구성이며 섬세한 묘사까지, 그야말로 잘 그린 작품인 것입니다.

그러니 마음이 막 복잡해진 거였어요. 이 배경을 도대체 어떻게 정리해야 한다는 말인가요? 물론 당시 조선에서 주자학이 차지했던 무게를 생각하면 그렇기는 하지요. 문인으로서 평소 주자의 가르침을 따랐을 것이니, 그림에 재능이 있었다면 직접 무이구곡도를 그리는 장면이 그리 어색한 것은 아닙니다.

주자학의 폐해, 운운하는 것도 별개의 문제입니다. 주자의 학문을 흠모하는 그 태도 자체야 지극히 개인적인 영역의 일이고, 어떤 방식으로 추종하고 숭배하는지도 개인의 선택입니다. 주자학을 신봉하든 혹은 그의 사상을 비판하든, 그 또한 개인의 학문적 지향을 따를 일이지요.

하지만 때는 전쟁 중이었는데… 이런 한가함이 가능했다는 그 사실에 당황한 것입니다. 진중陣中에서 그렸다는 무이구곡도. 온 나라가 적군에게 짓밟히는 그 순간에도 주자의 가르침을 따르겠다는 결심으로 무이산 아홉 굽이 속을 천천히 거닐었다니.

물론 이성길 개인만의 문제도 아닐 것입니다. 어쩌면 그의 이 그림을 두고 전란 가운데서도 잃지 않은 도학자의 마음이라 상찬하거나. 그 정도까지는 아니더라도, 그 정신만은 충분히 공감할 수 있다는 이들 또한 적지 않았을 테니까요. 자신들은 이 전쟁과는 무관하다고 생각했던 것일까요? 아무 일도 없었다, 별일 아니다… 이런 생각이 드러난 것 아닌지. 그 정도로 시대에 무지했거나 무능했던 것 아닌지. 당시 조선 지배층의 일면을 보는 것 같습니다.

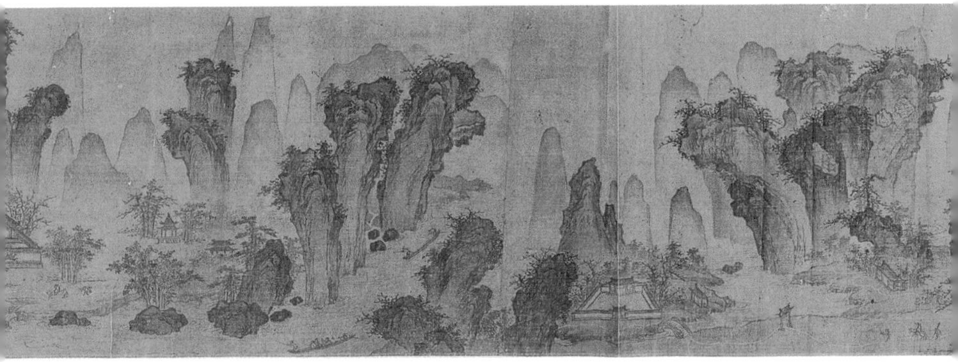

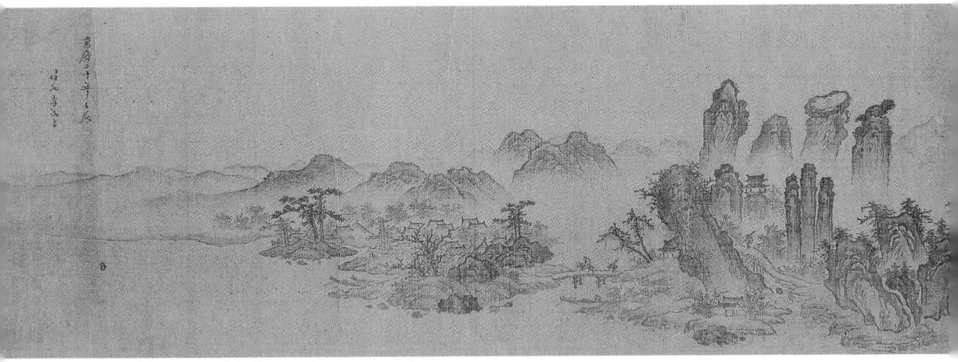

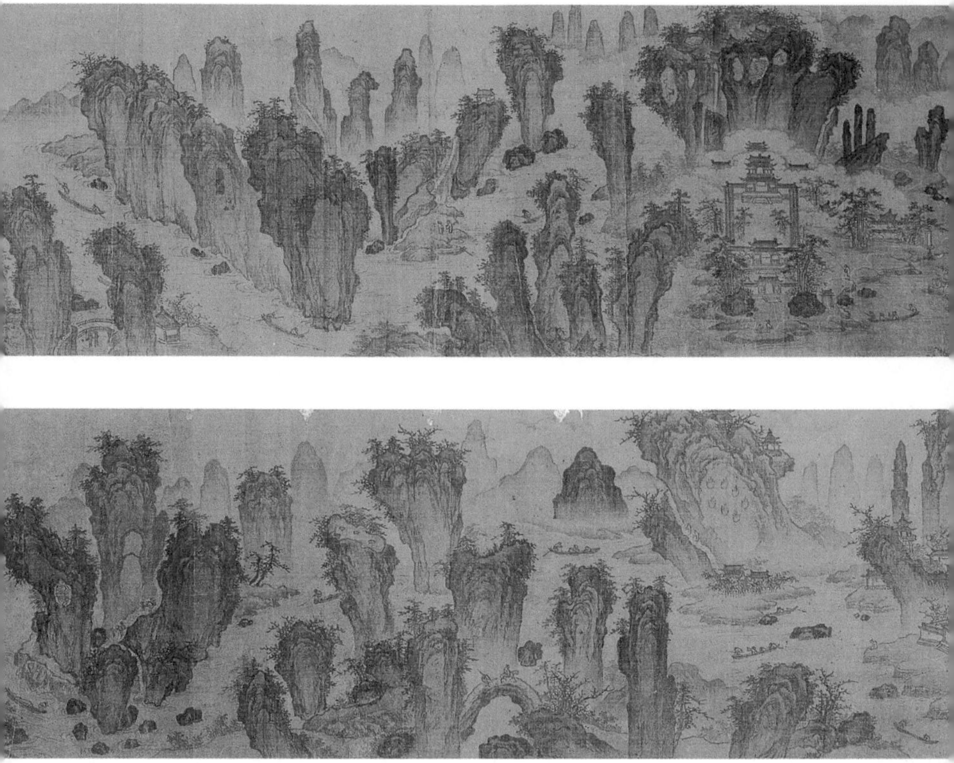

이성길李成吉「무이구곡도武夷九曲圖」

물론 이 그림을 읽는 법 또한 개인의 선택입니다. 치밀한 묘사로 한 장르의 전형을 남긴 그림으로 읽는다 해서 그른 것은 아닙니다. 더하여, 직업 화가가 아닌 사대부의, 그 자신의 신념을 위해 그린 작품이니 그 의미가 더욱 각별하다는 감상도 물론 가능합니다. 문자와 이미지의 관계, 그 오랜 역사를 덧붙여 읽어도 의미가 있겠지요. 이렇게 돌려 말할 수도 있습니다. 현실이 너무 참혹해서 이렇게 이상을 그려본 것이라고.

하지만 이성길이 진중에서 이 그림을 위해 먹을 갈고 붓을 다듬으며, 고운 비단을 펼쳐 원본을 따라 하나하나 그려나갔을 그 시간들을 떠올리면… 역시 마음이 편치 않습니다. 물론 그 또한 한 개인의 자유라 생각할 수 있습니다. 하지만 말입니다. 그는 전쟁의 책임을 나누어 져야 할 신분입니다. 적어도 나라의 녹을 받는 그들이니, 최소한의 책임과 염치를 묻지 않을 수 없겠지요.

사실 이렇게 처참한 전쟁을 겪어야 했던 것도 거슬러 보면 그런 안일함 때문이었을 테니까요. 그 순간까지도 그는, 그와 비슷한 생각을 가지고 있던 사대부들은 그리 생각했는지 모릅니다. 이 시대는 아무 일도 없는 태평성대였다고. 그런 생각 말입니다.

이야말로 얼룩진 한 편의 기록이었다

사회의 혼란과 무관하게 예술이 걸어야 할 길이 없지는 않겠지만, 그것은 혼탁한 사회에 물들지 않겠다는 내적인 결심을 말하는 것이어야겠죠. 이런 식의 도피여서는 곤란하다 싶습니다. 게다가 그가 이상으로 삼았던 그 학문이, 정녕 이런 태도를 지향하는 것은 아니지 않았을까요. 어이없음에 이어 일말의 슬픔이 일기도 했지요.

그렇다면 그림을 그린다는 행위나 그림을 통해 수양을 한다는 다짐 또한 이처럼 허황된 일일 뿐인지…. 그림을 이런저런 배경과 엮어 읽으면서, 어쩔 수 없이 빠지게 되는 우울함이기도 합니다. 그럴 때마다 잠깐씩 그림 보는 일을 멈추어보게도 됩니다.

결국 다시 그림 앞으로 돌아옵니다. 그런 우울함 또한 그림에 기대어 풀어내는 게 답이겠다 싶어서요. 아름다움 자체를 보고 싶어서, 따뜻한 위안을 얻고 싶어서, 뭉클한 감동을 느끼고 싶어서… 그래서 그림을 봅니다.

하지만 상처받기 위해서, 단단해지기 위해서 그림과 만나기도 합니다. 보고 싶지 않은 것도 보아야 하는 것이, 읽고 싶지 않은 것도 읽어야 하는 것이, 인정하고 싶지 않은 것도 인정해야 하는 것이 있으니까요. 그래야 할 것 같습니다. 적어도 전란의 한가운데서 아무 일도 없었다는 태평함으로 한가롭게 그림 속에나 빠져드는, 그런 자신이 되지 않기 위해서라도 말입니다.

그렇게 마음을 정리하고 보니, 다시 책의 결말을 떠올리게 됩니다. 아무 일도 없었던 만력 15년 이후 명은 어떤 길로 접어들었을까요? 우리가 아는 대로 5년 후에는 조선에서 전쟁이 일어났고, 명 또한 그 전쟁에서 자유롭지 못했지요. 그리고 역시 우리가 아는 대로 운명의 시간은 멀지 않았으니. 책의 마지막 부분은 이렇습니다.

> 1587년은 만력 15년, 간지로는 정해년이다. 겉으로 보면 태평성대에 가까워 기록할 만한 일은 아무것도 없는 것 같으나, 실제로는 대명제국이 이미 발전의 막다른 골목에 이르러 있었다. 황제가 치세에 힘쓰든지 쾌락에 빠지든지, 수보가 독재적이든지 유화적이든지, 고위 장군이 창의적이든지 구태의연하든지, 문관이 정직하게 근무하든지 탐욕에 빠지든지, 사상가가 극단적으로 진보적이든지 보수적이든지 결국은 모두 선악의 구별 없이 어느 것이나 실제로는 의미 있는 발전을 얻을 수 없었다. 어떤 자는 지위를 잃었고 어떤 자는 명예를 잃었고 또 어떤 자는 둘 다를 잃었다.
> 이 때문에 우리의 이야기는 여기에서 비극적인 마무리를 할 수밖에 없다. 만력 정해년의 연감年鑑은 역사에 있어서 실패로 얼룩진 한 편의 기록이었다.

아무 일도 없는 것 같으나, 실은 비극의 모든 싹이 보였던 해. 만력 15년은 어쩌면 우리가 아무 일 없다고 생각했던 어느 해, 바로 그해일 것입니다. 아무 일도 없었던 해, 태평성대에 가까워 기록할 만한 일도 없어 보이던 그해… 그리고 제국은 그리 오래지 않아 종말을 맞았던 것입니다.

2014년, 간지로는 갑오년이다

'1587년은 만력 15년, 간지로는 정해년이다.' 책의 처음과 마지막 부분, 시작은 이처럼 같았습니다. 우리 또한 이처럼 자신의 시대를 돌아볼 때가 오겠지요. 2014년, 간지로는 갑오년甲午年이다… 그다음에 이어질 이야기는 무엇일까요. 세상은 평안하여 아무 기록할 사건이 없었는지, 아니면 겉으로 보면 태평성대에 가까워 기록할 만한 일은 아무것도 없는 것 같았는지. 누군가는 학문적 이상에 몰두했는지, 누군가는 그 이상의 궁핍함을 질타했는지, 또 다른 누군가는 질타의 무책임함을 추궁했는지, 기어이 누군가는 결연히 떨쳐 일어났는지….

우리가 함께한 이 사회에도, 혹은 나 자신만의 역사를 놓고 볼 때도… 간지로는 갑오년인 2014년, 어떻게 기록될까요? 아무 일도 없었던 해, 그런가요?

•

이성길李成吉. 병조참판에 이른 문신으로, 전하는 유일한 작품이 「무이구곡도」다. 특별히 문인화가로 자처하지 않은 이들도 무이구곡도를 직접 그려가면서, 주자의 정신을 추앙했다는 뜻이겠다. 그림의 성격상 범본을 그대로 모사하며 그려나갔을 것이다. 그저 아마추어가 그렸다고 하기에는 매우 꼼꼼한 필치가 돋보인다. 그의 인물됨은 백성을 대하고 직무를 행하는 데 문제가 많았던 듯, 여러 차례 실록에 이름이 오르내린다. 수양하는 군자의 것이라고는 보기 어려운 기록들이다. 단정한 필치로 반듯하게 그려진 「무이구곡도」는 전쟁 중에 제작했다는 사실이 개운치 않은데, 의병을 일으켰다는 그의 또 다른 이력과 묘하게 배치되는 대목이다. 호 창주滄洲, 1562~?년.

건너간다, 이 시대를

동시대인으로 자신의 시대를 규정하기가 쉬운 일은 아닙니다. 멀리서 볼 때, 비로소 강물은 그 방향이 보이는 법이니. 강물 한가운데를 건너고 있는 이, 도무지 방향조차 짐작하기 어려운 일이지요. 하지만 내가 사는 이 시대의 공기, 그 느낌에 대해 이야기하지 못한다면. 그건 어쩌면 무감無感, 어쩌면 외면일 수도 있겠습니다.

그의 노래를 들으면 그렇습니다. 이 사람, 자신의 시대를 사랑하는구나. 그래서 이렇게… 말할 수 있는 것이구나. 사랑이란 무작정 옹호 따위가 아님을, 적어도 한 구성원으로서의 책임과 비판임을, 자신이 할 수 있는 일로 이야기하는 것임을, 그의 노래를 들으며 생각합니다. 이 천박한 한 시대를 지나간다고, 이 고단한 세기를 건너간다고… 그는 자신의 시대를 노래합니다. 슬펐던 것은 나 또한 그 천박한 시대의 일원이었기에. 하지만 슬프지만은 않았던 까닭은, 그렇게 말해줄 수 있는 이들이 있었기에. 자신의 시대를 얘기하는 일. 사실 그것이 예술의 주요한 몫이겠지만. 그런 소리, 이제 쉬이 들을 수가 없습니다.

100년 전, 한 화가의 그림을 봅니다. 시대가 주는 우울함으로 따지자면, 그 시절이나 지금이나 크게 다르지 않은 형국인데…. 안중식이 바라본 20세기 초반의 상황은 대략 이런 색채였습니다. 제목과 느낌이 서로 달리 흐르는 그림. 「백악춘효도」를 만납니다.

한없는 시대의 우울

그런데 백악춘효는 같은 제목의 그림이 두 점 있습니다. 각기 1915년 여름과 가을에 그렸다고 밝혀놓았지요. 제목은 춘효春曉라 했지만 정작 그림을 그린 것은 엉뚱한 계절이었던 셈인데. 그러니까 제목 속의 봄은 기억이거나 상상이거나 소망인 것입니다. 봄날의 새벽이라니. 이 따뜻하면서도 싱싱한 기운이라니….

제목을 적어넣지 않았더라면 도저히 봄날을 떠올릴 수 없을 정도입니다. 여름날의 백악춘효도 그러했지만, 어느 가을에 그렸다는 이 작품은 정말 한없이 우울하기만 합니다. 그것도 낭만적인 우울이 아닌, 어둡고 습한 기운으로 가득하지요. 무언가 몽환적인 느낌까지 더해져 있습니다. 물론 1915년이라면 충분히 그럴 만한 시절이죠. 화가 자신으로 볼 때도 생의 말년이었는데. 이 묘한 그림 앞에서 한 화가의, 한 시대를 건너가는 우리의 모습이 겹쳐집니다.

사실은 그랬죠. 그림의 시절이나 배경을 생각하지 않고 그림만 먼저 보기로 말입니다. 하지만 을묘년乙卯年(1915년) 가을에 그렸다는 화가의 글을 읽기 전에도 그림은 충분히 어두운 기운으로 가라앉아 있었습니다. 그러니까, 배경이 가져온 선입견은 아닌 겁니다.

근경에서 시작하지요. 화면 하단에는 몇 그루의 나무, 그 뒤로 해태상이 보입니다. 궁궐 앞이니 제자리를 지키고 있는 것이겠죠. 하지만 당당한 자태라 부르기엔 너무도 희미합니다. 지나간 시절의 쓸쓸한 유물 같기도 하고 말입니다. 나무는 분명 계절을 따라 푸른빛이 오르긴 했건만 그렇다고 신선한 기운이 느껴지질 않습니다.

해태 뒤로 그려진 궁궐이라 하여 위용이 넘친다거나 하지도 않습니다. 궁 앞의 광화문도 쓸쓸하기는 매한가지. 문은 굳게 닫혀 있지요. 문 뒤로 전각의 기왓골들은 이어져 있지만… 화면의 중앙은 궁과 산 사이를 가로지르는 새벽안개로 희미하기만 합니다. 그리고 우뚝, 북악이 솟아 있지요. 궁성을 지켜주는 그 산입니다. 이 수려한 봉우리 뒤로는 저 멀리 북한산의 연봉들이 그 윤곽을 드러내고 있습니다. 봄은 왔건만 아직 산자락이 푸른색으로 넘실대지는 않습니다. 봄의 움직임이라기보다는, 매우 무거운 정적이 흐르는 중이지요.

어떤가요. 화면은 분명 화가가 살았던 당시 그 궁의 모습이건만, 실제 풍경을 꽤 사실적으로 옮긴 것이라 하지만. 꿈속의 한 장면처럼 몽롱합니다. 꿈이라 해서 화사한 것도 아닙니다. 낮게 가라앉은, 한스러운 꿈도 있으니까요.

인적이라곤 느낄 수 없는 까닭이 너무 이른 새벽이어서는 아닐 것입니다. 조선의 국왕이 머물던 경복궁의 운명입니다. 궁은 주인을 잃고, 그저 역사 속의 현장으로만 그 이름을 이어가고 있으니까요. 화면의 몽롱함은 궁과 산 사이의 안개 때문이기도 합니다. 경계를 지워버리는 이 모호함이라니…. 조선의 이름인 경복궁과, 그 수많은 역사의 흐름 속에서도 묵묵히 제자리를 지켜온 북악산이 같은 형편일 수는 없겠지만. 그래도 백악은 경복궁과 그토록 오랜 시간을 함께했으니까요.

이제는 지나가버린 시절

화가는 자신의 말년을, 자신이 살았던 한 시대를 이렇게 느꼈겠지요. 그의 그림도 이름도, 왕조와 무관할 수 없습니다. 안중식으로 보자면 조선이 명맥을 유지하던 시절, 그것도 왕조의 마지막 화원 가운데 한 명이었습니다. 그런 그가 사라진 조선의 궁궐을 그립니다. 하여… 이런 색으로 그려집니다. 제목은 춘효라 했습니다만, 이제 새로운 봄, 신선한 새벽의 기운은 더 이상 이 궁궐에서 만날 수 없다는 마음이겠지요. 시대를 건너가는, 지나간 시대를 바라보는 화가의 눈입니다.

그래서 이 그림, 그의 붓은 이 '건너감'의 현장에서 여러 의미를 남기게 되죠. 이 시대에서 저 시대로, 조선에서 식민지로, 왕조의 화원에서 근대기의 화가로, 전통화에서 근대화로…. 이런 수많은 '지나감'의 흔적이 가득합니다.

그림의 주제부터가 그렇지요. 궁궐을 그렸다고는 하지만 조선의 영광을 담아낸 뜻은 아니었습니다. 사람의 흔적조차 느낄 수 없는, 텅 빈 공간의 느낌입니다. 이렇게 한 왕조의 상징은 그림 속에 쓸쓸히 남게 된 것입니다. 왕조의 녹을 받던 화원에게 이제, 나라도 궁궐도 옛 시절 속에 남았을 뿐이지요.

화법으로 보아도 시대의 변화가 역력합니다. 이런 그림, 옛 시절의 이름을 따라 말하자면 산수화라 해야겠지요. 실제의 풍광을 담은 것이니 실경산수實景山水라 부를 것입니다. 하지만 옛 산수화의 느낌 위로, 흔히 풍경화라 일컫는 근대식 시선이 더해져 있습니다. 그래서 뭔가 좀 묘하다는 생각이 드는 것인지도 모릅니다. 옛것과 새것을 한 자리에서 마주할 때의 당혹스러움. 그래서 잠시 멍해진 상태로 그림을 보게 됩니다.

분명 그의 선배들이 그렸던 산수화와 같을 수는 없습니다. 하지만 여전히 먹을 기본으로 색을 펼칩니다. 게다가 미점米點을 툭툭 찍어 산을 표현한 것을 보면 전통 산수화의 붓을 따르고 있는 것입니다

▶ 안중식安中植「백악춘효도白岳春曉圖」

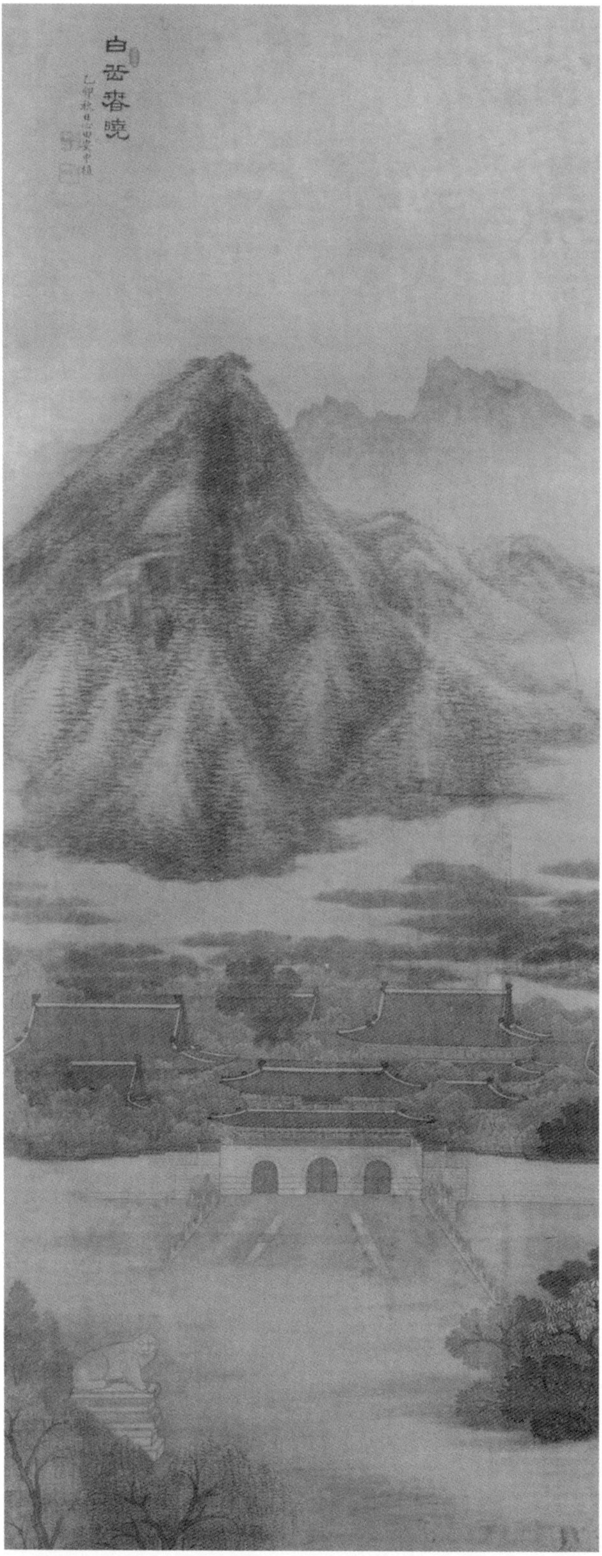
白岳春曉
乙卯秋日心田安中植

다. 하여, 서양식 수채화의 느낌이 다분함에도 산수화라는 이름이 더 어울리게 되었지요. 마지막으로 화가는 '백악춘효'라 제목을 쓴 후 자신의 이름과 인장을 나란히 더합니다. 전통적 방식 그대로 말입니다.

전통과 근대 사이에서, 풍경화와 산수화 사이에서… 그 사이를 천천히 지나고 있는 노화가의 모습이 보입니다. 그는 여전히 옛 시대의 화가처럼 붓으로 먹을 찍어 산수화를 그립니다. 하지만 어느덧 자신의 그림으로 흘러들어온 새것의 느낌을 몰아내려 하지도 않습니다. 자신의 시대를 이렇게 지나가고, 건너가고 있었습니다.

왕조의 마지막 화원

혼란스러웠겠지요. 그의 그림에 담긴 묘하게 엉클어진 이 느낌은 바로 화가 자신의 마음속일 테니까요. 그는 시대의 앞과 뒤를 엇갈려 바라보며 탄식하거나, 혹 두렵기도 했을 터입니다. 시대는 저물어가는 것이 분명해 보였습다만, 전통적 산수화가 얼마나 더 이어질지 알 수 없는 일이었습니다만…. 하긴 도화서가 폐해지고 왕조가 패망할지… 도화서의 어느 화원이 앞길을 내다봤겠습니까.

이즈음의 안중식은 여전히 전통 화단을 지키며 제자들을 가르치기도 했지요. 어쨌든 마지막 화원이었으니까요. 조선 화단의 마지막 천재라는 장승업에게 그림을 배우기도 했지만, 그렇다고 스승과 같은 길을 걷지는 못했습니다. 조선 왕조에서 삶을 마감한 장승업과는 달리, 그는 왕조가 명을 다하는 순간을 지켜보아야 했습니다. 게다가 식민지라는 처참한 상황에서 조선 화단을 어떻게든 다음 세대로 이어가야 했으니. 하긴 성정이나 재능 또한 장승업과는 다른 점이 많습니다. 내키는 대로 할 수 있는 성정과 눈부신 재능이… 이 제자에게는 없었습니다.

이것이 안중식이 처한 상황입니다. 이미 먹을 버리고 서양화를 배우기 위해 바다를 건너는 젊은이들이 나타나던 시대인데. 그는 서화書畵라는 고색창연한 이름을, 그래도 차마 버리지 못한 채 다소 어정쩡하게 새 시대와의 사이에 끼어 있는 형국이었지요. 이것이 한 시대를 건너 다른 시대로 들어서는 그의 세대에게 주어진 운명이었습니다. 변해가는 분위기를 견디는 것이 쉽지는 않았을 것입니다.

혼란의 시대, 식민지로 전락해버린 나라였으니. 그가 바라본 백악의 봄은 차마 꿈속에서도 이처럼 스산한 형상으로 남을 수밖에 없었을까요? 가을날에 그렸다고 애써 밝혀놓았으나 가을의 차분한 색조라 말하기도 어렵습니다.

그런데 묘한 것이. 그의 백악춘효는 시대와 시대 사이에 놓인 다리 위에서, 그 길가에서 태어난 그림인데도, 그림으로서의 울림이 덜하질 않습니다. 근대의 문화들이 정신없이 쏟아져들어오는 시대였으니 말 그대로 그림에도 엉터리가 많았던 것도 사실이지요. 온전히 소화되지 않은 새 시대의 붓으로, 전혀 감동적이지 않은 작품들이 얼마나 많이 그려졌는가를 떠올려보면. 무작정 일본의 화풍을 추종했던 수많은 화가들을 생각해보면.

안중식의 이름을 가볍게 읽을 수만은 없겠습니다. 힘겨운 시대를 건너면서도, 그래도 힘을 아주 빼지는 않았구나…. 그런 생각에 이르게 됩니다. 내 시대의 천박함이든 고단함이든… 그래도 이게 그 현실이야, 말해주는 그림을 남긴 것이니까요.

고단한 시대의 증언

말해주는 것, 그래서 남겨주는 것. 정태춘의 노래에는 항상 이런 절묘함이 있었죠. 소리를 빼놓은 채 시로만 읽는 것이 아쉽긴 하지만, 그래도 이렇게 읊어봅니다.

강물 위로 노을만 잿빛 연무 너머로 번지고
노을 속으로 시내버스가 그 긴긴 다리 위
아, 흐르지 않는 강을 건너 아, 지루하게 불안하게
여인들과 노인과 말 없는 사내들
그들을 모두 태우고 건넌다

아무도 서로 쳐다보지 않고, 그저 창밖만 바라볼 뿐
흔들리는 대로 눈 감고 라디오 소리에도 귀 막고
아, 검은 물결 강을 건너 아, 환멸의 90년대를 지나간다
깊은 잠에 빠진 제복의 아이들 그들도 태우고 건넌다

다음 정거장은 어디오 이 버스는 지금 어디로 가오
저 무너지는 교각들 하나둘 건너
천박한 한 시대를 지나간다
명랑한 노랫소리 귀에 아직 가물거리오
컬러 신문지들이 눈에 아직 어른거리오
국산 자동차들이 앞 뒤로 꼬리를 물고
아, 노쇠한 한강을 건너간다
휘청거리는 사람들 가득 태우고
이 고단한 세기를 지나간다*

버스가 건너가는 것이 어느 한강 다리 위일지라도, 버스 안에 가득한 우리는 무표정하게 그 강을 건너가고 있을 뿐이지만. 그 순간, 시대는 한 세기를 건너기도 합니다. 무어 그리 특별한 사건으로 한 세기를 마무리하는 것도 아닙니다. 그렇게 건너고 지나는 시간들이 반복되면서 그 시간이 쌓여가면서 한 시대의 색채를 만드는 것이겠죠.

내 한 걸음에 모든 책임이 있는 것은 아닙니다. 그렇다고 아무런 책임이 없을 수는 없습니다. 누군가의 걸음이 더 무거울 수도, 또는 조금 가벼울 수도 있겠지만. 버스에 탄 우리 모두는 함께 그 다리를 건너가는 것입니다. 나, 어디로 건너가고 있는지, 어디를 지나가고 있는지, 어쩌면 움직이지 않은 채 시대의 지나감을 바라보고만 있는지.

---

* 정태춘, 〈건너간다〉, 1998년.

누군가 한 사람쯤은 자신의 시대를 이야기할 수 있어야겠기에, 그것이 천박함이든 고단함이든 볼 수 있어야겠기에, 남길 수 있어야겠기에. 그래서 노래를 하고 그림을 그리겠죠. 한강이 어디 강 하나의 이름이던가요. 서울을 가로질러 정말 노쇠하도록 끊임없이 흘러야 했던 역사인 것을요.

다시, 백악의 춘효

그런 거창한 의식 같은 것이 없다 해도, 그렇다 해도 말입니다. 1915년의 안중식이 이런 시대의식으로 무장했다고 말하기는 어려울지 모릅니다. 하지만 그의 그림은 한 시대의 끝에서 다른 시대로 건너가야 했던, 그 시대를 살아간 동시대인의 진지한 증언입니다. 가볍게 즐기자는 그림은 아니었던 것입니다.

이 봄, 백악의 새벽은 어떤 빛깔일까요. 100년 전 화가의 눈에 비친 것보다는 조금 더 밝은 색이라 말할 수 있을까요. 그럴 수 있을까요. 우리의 백악은 우리의 색채일 텐데. 이 시대의 화가들은 어떤 색으로 이 봄을 그려내고 있을까요.

백악을 떠올리며 우리 시대의 빛깔을 돌아보게 됩니다. 고단한 한 세기는 그렇게 흘러갔건만, 다시 시작된 이 세기도 고단함을 면하기는 어려워 보이니. 노쇠한 강물은 여전히 흐르고, 우리는 이 다리를 건너갈 뿐입니다.

•

안중식安中植. 근대가 시작되는 과도기에서, 전통 산수의 길을 지켜나간 화가다. 장승업의 제자로, 스승의 화풍을 계승하여 이후 한국 화단의 한 흐름을 형성하였다. 일본과 서양의 그림이 밀려오던 시대 속에서, 전통과 근대의 조화를 고민했던 화가이기도 한데, '서화미술회' 활동을 통해 제자들을 가르치는 데에도 많은 힘을 쏟았다. 어진 제작에 참여하기도 하는 등, 왕조의 마지막 화가로서 그 역할이 적지 않았다. 흔히 거장인 스승의 화려한 필력과 비교되기도 하지만, 안중식의 산수는 그 나름의 독특한 매력이 있다. 특히 말년에 그린 「도원문진도桃源問津圖」와 「백악춘효도」에서 보여준 묘한 색채감은, 근대에서 만난 전통 산수의 색다른 아름다움으로 기억될 만하다. 호 심전心田, 1861~1919년.

• 닫는 글 •

그냥, 좋아서

망설였어요, 이 그림 때문에. 그림에 기대어 나의 생활을 돌아보며 그림의 내면을 이야기하고 싶어서, 그렇게 시작된 글이었지요. 우리 옛 그림을 하나씩 만나면서 그 새로움 혹은 기쁨이나 감동 같은 걸 나누어보자고. 잘 모르는 그림이나 화가가 있으면 즐겁게 인사라도 전해보자고. 그렇게 화가 한 사람, 그림 한 점을 만나게 되었죠.

그런데 마지막 그림을 고르며 좀 고민이 되는 거였습니다. 얘기하고픈 화가가 아직도 많은데, 굳이 같은 화가 그림을 두 장? 게다가 이 화가, 김홍도는 그림 좀 본다는 이들에게 뭐 새로운 얘깃거리도 더할

게 없어 보이는데… 왜 이러는 거야? 스스로에게 물어도 보았죠.

이유로 말하자면 아주 없는 것도 아닙니다. 김홍도가 얼마나 뛰어난 화가인지, 특히나 이 작품이 어떤 의미로 주목받고 있는지. 하지만 우리, 대략 알고 있는 사실인 거니까요. 그런 해석에 공감을 하든 그렇지 않든 말입니다.

결국 그의 작품 하나를 더 만나기로 합니다. 이유를 더 늘어놓는다면 못할 것도 없겠지만, 진짜 이유야 뭐가 더 있겠습니까. 그림이 너무 좋아서, 그것뿐인 게지요. 그저 좋아하게 된 과정을 나누고 싶습니다. 오직 이 그림에 대한 '팬심'을 담아서요. 김홍도의 「소림명월도」입니다.

만남

좀… 밋밋한가요? 너무… 아담한가요? 첫눈에 반하기엔 그 아름다움이 쉬이 드러나 보이질 않는 것도 사실이지요. 스케일만으로 보아도 정말 소품 가운데 소품입니다. 20점 화첩 가운데 한 점이니까요.

맑은 먹으로 소박하고 아담하게 그리는 것이 조선 그림의 남다른 맛이기도 하지요. 그 정도의 만남도 그리 나쁘지 않습니다. 하지만 그런 소소함만으로 오래도록 즐길 수야 있겠습니까. 맑으면서 짙고, 소박하면서 풍성하고, 아담하되 가득 찬 아름다움…. 이 그림이야말로 그렇다는 생각이 듭니다.

첫인상은 뭐랄까요. 담백함에 가깝습니다. 소재라고는 어느 야산의 나무 몇 그루와 그 사이로 떠오른 보름달 하나. 잡목 사이로 작은 시내가 흐르는 정도지요. 채색 또한 먹을 위주로 담채淡彩를 더했을 뿐입니다. 야산에 보름달이 떠 있는 풍경이라… 그림이 어째 좀 심심하군, 이 정도의 얘기를 듣기도 했을 것입니다.

아닌 게 아니라, 수많은 그림에 묻혀 지나갈 수도 있습니다. 그런데 이상한 일이지요. 실제로 그림 앞에 서면 그렇게 쉽게 돌아서지는 못합니다. 다시 천천히 바라보게 되죠. 그러면서 조금씩 새롭게 보이기 시작합니다. 담백하다고 느꼈던 그 색감이 오히려 매우 풍성한 것이었다는. 놀랍게도… 다른 색채에 기대지 않은, 오직 먹이 지닌 그 다채로움만으로 말입니다.

먹이 그저 검은빛만은 아니라는 걸, 물론 모르지는 않았지만. 그래도 이렇게 다양한 빛을 품고 있음을 새삼 깨닫게 됩니다. 혹은 짙은 단호함으로 혹은 옅은 부드러움으로, 그 사이사이로 흘러드는 중간 색조의 차분함까지. 이제 막 물기 오르는 나뭇가지이니 붓의 촉촉함 또한 그에 어울리게 제 물기를 조절해냅니다. 먹으로 그 농담의 스펙트럼을 그려낸다면, 끝에서 끝까지… 김홍도의 붓에 기준을 두어도 좋겠다 싶습니다.

하지만 화면의 아름다움에서 멈추지는 않습니다. 그저 필묵의 유희라 해도 좋을 그림이지만, 사적史的인 의미를 담아 읽자면 전혀 새로운 시점으로 그려낸 산수화이기도 했지요. 그것도 이처럼 평범한 풍경을 끌어와 조선 산수화의 새로운 장면을 열어낸 것입니다.

그렇다고 기량을 겨루겠다는 자만이라거나 새로운 뭔가를 보여주겠다는 강박의 느낌도 아닙니다. 저절로 이루어진 화면이었을 테죠. 화가 스스로 빠져들어 즐기면서 말입니다. 그래서 이런 완전함으로 남겨진 것이겠지요.

그랬습니다. 담백한 화면입니다. 좀 오래도록 바라봅니다. 눈이 부시도록 풍성한 화면이지요. 그래서 더 지켜봅니다. 그림 저 깊은 곳에 고독의 시간이 쌓여 있습니다…. 한숨이 흘렀습니다. 그러니까 제 느낌이 이렇게 좀 오락가락했다는 말이지요.

절정

느낌이 이렇게 제법 큰 폭으로 오락가락하도록 「소림명월도」와 만난 시간이 짧지는 않았던가 봅니다. 김홍도의 마음을 따라가며 이런저런 생각을 글로 풀어내기도 했었는데. 하지만 여전히 좀 궁금한 것이 남아 있었어요. 이런 절정의 순간은 어떻게 만나는 것일까. 그 순간의 느낌은 어떻게 얻게 되는 것일까. 그가 그저 노닥이면서 이런 수준에 이른 것은 아닐지라도 말입니다. 깊은 고독 끝에 이런 경지에 오른 것이라 해도 말입니다. 도대체 이 그림을 그렸다는 병진년丙辰年(1796년)에 우리가 알지 못하는 어떤 일이 일어난 것은 아닐까요.

하지만 아무리 기록을 이리 뒤적이고 저리 엎어봐도 결국 원점으로 돌아오게 됩니다. 그 알지 못하는 어떤 일은 화가 혼자만의, 그 마음속의 것이라는. 예술가가 만나게 되는 절정이란, 깊은 고독 속에서 문득 마주하는 것이라는. 빤하지만 어쩔 수 없는 결론이었습니다.

그렇다면 그 순간을 무어라 설명이라도 할 수 있다면 좋을 텐데 말입니다, 하던 중에 문득 떠오른 소설이 있었으니. 고마울 뿐이었습니다. 바로 이런 느낌 아니었을까요? 그 순간을, 절정의 예술을 만나는 순간을 이처럼 멋지게 그려낸 소설도 또 없지 싶습니다.

《꿈꾸는 책들의 도시》*는 한 젊은 작가가 결국은 작가로서 최고의 경지인 '오름'을 만나는 이야기를 담고 있습니다. 오름이란 '최고의 영감의 순간에 몸속으로 뚫고 지나간다는 일종의 신비로운 힘'을 뜻하는데, 소설의 마지막 장면에서 주인공 미텐메츠는 오름의 힘을 느끼며 그 순간을 이렇게 이야기합니다.

> 그것은 마치 뜨거운 바람처럼 내 몸을 뚫고 지나갔다. 하지만 부흐하임의 불길에서 나오는 것이 아니라, 우주의 깊은 곳에서 나오는 것이었다. 그것은 내 머릿속으로 불어오더니 단어들의 소용돌이로 꽉 채웠다. 그러자 그 단어들은 잠시 흥분한 심장이 고동치는 사이에 문장이 되고, 페이지가 되고, 장이 되더니 마침내 방금 그대들이 읽은 이 이야기가 되었다.

---

* 원제 〈Die Stadt der Träumenden Bücher〉. 발터 뫼르스의 2004년작. '책'이라는 존재에 대한, 글 쓰는 이들의 영원한 설렘, 그리고 최고의 책을 향한 열망을 그려냈다. 상상력이란 정녕 이런 것이겠다 싶은데. 작가 또한 오름의 순간을 맛보았던 것일까.

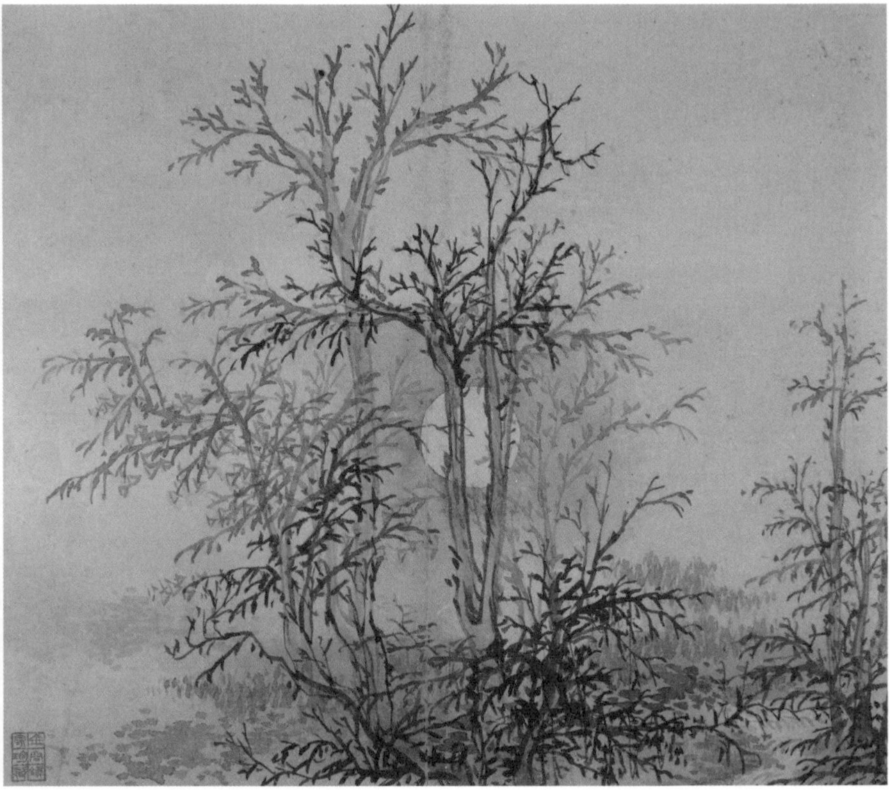

김홍도金弘道「소림명월도疏林明月圖」

누구나 이런 순간을 만나지는 못하겠죠. 예술가로 불린다 해서 모두가 그 절정을 맛보는 것은 아닙니다. 글이든 그림이든 그 궁극의 경지는 다르지 않을 테니. 김홍도에게도 바로, 이런 절정의 순간이 있었던 것인지도 모릅니다. 병진년에 일어난 어떤 일은 아마, 오름을 느낀 그 사건이었을 거라고.

오름

사실 알 수는 없는 일이지요. '오름'은 지극히 주관적인 것입니다. 게다가 그 오름, 절정을 만나는 순간은 깊은 고통 뒤에 따르는 것이기도 했습니다. 소설 속의 미텐메츠가 오름을 느낀 것은 한 인물의 죽음을 겪은 후였습니다. 그 인물로 말하자면 완벽한 작품으로 주인공에게 견딜 수 없는 기쁨과 고통을 함께 준, 주인공의 이상 그 자체였지요.

스스로 죽음을 택하면서 그, 호문콜로스는 미텐메츠에게 오름에 대해 이야기합니다. 그 힘을 한 번 느낀 자는 그것이 없이는 더 이상 살지 못한다고. 그렇겠지요. 그 힘을 한 번 느낀 이상, 그 절정을 한 번 맛본 이상, 이제 그것 없이는 더 이상 살아갈 수 없습니다. 그래서 이미 절정에 선 이들이 다시 꿈꾸지 않을 수 없는 것이겠죠.

하여 다시 꿈을 꿉니다. 그것이 예술을 하는 이들의 숙명이지요. 기쁨만큼이나 큰 고통의 시간이기도 할 것입니다. 「소림명월도」를 그리던 순간의 김홍도라면, 그 뜨거운 서늘함에 잠시 마음을 잃었을 것 같습니다. 병진년 그의 마음에 일었던 그 바람입니다.

눈을 감고 상상해봅니다. 오름을 만나는 그 순간, 우주의 깊은 곳에서 흘러나온 바람이 몸속을 뜨겁게 뚫고 지나가는, 그 절정의 순간. 그 느낌은 어떤 것일까…. 여전히 밤하늘의 별들은 제 빛을 거두지 않고, 아니 더 간절히 그 빛을 뿜고 있는 것일까…. 무의미하게 흩어진 음운들이 단어를 이루고 문장을 이룬 후, 기어이 아름다운 하나의 이야기로 완성되는 순간의, 그 뜨거움이라니.

화가 김홍도에겐 그 순간이 어떻게 도래했을까요. 그 또한 깊은 슬픔을 건넌 곳에서 오랜 고독을 견뎌낸 후에 이 그림을 그리게 되었겠지요. 그림을 그린다는 것, 그것에 대한 고민이 쌓이고 쌓였을 테지요. 그러다 문득, 무의미하게 놓였던 붓이 먹을 만나 한 그루 나무를 그려내고, 보름의 으스름달을 그 위로 더한 후, 기어이 아름다운 한 폭의 그림으로 완성되는. 그렇게 오름을 만났던 것일까요?

여전히 궁금하고, 가슴 설렙니다. 이미 알고 있으되 아직 온전히 알지 못하기 때문이겠죠. 그래서 다시 만나고 싶다는 그리움을 낳습니다. 그림이란 정녕, 이런 것이어야 합니다.

그리움

그리워할 만한 그림 하나쯤 마음속에 품는 것도 꽤 괜찮은 일이다 싶습니다. 그렇게 하나씩 알게 되고 만나게 되면서 더 깊어지는 거겠지요. 언젠가 한 강연에서 「소림명월도」 얘기를 하고 난 다음이었어요. 질문들을 하십니다. 정말로 그림을 보면서 그런 느낌이 든다는 말인가, 옛날 그림들은 어떻게 봐야 할지 잘 모르겠다, 좋아하기는 더 어렵다…. 방법 없을까?

어떤 새로운 장르와 친해지려면 기본적인 방법은 다르지 않을 것 같습니다. 그림을 잘 보는 방법 같은 게 따로 있는지는 알 수 없지만… 조금 더 친해지고, 만나는 수준을 높여보고 싶다면, 일단은 자주 만나야겠지요. 가장 좋아하는 작품을 골라보는 것도 좋겠습니다. 전시 하나를 볼 때마다 작품 하나씩, 그렇게 쌓인 후에는 올해의 베스트를 꼽는 것도 괜찮겠어요. 잘 알지 못했던 자신의 취향을 깨닫게 되고, 궁금한 건 찾아도 보고. 그러면서 감상의 폭이 넓어지고 깊이를 갖추게 되니까요.

저 또한 그 방법을 따라보곤 합니다. 이 그림 진짜 좋다… 하면서 하나하나 꼽아봅니다. 물론 그래도 온전히 감상자의 눈으로만 바라보지는 못합니다. 이 화가가 최고일까, 뭐가 회화사적으로 의미 있는 작품이냐, 라는 질문에도 답을 해야 할 것 같고 말입니다. 그럴 때는 그 기준으로 다시 하나씩 작품을 골라봅니다. 온전히 좋아한다는 감정과 의미 있다는 평가는 서로 때론 겹치고, 때론 비껴가기도 하죠.

그렇습니다. 「소림명월도」는 그 모두에서 최고다 싶었어요. 정말이야? 미심쩍은 눈길로 제 진심을 다시 한 번 확인해보는 이들도 있겠지만. 그래서 이렇게밖에 말할 수 없습니다. 직접 보고 느끼는 것, 그것밖에 답이 없겠다고.

그렇겠죠. 어떤 그림이 좋다는 느낌, 별다른 이유가 없는 것입니다.

그냥 좋은 거죠. 화가가 온전히 자신의 생각을 밝히지 않았다 해도. 뭐 어떻습니까. 오히려 그림을 더 여러 모양으로 만날 수 있는 것을요.

두리번두리번, 화가의 마음속을 걸어봅니다. 내가 찾은 그 마음의 길들이 혹 제대로 찾은 길인지 아닌지…. 사실 알 수는 없습니다. 하지만 그 길을 걸으면서 조금씩 그 세계로 들어서는 것이지요. 뭉클하고, 아련하고, 때론 가슴 저리는.

기다림

아마 그래서일 것입니다. 그림을 만나는 건, 이 또한 감상의 절정을 맛보기 위함인지도 모르겠습니다. 창작자의 절정을, 그 순간을 함께 느껴보는 거죠. 바로 이런 것이었군! 가슴을 뚫고 지나가는, 그의 비밀을 나누어 가진, 이 느낌. 순수한 '즐거움' 같은 것이죠. 좋아서… 말입니다.

그렇게 걸작을 걸작으로 보아주는 것, 오름의 순간을 같이 느껴주는 것, 그의 고통과 기쁨에 공감해주는 것. 그것이 작품을 온전히 완성시키는 마지막 한 호흡이다 싶습니다. 그림이란 이런 사랑으로 오래도록 살아남는 것이겠지요. 기다려줄 연인이 없다면 사랑의 노래가 무슨 소용입니까.

여전히 오름이 있다고, 있을 수 있다고 생각하는 그들이 있기에. 오늘도 누군가는 그림을 그리고, 또 다른 누군가는 그의 그림을 기다립니다. 꿈꾸고 있는 그의, 그 아름다운 꿈을 기다립니다.

• 畵요일의 그림들 •

전기田琦 「계산포무도溪山苞茂圖」

•

16~17쪽 : 화면 속에는 그저 소나무와 대나무, 낮게 웅크린 초옥만이 있을 뿐. 온통 바람만이 일고있다. 차라리 바람 사이로, 견딜 수 없는 고독을 풀어버리려는 것일까. 먹과 붓의 까칠한 질감이 화면 속 바람 소리와 절묘하게 어울린다. 불과 서른의 나이로 요절한 화가의 25세 때 작품으로, 천재적인 순간성이 한껏 발휘된 대표작이기도 하다.

1849년, 종이에 수묵, 세로 24.5×가로 41.5센티미터, 국립중앙박물관 소장.

이암李巖 「모견도母犬圖」

•

31쪽 : 어미 개를 둘러싼 강아지들. 그것도 자라려면 한참 멀어, 어미젖을 찾아드는 어린 생명들. 그저 예쁘기만 하다. 그러면서도 문득 애처로워지는 건 어미를 바라보는 심정 때문일까? 너무 공교롭지 않은 붓으로, 넘치지 않는 색으로, 한 번쯤 돌아보게 만드는 따뜻함을 그려내었으니. 화가 또한 어미의 속정을 잘 알고 있다는 뜻일 터.

16세기, 종이에 수묵담채, 세로 73×가로 42.2센티미터, 국립중앙박물관 소장.

윤두서尹斗緖 「심득경 초상沈得經肖像」

•

39쪽 : 사랑하는 벗의 죽음을 슬퍼하며 깊은 그리움을 담아 그려낸 초상화. 서른여덟, 죽음을 맞기에는 너무 이른 나이에 세상을 떠났으니. 화가의 절절한 슬픔이 흘러넘친 것이었을까. 초상 속의 창백한 낯빛은 할 말을 다 전하지 못한 것마냥 쓸쓸하기만 하다. 선묘와 색채 또한 담담하면서도 맑은 기운으로 나직할 뿐.

1710년, 비단에 채색, 세로 160×가로 87.7센티미터, 보물 제1488호, 국립중앙박물관 소장.

안견安堅 「몽유도원도夢遊桃源圖」

•

50~51쪽 : 꿈을 그렸다는 배경이 전하기도 하려니와, 그림 또한 꿈처럼 몽롱하다. 기암절벽을 넘어서야 들어설 수 있는 그곳. 도원은 과연 현실에 존재할 수 있을까. 어쩌면 이처럼 인적이라곤 없는, 꿈속에서나 만날 수 있는 세계일 것이다. 그래서 영원히 아름다운 것이라고. 그림 뒤로는 안평대군의 발문과 이십여 명의 제찬이 이어진다. 이들의 진심 또한 궁금하다.

1447년, 비단에 채색, 세로 37.8×가로 106.5센티미터, 일본 텐리대학교 중앙도서관 소장.

김홍도金弘道 「추성부도秋聲賦圖」

•

64~65쪽 : 구양수의 〈추성부〉를 그림으로 풀어내었다. 김홍도의 마지막 작품으로 알려져 있는데. 바싹 마른 붓으로 그려낸 가을의 소리가 화면 가득 스산하게 울린다. 이처럼 붓을 드는 것조차 힘들었던 것일까. 어쩌면 그 마음의 힘겨움을 말하고 싶었음일까. 그림 왼편으로는 원문을 차곡차곡 적어넣었다. 그의 심사를 읽을 일이다.

1805년, 종이에 수묵담채, 세로 56×가로 214센티미터, 삼성미술관 리움 소장.

김정희金正喜「세한도歲寒圖」

•

78~79쪽 : 유배 시절의 김정희. 세상의 중심에 섰던 만큼 세간의 냉담을 더욱 견디기 어려웠던가보다. 귀한 서책으로 자신을 기억해주는 제자 이상적을 위해 그림을 그리고 직접 발문까지 더했다. 김정희가 사랑했던 필묵의 느낌이 바로 이런 것이었을까. 그림은 소박하지만 그에 담긴 마음을 읽으라는 뜻일 터. 그대들은 추위 속에서 자신을, 자신의 마음을 지킬 수 있겠느냐, 묻는 듯하다.

1844년, 종이에 수묵, 세로 23.7×가로 109센티미터, 국보 180호, 개인 소장.

신윤복申潤福「월하정인月下情人」

•

90~91쪽 : 밤은 깊어 벌써 삼경이건만, 달빛도 모르겠다는 두 정인의 마음. 태연하게, 짐짓 무관심하게 화가의 붓은 둘의 마음 사이를 오르내린다. 작은 화첩 위로 아담하게 담긴 밀회의 장면은 딱 그에 걸맞은 느낌이다. 신윤복 특유의 화려한 원색을 가라앉힌 화면이지만, 어스름 달빛마저도 연인들의 붉은 입술만은 가릴 수 없었던 걸까. 달콤하면서 알싸하다.

19세기 초반, 종이에 수묵담채, 세로 28.2×가로 35.2센티미터, 국보 135호,
《혜원풍속도첩蕙園風俗圖帖》 중, 간송미술관 소장.

심사정沈師正「연지쌍압도蓮池雙鴨圖」

•

101쪽 : 평소 운치 있는 산수화를 즐겼던 문인화가 심사정의 또 다른 매력을 만나는 즐거움이 있다. 청나라 그림을 따라 그린다는 화제의 내용대로, 중국풍의 스케일과 아름다움이 느껴지지만. 일반적인 중국 화조화의 번잡스러운 화려함을 따르지는 않았다. 심사정 특유의

우아함이 이처럼 화려한 화조화를 격조 높은 감상화로 끌어올렸다고나 할까.

1760년, 비단에 담채, 세로 142.3×가로 72.5센티미터, 삼성미술관 리움 소장.

정선鄭敾「만폭동萬瀑洞」

•

115쪽 : 이름 그대로 만폭동의 폭포 소리가 바위에 부딪쳐 공명하듯, 공중으로 울려퍼지는 중이다. 그림 속의 유람객들도, 붓을 든 화가도, 그림 앞의 우리도 그 소리에 홀려 한동안 숨을 멈추어본다. 짙은 먹의 빠른 붓질이 폭포 소리에 기세를 더하고 있으니. 금강산 그림으로 진경의 시대를 밝힌 화가가 어째서 정선이어야 하는가를 알 만하지 않은가.

18세기, 비단에 수묵, 세로 33×가로 22센티미터, 서울대학교박물관 소장.

이재관李在寬「오수도午睡圖」

•

127쪽 : 한여름의 더위 제아무리 드셀지라도 이만하면 지낼 만하겠다. 그는 지금 낮잠에 빠져 있고, 화가 또한 주인공의 마음속에 빠져든 상태다. 촉촉한 먹 사이로 여름의 싱그러움이 가득한데, 그는 정녕 세상을 등지고 산속으로 홀로 들어온 것일까. 그래도 괜찮겠다. 나무와 바람, 그리고 이토록 한가로운 오수의 주인으로 남았으니까.

19세기 전반, 종이에 수묵담채, 세로 122×가로 56센티미터, 삼성미술관 리움 소장.

조지운趙之耘「매상숙조도梅上宿鳥圖」

•

135쪽 : 새는 졸고 있다. 자고 있는지도 모른다. 어깨를 동그랗게 움츠린 채 고개를 푹 파묻은 모습이다. 하루가 힘들어서 혹은 세상 꼴이 보기 싫어서, 짐짓 졸고 있는 것일지도. 매화가지 또한 태연하다. 겨우 몇 송이 꽃 듬성할 뿐이건만, 그래도 새 한 마리 쉬어갈 가지로 당당하고 또 담담한 것이다. 몇 줄기 대나무의 마음도 다르지는 않을 터. 벗의 마음이다.

17세기, 종이에 수묵, 세로 109x가로 56.3센티미터, 국립중앙박물관 소장.

허유許維「산수도山水圖」2폭

•

148~149쪽 : 2폭의 나란한 산수. 각기 황공망과 예찬을 떠올리는 화제를 담았으니, 예황의 필법을 염두에 두고 그렸을 것이다. 하지만 화면 속의 붓과 색은 원나라 시대의 화가들과는 그 거리가 한참이다. 허유 자신의 길로 들어서려는 마음을 보여준다고나 할까. 시대의 미감에 대한 고민도 피할 수 없었으리니. 적극적인 의미의 방倣이라 읽는 것이 좋겠다.

19세기 후반, 종이에 수묵담채, 각 세로 80.4×가로 35센티미터, 개인 소장.

조희룡趙熙龍「매화서옥도梅花書屋圖」

•

167쪽 : 매화를 주인공으로 삼고 싶다고, 매화에 대한 자신의 사랑을 이야기하고 싶다고. 그래서 화면은 이토록 깊고도 화려한 것인가. 눈 쌓인 겨울 산은 암향暗香으로 신비롭고, 화가는 그 향에 취한 채 황홀하다. 섬세하면서도 격정적인 붓의 흔적으로 온 산이 넘실대고 있으니. 시인이 아니어도 화가가 아니어도 이 매화, 마음에 품지 못할 까닭이 없다.

19세기 중반, 종이에 수묵담채, 세로 106×가로 45.4센티미터, 간송미술관 소장.

이인문李寅文「총석정叢石亭」

•

178~179쪽 : 눈이 시리도록 신선한 아름다움이다. 기본 구도는 정선에서 취하였으나 시원

스러운 구성과 푸른 색감을 더하여 전혀 새로운 화면을 창조해냈다. 수많은 총석정 그림 가운데 최고로 꼽을 만하니. 절경의 눈부심을 강조하기보다는, 그곳에서 바라본 풍광의 감동을 이야기하는 듯하다. 안정된 필묵에 담긴 우아한 운치만이 그의 전부는 아니었던 것이다.

18세기 후반, 종이에 수묵담채, 세로 28.2×가로 34센티미터, 간송미술관 소장.

장승업張承業 「고사세동도高士洗桐圖」

191쪽 : 중국 원나라 때의 문인인 예찬의 고사故事. 오동나무까지 닦아야 할 결벽증이건만 세상은 이를 고결함으로 상찬한다. 너저분한 시대에 대한 선비다움이라 여겼던 것일지도. 하지만 장승업의 시선은 그렇지만은 않았던 듯하다. 고사도 오동도 그들에게 베푼 저 색채마저도. 묘한 뒤틀림으로 마음을 어지럽힌다. 하긴, 시절은 이미 망국의 전야였다.

19세기 후반, 종이에 수묵담채, 세로 141.8×가로 39.8센티미터, 삼성미술관 리움 소장.

김시金禔 「동자견려도童子牽驢圖」

203쪽 : 한 폭의 산수화라 해도 근사한 장면 아닌가. 그 묵직한 산수 속에서 때 아닌 줄다리기가 한창이다. 시내를 사이에 두고 건네려는 동자와 건너지 않겠다는 나귀의 힘겨룸이 만만치 않다. 나귀의 주인은 어디쯤에서 음풍농월 중일 터. 아이의 속은 타건만 아무도 그 속을 모른다. 내 맘대로 되는 일 없는 거라고. 산도 나무도 짐짓 무심함으로 지켜보고 있을 뿐.

16세기 후반, 비단에 담채, 세로 111×가로 46센티미터, 삼성미술관 리움 소장.

이형록李亨祿 「책가문방도8곡병冊架文房圖八曲屛」

•

214~215쪽 : 서책으로 둘러진 공간을 꿈꾼다면, 이 정도라면 제법 깊은 꿈에 잠길 만하겠다. 책만 읽으며 온종일을 지낼 수는 없겠으니 골동기도, 몇 송이 꽃도, 멋진 그림들도 함께 있어야 할 터. 책 좀 읽으라 말들 하건만, 그저 말로만 될 일인가. 책가도는 궁중에서 시작되어 퍼져나간 것이라 한다. 물은 위에서 아래로 흐르는 것이, 예나 지금이나 변치 않는 법칙 아닐까.

19세기, 종이에 채색, 세로 139.5×가로 421.2센티미터, 삼성미술관 리움 소장.

「원행을묘정리의궤반차도園行乙卯整理儀軌班次圖」

•

226~227쪽 : 《원행을묘정리의궤》는 을묘년(1795) 정조의 화성 행차를 담고 있다. 사도세자의 묘를 참배하고 혜경궁의 회갑을 축하하는 동시에 화성의 완공을 기념하는, 대규모 행사를 기록한 것이다. 이 행사와 관련된 그림으로는 의궤도와 별도의 반차도, 대형 병풍에 이르기까지 여러 본의 작품이 전해진다. 이 작품은 반차도의 하나로 「화성원행반차도」라고도 불린다. 조선 의궤도 중 최고의 작품으로, 도화서의 전성기인 정조 시대 화원들의 실력을 짐작케 하는 대작이다.

1795년, 종이에 채색, 세로 46.5×4483센티미터, 국립중앙박물관 소장.

정조正祖 「야국野菊」

•

241쪽 : 그저 들에 피는 꽃. 임금의 눈으로 바라보기엔 한없이 낮은 자리에 피어 있는 꽃. 하지만 그 담담함만으로도 그림의 주인공이 되기에 부족하지 않다. 벼랑에 위태로운 바위도, 그 바위틈의 들국화도 제자리를 지키고 있을 뿐. 그렇게 하루를 살아가고 있을 뿐. 그린 이는 스스로를 '만천명월주인옹萬川明月主人翁'이라 했다. 인장을 찍던 마음을 이리저리 포개어 읽어본다.

18세기 후반, 비단에 수묵, 세로 84.6×가로 51.4센티미터, 동국대학교박물관 소장.

이하응李昰應 「괴석묵란도怪石墨蘭圖」

•

251쪽 : 풍성한 먹에 현란한 붓. 청초한 난을 그리고 싶지는 않았다는 뜻인가보다. 그것도 가지런히 분에 담겨 있는 모습이다. 함께 그려넣은 괴석과 함께, 난은 그저 어느 여유로운 사랑채의 지루한 오후를 지탱하고 있는 듯하다. 혼란의 시대 속에서 권력 그 자체가 되고자 했던 주인의 마음을 얼마쯤 닮아 있는 것일까. 알고 있는 것일까.

1887년, 비단에 수묵, 세로 129×가로 40.5센티미터, 삼성미술관 리움 소장.

김진우金振宇 「묵죽墨竹」(1933년)

•

265쪽 : 혹독한 겨울을 견디며 마음을 벼리듯 댓잎 또한 이처럼 단단하다. 먹이라 하기엔 금속성의 차가움으로 선뜻할 정도다. 감옥에서 익힌 필법이라 했던가. 침략자를 향한 그의 마음 또한 창끝의 심정으로 그토록 절절했을 터. 맑고도 명징한, 뜨거움마저 모두 삭여낸 서늘함이다. 아름다움이란 무엇인가. 그저 눈의 호사로움만은 아니겠다는, 그런 이야기.

1933년, 종이에 수묵, 세로 137. 3×가로 50.5센티미터, 간송미술관 소장.

김진우金振宇 「묵죽墨竹」(1919년)

•

267쪽 : 1919년, 기미년 초여름에 그렸다는 지사의 대나무. 그 초여름 김진우는 기미년 봄의 뜨거움으로, 새로운 희망으로 벅차던 종이였을 것이다. 화면 속의 대나무엔 힘이 넘친다. 쑥쑥 솟아오르는 어린 죽순에서 굵게 뻗어 오른 장한 줄기며, 바람 앞에 당당한 저 댓잎들까지. 짙고 옅은 먹의 농담은 또 어떠한가. 그의 대나무는 숨 쉬고 있는 중이다.

1919년, 종이에 수묵, 세로 130.1×가로 64.4센티미터, 간송미술관 소장.

이성길李成吉「무이구곡도武夷九曲圖」

•

280~281쪽 : 주자의 무이구곡을 긴 두루마리에 이어 그렸다. 한 굽이 한 굽이를 넘어갈 때마다 그의 학문과 인격을 되새기고자 함이다. 조선의 어느 화가가 무이산을 보았으랴마는, 실경의 닮음이 문제될 것은 없겠다. 섬세한 붓으로 정성을 다한 흔적이 역력한데, 그림이 제작된 임진년은 참혹한 전쟁이 시작된 그해였다. 전쟁은 멀고, 주자는 가까웠던 것일까.

1592년, 비단에 수묵담채, 세로 33.5×가로 398.5센티미터, 국립중앙박물관 소장.

안중식安中植「백악춘효도白岳春曉圖」

•

291쪽 : 준수한 백악산 아래, 경복궁景福宮이라 골라 지었다. 환한 빛이 쏟아져내려야 할 상큼한 이름. 하지만 그림 속 어느 곳에도 그 밝은 빛이 들어설 자리가 없으니, 계절은 이미 가을로 접어든 까닭이다. 나라가 저문 궁궐에 어느 틈새로 봄빛이 스며들겠는가. 화가는 그 시절을 꿈꾸어 보았을지 모르나 이미 돌이킬 수 없음 또한 알고 있었다. 꿈이 현실을 덮지는 못했다.

1915년, 비단에 수묵담채, 세로 129.5×가로 50센티미터, 국립중앙박물관 소장.